JN025433

現代商法入門

第11版

近藤光男［編］

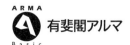

有斐閣アルマ

第 11 版はしがき

　本書は，このたび第 11 版を刊行することになった。第 10 版を 2019年 1 月に刊行してからわずか 2 年が過ぎたところであったが，同年 12月に会社法改正が成立したことから，これを盛り込んで改訂する必要性に迫られることとなったためである。というのも，この改正は，株主総会書類の電子化，株主提案権，社外取締役，取締役報酬制度，役員等のための補償と責任保険，社債，株式交付等ときわめて多くの項目に及び，いずれも重要な領域に関わっており，これらについての説明を欠いたままで，本書を読者に活用していただくことは是非避けたいと思われたからである。

　本書は，多様な商事法の全分野をわかりやすく説明しながら，適度なページ数で一冊に収めた，幅広い読者を対象とする入門的なテキストとなることを意図している。このたびの改訂により，会社法についての最新の知識を含めて，現代の企業社会における基礎的法知識を学ぼうとしている多くの方々にとって，本書が頼りになる一冊となることを，筆者としては強く望むところである。

　2021 年春学期までに，会社法改正を盛り込んだ上で第 11 版を刊行するというハードなスケジュールの実現にご尽力頂いた，有斐閣編集部の五島圭司氏にはここで厚くお礼申し上げたい。

　　2021 年 2 月

　　　　　　　　　　　　　　　近　藤　光　男

i

本書は，現在活躍中の商法学者の中でも比較的若手とされている5人によって共同執筆された，初学者向けの商法の教科書である。

商法は，初学者にとって決して学びやすい法律ではない。条文も多く，規制の対象とする事象も広汎で，かつ複雑である。また，民法の特別法であるから，民法について，あらかじめある程度勉強して知識を得ておかなければ，商法の理解は容易ではない。この点が，とくに法学部以外の学生にとって，商法の勉強を難しくさせている。しかし，将来企業社会で活躍しようとする学生や，各種の資格試験に挑戦しようとする学生にとっては，商法はどうしても学ばなければならない科目であり，かつ，きわめて重要な科目である。

本書は，このような学生が，商法全体についてわかりやすくその基礎的な知識を身につけることができるように意図している。たとえば，法律科目として，とくに商法だけを学ぼうとする経済・経営・商学部等の学生や商法から法律の勉強を始めようとする法学部の学生にとっても，格好の教科書となるように考えた。

このような目的を達成するために，5人の執筆者は，東京および大阪で合計5回の会合をもった。そこでは，執筆方針を決定しただけでなく，お互いに原稿を持ち寄り，内容から表現に至るまで長い時間をかけて綿密に検討した。

その結果，本書では，以下のような工夫をしている。表現は，できるだけ平易なものを使うよう努めた。構成は，原則として商法典および手形法・小切手法の編・章の順に従う伝統的な教科書の構成を採り，300頁弱の頁数で総則，会社，商行為，保険，海商，手形・小切手の全分野を網羅した。他の教科書に比べて，頁数は少ないが，初学者にとってどうしても知っておかなければならない事項についてはもらさず記述した。学説の議論は盛んであるが，初学者にとっては必ずしも必要のない説明は割愛した。記述は，あくまでも初学者に商法の理論を理解させることを第1の目的とし，重要事項を羅列したり，単に条文を書き写すような無味乾燥な説明を避けた。具体的な事例をできるだけ多く使用し，初学者が法の意図するところのイメージを簡単につかめるようにした。また，文章だけでは理解しにくい箇所では，図表を掲げた。判例については，要点だけを記述し，「判例百選」の番号を指示す

ることにより，より深く学ぼうとする読者には，そちらを参照してもらうことにした。

　本書は，商法の入門書ではあるが，読者が本書の初歩的な説明から学び始め，知らず知らずに高度な知識も身につくように配慮してある。その意味では，本書が，単なる入門書というだけではなく，上級の体系書への橋渡し的な役割を担うことのできる書物としても広く利用されることを，執筆者は切に希望している。

　本書の出版にあたっては，有斐閣書籍編集部の金田憲二，中條信義両氏の多大なご協力を受けた。ここに深く謝意を表したい。

　　1996 年 8 月

近　藤　光　男

執筆者紹介 （執筆順, 〔 〕内は執筆箇所, ＊は編者）

北村 雅史　〔序章, 第1章, 第2章1, 2〕

1960年 生まれ。

1983年 京都大学法学部卒業。

現在, 関西大学法科大学院教授, 京都大学名誉教授。

主著・主論文　取締役の競業避止義務（有斐閣, 2000年）, スタンダード商法Ⅰ 商法総則・商行為法〔第2版〕〔編著〕（法律文化社, 2022年）, 現代会社法入門〔第4版〕〔共著〕（有斐閣, 2015年）, 会社法事例演習教材〔第4版〕〔共著〕（有斐閣, 2022年）, 会社法実務問答集Ⅰ上・Ⅰ下・Ⅱ・Ⅲ・Ⅳ・Ⅴ〔共著〕（商事法務, 2017年～2023年）, 事例研究会社法〔共編著〕（日本評論社, 2016年）。

柴田 和史　〔第2章3～11〕

1954年 生まれ。

1978年 東京大学法学部卒業。

現在, 法政大学大学院法務研究科教授。

主著・主論文　会社法詳解〔第3版〕（商事法務, 2021年）, 図でわかる会社法〔第2版〕（日本経済新聞出版社, 2021年）, 現代会社法入門〔第4版〕〔共著〕（有斐閣, 2015年）, 類型別中小企業のための会社法〔第2版〕（三省堂, 2015年）,「合併法理の再構成(1)～(6)」法学協会雑誌104巻12号～107巻1号（1987年～1990年）,「ポイズンピル」法学志林87巻4号（1990年）,「二段階代表訴訟」竹内昭夫先生追悼論文集・商事法の展望（商事法務研究会, 1998年）,「取締役および大株主の情報開示義務」法曹時報55巻1号（2003年）。

行澤 一人　〔第3章〕

1964年 生まれ。

1988年 神戸大学法学部卒業。

現在, 神戸大学大学院法学研究科教授。

主著・主論文　Law Practice 商法〔第 4 版〕［共著］（商事法務，2020年），「米国において年金資産を取り扱うブローカー・ディーラーの受認者としての地位」神戸法学雑誌 49 巻 3 号（2000 年），「投資資金運用機関の投資判断における信認義務」信託法研究 27 号（2002 年），「名板貸責任法理と代理法理の交錯」法学教室 370 号（2011 年），「上場会社の募集株式の発行に係る有利発行規制と市場価格」商事法務2076 号（2015 年）。

小　林　　登　［第 4 章，第 5 章］

1947 年　生まれ。

1972 年　東京大学法学部卒業。

現在，成蹊大学名誉教授。

主著・主論文　新海商法〔増補版〕（信山社，2022 年），新海商法概論（信山社，2023 年），定期傭船契約論（信山社，2019 年），コンテナ船荷証券と運送人の責任制限（信山社，2022 年），「国際海上物品運送におけるヴィスビー・ルールの摂取」鴻常夫先生古稀記念論文集（商事法務研究会，1995 年），「1999 年モントリオール条約における国際航空運送人の責任」空法 42 号（2001 年），「定期傭船契約における船長指示権について」法曹時報 70 巻 8 号（2018 年）。

＊近　藤　光　男　［第 6 章］

1954 年　生まれ。

1978 年　東京大学法学部卒業。

現在，神戸大学名誉教授。

主著　会社支配と株主の権利（有斐閣，1993 年），金融商品取引法入門〔第 4 版〕［共著］（商事法務，2015 年），商法総則・商行為法〔第 9版〕（有斐閣，2023 年），取締役の損害賠償責任（中央経済社，1996年），コーポレート・ガバナンスと経営者責任（有斐閣，2004 年），最新株式会社法〔第 9 版〕（中央経済社，2020 年），株主と会社役員をめぐる法的課題（有斐閣，2016 年），取締役・取締役会制度（中央経済社，2017 年）。

本書のねらい

初学者向けに，商法の全体について基礎的な知識・理論を身につけることができるよう平易・明快に解説する。

本文中のゴシック体（太文字）

その章の内容を理解するためのキーワード。

条文の示し方

商法の条文は原則として条項号数だけを示した。そのほかの法令の条文には法令名略語をつけた。

法令名略語

一般社団法人＝一般社団法人及び一般財団法人に関する法律

会＝会社法

会社則＝会社法施行規則

割賦＝割賦販売法

銀行＝銀行法

計算則＝会社計算規則

小＝小切手法

国際海運＝国際海上物品運送法

私学＝私立学校法

社債株式振替＝社債，株式等の振替に関する法律

商則＝商法施行規則

商登＝商業登記法

消費契約＝消費者契約法

信託＝信託法

信託業＝信託業法

船員＝船員法

船主責任制限＝船舶の所有者等の責任の制限に関する法律

船舶＝船舶法

倉庫＝倉庫業法

担信＝担保付社債信託法

手＝手形法

電子債権＝電子記録債権法

特定商取引＝特定商取引に関する法律

破＝破産法

非訟＝非訟事件手続法

不正競争＝不正競争防止法　　　　民＝民法

保険＝保険法　　　　　　　　　　民訴＝民事訴訟法

保険業＝保険業法

判例の示し方

判例はつぎのように略して示した。

最判昭 47・2・24 民集 26 巻 1 号 172 頁＝最高裁判所昭和 47 年 2 月 24 日の判決で最高裁判所民事判例集 26 巻 1 号 172 頁に掲載されているということ。

「判例百選（別冊ジュリスト）」に収められている判例は，裁判所名・裁判年月日とともに次のように百選の番号を示し，掲載判例集は省略した。

商百選 1＝商法判例百選の判例番号 1

総百選 2＝商法（総則・商行為）判例百選（第 5 版）の判例番号 2

会社百選 9＝会社法判例百選（第 3 版）の判例番号 9

保険百選 15＝保険法判例百選の判例番号 15

保海百選 3＝商法（保険・海商）判例百選（第 2 版）の判例番号 3

手百選 88＝手形小切手判例百選（第 7 版）の判例番号 88

引用文献の略記方法

本文中のカッコ中に引用文献を略して示した。

商争点 I 9＝商法の争点 I（ジュリスト増刊）の項目番号 9

商争点 II 154＝商法の争点 II（ジュリスト増刊）の項目番号 154

会社争点 4＝会社法の争点（ジュリスト増刊）の項目番号 4

目　次

| 序　章 | 企 業 と 法 | 1 |

1 商法とは何か……1

2 商法の適用……5

| 第 1 章 | 商 法 総 則 | 8 |

1 商人と営業……8

2 商業登記……17

3 商　　号……22

4 商業帳簿……25

5 商業使用人……27

6 代理商……34

| 第 2 章 | 会　　社 | 38 |

1 会社の意義と会社法……38

2 設　　立……51

3 株　　式……62

4 株主総会……77

5 取締役・会計参与・監査役・会計監査人……91

6 募集株式の発行等・新株予約権……126

7 社　　債……135

8 計算・配当等……141

9 定款変更・資本金額等の変更……153

10 会社の結合と分割……156

11 解散・清算……179

| 第3章 | 商 行 為 | 183 |

1 商法が規律しようとするもの……183

2 商行為の類型……185

3 商法が適用されることによる効果……192

4 約款の効力とその規制……199

5 企業間の売買（商事売買）……201

6 消 費 者 取 引……209

7 企業取引の補助者……232

8 物または人の移動・管理にかかわる取引……235

   1 運 送 営 業……235

   2 運送取扱営業……247

   3 倉 庫 営 業……249

9 寄託を受けた商人の責任……253

10 その他の商取引類型……256

   1 交 互 計 算……256

   2 匿 名 組 合……257

| 第4章 | 保 険 | 258 |

1 総 論……258

2 損害保険契約……263

3 生命保険契約……277

4 傷害保険契約……283

| 第5章 | 海 商 | 286 |

1 船 舶……286

2 海 上 運 送 人……289

3 海上物品運送……295

4　海上旅客運送……308

5　海上企業の危険……310

6　海　上　保　険……317

| 第6章 | 手形・小切手 | 322 |

1　手形・小切手の機能……322

2　手　形　行　為……329

3　手形の振出し……338

4　手　形　の　裏　書……344

　　① 譲　渡　裏　書……344

　　② 特　殊　な　裏　書……354

　　③ 手　形　保　証……358

5　手形の支払い……360

6　遡　　　求……363

7　手形上の権利の消滅……366

8　為　替　手　形……369

9　小　　切　　手……371

10　電子記録債権（手形に代わりうるもの）……375

索　　引……379

序 章	企 業 と 法

> 商法とは何か，企業とは何か，商法はなぜ必要か，商法の規定には
> どのような特色があるか，商法は他の法律とくに民法とどのような
> 関係にあるか，といった問題に答えながら，企業法といわれる商法
> の総論的な解説を行う。

1 商法とは何か

(1) 商法の意義　「六法全書にいう六法とは，わが国で最も重要な6つの法律を意味します。その6つの法律には，憲法，民法，刑法，民事訴訟法，刑事訴訟法が含まれますが，残る1つは何でしょう？」

　法学に関するクイズの定番であるこの問題は，法体系の中の商法の特殊性を反映しているともいえる。国には，統治体制や国民の権利を定める基本法である憲法，私たち一般人（私人）の間の法律関係を定める民法，社会の秩序を乱す者に刑罰を加え公共社会の安全を維持するための刑法，そして民事・刑事についてそれぞれ裁判手続を定める訴訟法が存在する。商法も原則的には私人間の法律関係を規律する法（**私法**）に属するのであり，商事事件についての裁判手続は民事訴訟法に従うことになっている。日本では商法は六法の

1つに数えられているが，商法という法律がない国もある。まず，これから学習する商法とは何か，どのような分野を対象とする法なのかを，明らかにしていこう。

　商法には形式的意義と実質的意義がある。**形式的意義における商法**とは，商法という名のついた法律（商法典）のことである。日本の現行の商法典は明治32（1899）年に制定され，その後数々の改正を経て今日に至っている。これに対し，**実質的意義における商法**とは，商法として把握される特定の法域を意味する。私法の一般法として民法が存在するときに，さらに商法の存在を主張するには，商法が独自の統一的な法領域を構成していることを論証しなければならないはずである。これが，実質的意義における商法をどのようにとらえるか，という古くから大いに議論されてきたテーマである。

　商法はどのような領域を対象とするのかについては，さまざまな見解が主張されてきたが（商争点 I 1参照），現在では，実質的意義における商法とは，企業の組織・活動といった企業生活関係に特有な法規の総体であるとする，**商法企業法説**が通説となっている。ここで企業とは，「継続的・計画的な意図をもって営利行為を実現する独立の経済的単位である」と定義され，企業をめぐる関係主体相互間の経済的利益の調整を目的とするのが商法ということになる。そのかぎりでは，商法典以外の法律，たとえば会社法，保険法，手形法，国際海上物品運送法などの商事特別法も実質的意義における商法に属することになる。企業関係も私人間の法律関係である以上，民法によって規制すれば足りるはずであるが，企業関係にはそれとしての特殊性があり，これを民法のみによって規制したのでは不十分または不適切な場合がある。そこに商法の存在意義が認められるのである。

| (2) 商法の地位 |

民法が市民生活・経済生活関係一般を規律する私法であるのに対し、商法は企業生活関係として特殊な規律を要する面のみを規制するのであるから、企業に関する事柄については商法が優先して適用され、民法は商法に規定がない場合に補充的に適用される。たとえば、代理人が本人のためにすることを示さないでした行為は、民法の規定によると原則として本人に対して効力を生じないが（民99条）、商法の規定によると本人に対して効力を生じるものとされており（504条）、その代理行為が企業活動（商法は商行為という概念を用いる）として行われたときは商法の規定に従うことになる。このような民法と商法の関係を、一般法と特別法の関係という。

　一方、企業に関する私法秩序と関連を持ちつつ、国民経済的立場から企業の在り方を規制する、金融商品取引法、私的独占の禁止及び公正取引の確保に関する法律（独占禁止法）や銀行法、保険業法などの各種業法といった経済法といわれる法領域が、近時重みを増している。また、企業に労働力を提供する労働者の保護を目的とした労働法という法領域が存在する。これら企業に関連するさまざまな法分野と実質的意義における商法をどのように体系的に理解するかは将来的な課題として残っている。

| (3) 商法の特性 |

企業生活関係の規制には民法の規定では不十分・不適切な面があり、そこに商法の存在意義があると述べた。商法規定の民法に対する特性としては、次のような点が挙げられる。

　(ア) 企業活動に関する特性　①企業の活動はもっぱら利潤の獲得を目的とするので、企業の主体である商人の行為が原則的に報酬

を伴うこと（512条）や，商人間において金銭の消費貸借をしたとき
に貸主に法定利息の請求権が認められていること（513条）など，商
法には**企業の営利性**を考慮した規定がおかれている。②企業活動を
合理的に行うには取引の敏速な処理が必要であるため，商法は，契
約の申込み・承諾について迅速な処理を行うように規制するほか
（508条・509条），上述のように，代理人が本人のためにすることを
示さなくても代理人の行為が本人に対して効力を生じるものとする
（504条）などの**簡易迅速主義**に立脚した特別の規定をおく。③大量
の取引を能率よく処理するためには，企業に関する法律関係を定型
化するのが合理的である。株式会社は株主名簿に記載・記録されて
いる者を株主として扱えばよいとする株主名簿制度（会130条参照）
などはその現れである。後で述べる取引約款が用いられるのも**定型
主義**の要請による。④商法は，企業に一定の重要な事項を登記・公
告により公示させ，取引の相手方が不測の損害を被らないようにす
る（**公示主義**）。また外観が真実と一致しないときに，外観を信頼し
た者を保護する規定をおいている（**外観主義**。表見支配人〔24条，会13
条〕，表見代表取締役〔会354条〕等）。⑤企業活動は合理的計算に基づ
いて行われるから，当事者の自由意思によって契約を締結させるの
が，当事者間の利害調整にとって合理的である。そこで，商取引に
関する商法の規定には，当事者間の合意がない場合に補充的に適用
される，いわゆる任意規定が多い。⑥取引を行う者が期待どおりの
経済的効果を得られることを保障するため，商法は企業主体の責任
を強化する規定をおく（債務者の連帯責任〔511条〕，場屋営業者の無過失
責任〔596条1項〕等）。

　(イ)　企業組織に関する特色　　①企業が活発に経済活動を展開す
るためには多額の資金が必要であるため，商法は，会社制度，匿名

組合制度などにより，企業への**資本の集中**の便宜をはかっている。②企業には損失が発生する危険が常につきまとっているので，株式会社の株主有限責任制度や損害保険制度など危険の分散のための諸制度が存在する。③企業活動には実際にそれに携わる人の労力が必要であり，そのため商業使用人，代理商，仲立人，問屋，船長等の制度が設けられている。④いったん成立した企業の解体を防止し，経営を効率化して企業を強化するため，営業（事業）譲渡，会社の合併，分割，株式交換・株式移転，株式交付等の諸制度が存在する。

2 商法の適用

(1) 企業関係に適用
される法

一般生活において紛争が生じ裁判に持ち込まれたとき，当事者の合意がなくても裁判所が問題解決のために適用する規範を**法源**という。企業生活関係についての法源として，商法典を中心とする商事制定法のほか，条約，商慣習（法）などがある。

(ア) 商法典その他の商事制定法　　商法典は，総則，商行為，海商の3編からなっている。商法制定時は，商法の中に会社および手形に関する規定が一つの編として存在していたが，ジュネーヴ条約への参加に伴い，昭和7年に手形法が，昭和8年に小切手法が，それぞれ独立の法律として制定され，商法の手形編は削除された。平成17年には会社法が制定され，商法の会社編も削除された。平成20年には保険法が制定され，商法の商行為編から保険に関する章が削除された。商法典および会社法，保険法，手形法，小切手法以外にも，企業関係には，商業登記法，社債，株式等の振替に関する

法律，担保付社債信託法，国際海上物品運送法など多くの特別法がある。

(イ) 商慣習・商慣習法　社会生活のなかで反復して行われ，ある程度まで人の行動を拘束するようになった社会の規範を慣習といい，慣習が法的なものとして広くその社会の人々に認められるようになったとき，慣習法が成立する。特に，企業生活関係では，企業社会に生きる人々の合理性に基づき種々の慣習法が形成され，法源として重要な役割を果たしている。白地手形の流通方法（第6章 **3**(3)参照）などは商慣習法の一例である。

(ウ) 取引約款　商取引の定型性の要請から，銀行取引，保険取引，運送などの分野では，企業があらかじめ契約内容を定型化した約款を作成しておき，企業と取引に入る者は誰でもその約款の条項に従うことが要求される。私たちがそのような企業と取引関係に入る場合，約款の内容をほとんど意識しないで取引していることがある。本来契約であれば当事者が合意していない条項は効力を生じないはずであるが，いったん紛争が生じたとき，裁判所は原則的に約款の規定を適用する（大判大4・12・24民録21輯2182頁）。その根拠をどのように考えるかは，長年にわたり民商法の論点となってきた。たとえば，一定の取引分野で取引約款が通常用いられる場合には取引約款に従うという白地慣習法が存在するとする立場や，約款によるという当事者の合意に約款の拘束力を認める立場などがあった。

　平成29年の民法改正により「定型約款」に関する規律が創設され，取引約款が定型約款（民548条の2第1項）に該当する場合には，当事者のみなし合意によりその拘束力が認められることとなった（民548条の2～548条の4参照）。

(2) 適用の順序　特別法は一般法に優先するから，商法は民法に優先して適用され，会社法，手形法，国際海上物品運送法などの商事特別法は商法典に優先して適用される。また，法の適用の一般原則として，慣習法と制定法の間では制定法が優先する（法の適用に関する通則法3条）。ところが，商法が対象とする分野では，商法は商慣習法に優先するが，商慣習法は制定法である民法に優先して適用されることになっている（1条2項にいう「商慣習」は「商慣習法」の意味に解すべきである）。これは，企業生活関係を規律する規範は経済・社会の発展に応じて変化してゆくべきであり，固定的な性質のある制定法の規制では不十分となったり時代遅れのものとなることがあり，特に一般生活を対象とする民法との関係ではそのおそれが大きいことを配慮したものである。

第 1 章

商 法 総 則

本章では，商法典の1条から31条までに規定されている商法の総則について解説する。商法総則は，商法の適用関係を定める若干の規定を除けば，企業の主体である商人をめぐる法律関係を対象とする規定が大部分を占める。商法の適用については序章でもふれたので，ここでは商人に関する法制度の解説が中心になる。

1 商 人 と 営 業

（1） 商法の適用対象　　商法が企業に関する法であり，商法上の諸制度が企業関係に適したものになっているといっても，どのような生活関係に商法が適用されるのかが具体的に明らかにされなければ法律関係が混乱する。たとえば，代理について顕名（本人のためにすることを示すこと）が必要かどうかや（民99条1項，商504条），数人の者が債務を負担した場合に連帯債務となるかどうか（民427条，商511条1項）などについて，民法と商法の間で規定の内容が異なるときそのいずれを適用するのか，あるいはある事業を営む者に，商業登記，商号，商業使用人といった民法にはない商法独自の制度が適用されるか，といった事柄は，当事者にとって非常に重要な問題である。商法は，企業主体を**商人**，企業取引を**商行為**という概念でとらえ，商人と商行為という2つの基本概念で

商法の適用対象を画する。言い換えれば，商法は，商人に関する法律関係と商行為に関する法律関係について，民法とは異なる，あるいは民法にはない特別の規定を設けている。

　たとえば，本人にとって商行為となる行為の代理であれば，顕名がなくても代理行為は本人に対して効力を生じ（504条），数人の者がその1人または全員のために商行為となる行為によって債務を負担すると，その債務は連帯債務となる（511条1項）。また，ある事業を営む者が商人であれば，商法の商業登記制度などが適用されることになる。

| (2) 商人とは何か |

商法は，まず，501条で**絶対的商行為**を，502条で**営業的商行為**を定め（これについては，第3章**2**(1)(2)参照），そのうえで，自己の名をもって商行為をすることを業として行う者を商人と定義する（4条1項）。

　「自己の名をもって」とは，自己がその行為から生じる権利義務の主体となるという意味である。「業として」とは，営業としてという意味であり，具体的には，営利目的（収支の差額を利得する目的。なお後述(5)参照）で反復的・継続的に同種の行為を行うことをいう。商人概念を導く基本となる絶対的商行為と営業的商行為を基本的商行為とよび，基本的商行為を営業の目的とする商人は，商法上の本来の商人であるという趣旨で**固有の商人**とよばれる。

　一方，商法は，基本的商行為を営業の目的としなくても，企業的な設備や形式をもって営業を行う一定の者を商人とする。それらは固有の商人に対して**擬制商人**とよばれるが，商法の適用について両者はまったく同様に扱われる。擬制商人には，①店舗その他これに類似する設備によって物品の販売を行うことを業とする者，および

②鉱業を営む者がある（4条2項）。農業を営む者が自ら生産した農作物を販売してもその行為は基本的商行為にあたらないが，その者が農作物の販売を店舗的施設で営業として行えば①に該当する。

　会社がその事業目的とする行為は，基本的商行為に該当するかどうかにかかわらず商行為となる（会5条）。したがって，会社は固有の商人となる（商4条1項）。農業，漁業といった第1次産業は基本的商行為ではなく，また商法制定時には予想できなかった事業（インターネット関連事業など）も基本的商行為として規定されていないが，これらの事業を会社形態で行う者は商人となる。会社以外の者が基本的商行為以外の営利事業をいかに大規模に行っても商人にはならないが，このことは商法適用上の問題の1つとされている。なお，会社については，商業登記，商号，商業帳簿，商業使用人および代理商に関して会社法に規定があるので，商法総則中のそれらに関する規定の適用はない（商11条1項参照）。

　商人が営業のために行う行為も商行為であり（503条），これを附属的商行為という（第3章2(3)）。会社がその事業のためにする行為も商行為である（会5条）。これに対し，商人が営業の目的として行う行為は，会社以外の固有の商人の場合は基本的商行為であるが，擬制商人の場合は商行為でない。しかし，擬制商人が営業のために行う行為には商行為に関する商法の規定が適用されるのに（商503条），営業の目的である行為には適用されないというのは不適当である。これは法律の不備であり，擬制商人の営業目的行為にも商行為に関する規定を類推適用すべきである。

（3）　小　商　人

商人（会社を除く）のうち，その営業のために使用する財産につき最終の営業年度に係

る貸借対照表に計上した額が，50万円を超えないものを，**小商人**^{こしょうにん}
という（商則3条）。小商人には商業登記，商業帳簿等に関する商法
の規定は適用されない（7条）。営業の規模があまりに小さい商人に
これらの規定を適用することは，酷でありまた過度に煩雑であるか
らである。

| (4) 自然人の商人資格とその取得時期 |

自然人は，その権利能力（権利義務の主体となる能力）に制限がないから，誰でも営業上の権利義務の主体となることができ，(2)
に述べた要件を満たせば商人になれる。未成年者・成年被後見人・
被保佐人および民法17条1項の審判を受けた被補助人（以上を制限行為能力者という）も商人になれるが，それらは民法によって法律行
為を単独で行う能力（行為能力）が制限されているので，自ら営業活
動を行って権利を取得し義務を負担する能力（これを**営業能力**という）
も，民法の一般原則に従って制限される（民4条以下）。商法は，未
成年者が法定代理人の許可を得て営業をするとき（民6条）はその
旨を登記させるなど，制限行為能力者の営業について，取引安全の
見地から若干の特則を設けている（商5条・6条）。

　たとえばAが衣料品の販売を営業として行うとしよう。Aの行
う衣料品の仕入れ・販売行為は基本的商行為であり（501条1号2号），
それを営業とするAは商人となる（4条1項）。そうすると，Aがそ
の営業のために行う行為（商品の運送の委託や資金の借入れ等）は附属的
商行為となり（503条），これにも商行為に関する商法の規定が適用
される。ではこの場合，Aはいつから商人となるのだろうか。こ
れは，営業を開始する前の段階で，Aが営業のため店舗を購入し
たり資金を借り入れるといったいわゆる開業準備行為をした場合，

その行為を附属的商行為と認めて（Ａがすでに商人資格を取得していれば附属的商行為として認められる）商行為に関する商法の規定を適用してよいかという点に関して問題となる。

　商人資格が営業の目的行為が開始される前の段階で取得されうることについては争いがない。問題はその時期である。学説は，①営業の意思を店舗の開設や広告等によって外部に発表したとき，②開業準備行為によって準備行為者が営業の意思を主観的に実現したとき，③準備行為者の営業意思が客観的に認識できる状態になったとき，④営業設備のある建物の買入れなど開業準備行為自体の性質から営業意思が客観的に認識できる状態になったとき，といったようなさまざまな見解を主張してきた。以上の見解は，商人資格と開業準備行為の附属的商行為性の成立を開業準備段階の一時点で決する立場である。これに対し，⑤営業意思が主観的に実現されれば相手方は行為者の商人資格と行為の附属的商行為性を主張でき，営業意思が特定の相手方に認識可能な状態であれば行為者も自己の商人資格と行為の附属的商行為性を主張できるとし，さらに商人であることが一般的に認識可能な状態になれば，その者の行為について附属的商行為の推定（503条2項）が生じる，として商人資格・附属的商行為性の成立を開業準備の段階ごとに相対的に認める見解も主張されている（商争点Ⅰ3）。現在の判例は④の説に近い（最判昭47・2・24民集26巻1号172頁）。

　なお商法は商人の企業としての法律関係に適用されるので，自然人が商人になっても，営業活動と関係のない個人的活動には商法は適用されない。

(5) 法人の商人資格　営利法人である会社は成立と同時に商人資格を取得する。設立前に開業準備行為をしてもそれは附属的商行為にならないとするのが通説である。

　法人の権利能力は、一般にその目的によって制限されるから（民34条参照）、(2)に述べた要件を満たすことができず商人になれない法人もある。ただし、営利法人でなければ商人資格が当然に否定されるというわけではない。営利法人という場合の営利の目的とは、営業で得た利益を構成員に分配する目的をいい、商人の要件である営利目的が収支の差額を利得する目的であるのとは異なる。したがって、営利法人以外の法人も、後者の意味での営利目的があれば商人になりうる。一般社団法人は、剰余金を社員に分配することを目的としないが（一般社団法人11条2項・35条3項）、このことは一般社団法人が収益事業を行うことと矛盾しないので、一般社団法人および一般財団法人は商人になりうる。このほか、たとえば、国や地方公共団体といった公法人が地下鉄・市バスなどの運送業を営めば商人となる（なお2条参照）。公益法人は、その本来の目的である公益事業については商人にはなりえないが、付随して営利事業を営むかぎり（私学26条参照）、商人になりうる。一方、各種協同組合や相互会社は、法律によって営むことのできる事業が限定され、その事業の範囲は構成員の相互扶助または共通利益の増進を目的とするものなので、商人資格を否定するのが、判例・多数説である（最判昭48・10・5〈商百選3〉）。

　会社以外の法人が商人になりうる場合、商人資格の取得時期は自然人の場合と同様に考えることができる。

(6) 営業とは何か

商人はすべて，さまざまな財産を用いて営業を行う。商法が営業という用語を使うときは，商人の営業活動を指す場合が多いが，商人の営業上の財産を指す場合もある（営業譲渡の対象である営業など）。前者を**主観的意義の営業**といい，後者を**客観的意義の営業**という。

(ア) 主観的意義の営業　営業の自由は，憲法22条1項の職業選択の自由に含まれ，公共の福祉に反しないかぎり保障される。ただ，公序良俗に違反する営業（賭博，密輸等）は，行うことができないから，私人がそのような営業をして商人になる余地はない。他方，飲食店や風俗営業，あるいは銀行，保険，電気事業，運送業などのように，保健衛生や事業の公共性のために，営業をするのに行政庁の許可ないしは免許を必要とする事業がある。このとき，許可・免許を受けずに営業をしても，罰則が科されるが，取引自体は有効なので，行為者は商人になる。

(イ) 客観的意義の営業　ここでいう営業上の財産は，商人が営業のために保有している個々の財産，あるいはその集合体を意味するのではない。人や動物が，その肉体の中の多くの器官や部位を統一的・組織的に結合し作用させることによって活動しているように，商人の営業用財産は，営業目的のために統一的・組織的に結合し作用することによって，経済的な活力を持つことになる。客観的意義の営業とは，このように有機的に一体となった商人の営業用財産の総体を意味する。

営業用財産が有機的に結合されるのは，それらが営業上の秘訣，ノウハウ，経営の組織，得意先関係，仕入先関係といった価値のある事実関係に基づいて組織されているからである。このような事実関係を**暖簾**という。暖簾を中心に結合された営業用財産の総体の価

値は，1つひとつの財産の価値の総和よりも大きくなるのであって，客観的意義の営業はそれ自体取引の対象となる。そうでなければ，特に客観的意義の営業という概念を認める意味はないことになる。

| (7) 営 業 譲 渡 |

商人が営業用の財産を個別的に処分すれば，企業は解体する。商人がその有機的に一体となった営業用財産を全体として他人に譲渡すれば，その他人が商人の営業を承継でき，企業の解体は防げる。商人が有機的一体となった営業用財産を譲渡し，譲受人がその商人の営業活動を承継することを，**営業譲渡**という（会社については，事業譲渡という。第2章 **1**(15)(ア)(ウ)参照）。

営業譲渡があると，譲渡人は特約がなければ20年間同一市町村および隣接市町村区域内で同じ営業をすることができない（**競業避止義務**，16条1項）。さもなければ譲渡された営業が害されるからである。営業譲渡では，積極財産のみならず，負債という消極財産も，譲渡の対象とすることができる。ある債務が営業譲渡の対象から除外されていても，譲受人が譲渡人の商号を続用していれば原則として譲受人も弁済の責任を負担し（17条1項），商号を続用しなくても，譲受人が特に譲渡人の債務を引き受ける旨の広告をしたときは同じく責任を負う（18条）。また，ある債権が営業譲渡の対象から除外されていても，譲受人が譲渡人の商号を続用していれば，その債権について譲受人にした弁済は，弁済者が善意で重大な過失がないときは，有効である（17条4項）。

ある営業上の債務が営業譲渡の対象から除外されている場合において，譲渡人がその債務の債権者を害することを知って営業を譲渡した場合には，その債務の債権者（残存債権者）は，譲受人に対して，

承継した財産の価額を限度として，当該債務の履行を請求すること
ができる（18条の2）。優良な財産を移転して残存債権者の債権の引
当てとなる財産をなくしてしまうような詐害的な営業譲渡から残存
債権者を保護するためである。ただし，譲受人が営業譲渡の効力が
生じた時において残存債権者を害すべき事実を知らなかったときは，
残存債権者は上記の請求をすることができない。

(8) 営 業 所

商人の営業活動の中心となる場所を**営業所**
という。営業活動の中心とは，そこで営業
活動の指揮がとられ，かつ外部にもそこが何らかの営業活動の中心
的場所であることが現れているような場所をいう。商人が1個の営
業について数個の営業所をもっているとき，全営業所を統括する営
業所を本店といい，その他の営業所を支店という。支店も営業所で
ある以上，ある程度独立して営業活動の指揮がとられる中心的場所
でなければならない（最判昭37・5・1〈商百選23〉参照）。なお，会社
法は，会社について，営業所という概念を用いず，営業所にあたる
ものを本店または支店に区別する（会10条・13条等）。一方，商法は，
本店・支店を区別せず，営業所という概念で統一している（商20
条・24条等）。

営業所は，商行為によって生じた債務の履行場所（516条），登記
所や裁判所の管轄（商登1条の3，民訴4条4項・5条5号等），民事訴訟
の書類の送達場所（民訴103条）などを決定する基準となる。会社の
住所は本店の所在地にあるものとされている（会4条）。

2 商 業 登 記

<table>
<tr><td>(1) 企業内容の公示</td></tr>
</table>

商人と取引する者は，その商人（企業）の組織構造や財産状態などに重大な関心をもつ。その商人を代理または代表する権限を持つ者を相手にしなければ，その商人と取引したことにならないから，誰が支配人であり誰が代表取締役であるかには十分に注意を払わなければならない。商人が会社である場合，その資産状態や社員・取締役が誰かといった事柄は，取引相手がその商人の信用力を判断する際に重要な情報である。そこで商人に関する重要事項を一般公衆に知りうるようにする，すなわち公示することが，取引の円滑化の観点から要請される。他方，商人にとっても，企業の内容につき公示することができれば自己の信用を確保することができる。さらにいったん公示された事項については，その事項を知らない相手方に対しても公示したとおりの事実を主張することができるとするなら（9条1項参照），企業内容の公示は商人にとってもきわめて有利にはたらくものとなる。

　そこで，商法は，商人に関する一定の重要な事項を公示させ，取引が円滑かつ確実に行われるようにするとともに，公示した事項については特別の効果を認めることとしている。このようにして当事者間の利益の調整をはかるための制度が**商業登記制度**である。

<table>
<tr><td>(2) 商業登記の意義
　　と登記事項</td></tr>
</table>

(ｱ) 意　義　　商業登記は，商人に関する一定の法定事項を**商業登記簿**（商登6条参照）に記載することによって行う登記をいう。

登記する事項（登記事項）は、商法、会社法その他の法律に規定されている。公示される事項が多ければ一般公衆は安心して取引ができるようになるともいえるが、後述のように登記によって公示された事項については商人は善意の相手方にも対抗できることになるから、公示される事項が多いことがかえって一般公衆の不利益になることもある。また営業上の秘密にかかわる企業情報まで公示させると商人の利益が著しく害されることになる。どのような事項を登記によって公示させるかは、以上のような事情を考慮して法律で定められている。

(イ)　登記事項　　**登記事項**は商法その他の法律に定められている事項に限定されており、それ以外の事項は登記する必要もないし、また登記することもできない。登記事項は企業の形態によって異なるが、とりわけ内部関係が複雑で社員（株主）が会社の債務について責任を負わず、また利害関係者が多い株式会社では、登記事項が非常に多い。

登記事項の大部分は、商人が必ず登記しなければならない事項（絶対的登記事項）であるが、なかには個人商人の商号のように登記するかどうかが商人の裁量にまかされるもの（相対的登記事項）もある。ただし、相対的登記事項でも、いったん登記すれば、その変更・消滅は必ず登記しなければならない（10条）。

登記事項には、商号の選定（11条2項）、支配人の選任（22条）、会社の設立（会49条）、代表取締役の選定（会349条3項・362条2項3号）などのように、法律関係の創設に関する事項と、支配人の終任（22条）、社員の退社（会606条・607条・612条）、代表取締役の解職（会362条2項3号）などのように、法律関係の当事者が責任を免れるべき事項が含まれ、前者を設定的登記事項、後者を免責的登記事項と

よんで区別するのが通例である。後述(5)の商業登記の一般的効力が重要な意味をもつのは、主として免責的登記事項に関してである。

　(ウ)　登記事項の変更　　商業登記は商人に関する現在の事実関係・法律関係を正確に公示するためのものだから、登記した事項が変更されたときやその事項が消滅したときは、当事者は遅滞なく変更または消滅の登記をしなければならない(10条)。

─────────────
(3)　商業登記の手続
─────────────
商業登記の手続は、商業登記法等に規定されている。

　商業登記は、原則として、登記すべき事実関係・法律関係の主体である商人の申請によって行われる(8条)。登記申請は、当事者である商人の営業所の所在地を管轄する登記所(法務局、地方法務局またはその支局、出張所)に対して行う(商登1条の3)。例外的に、官庁の嘱託や利害関係人の申請に基づいて登記が行われる場合や登記官の職権で登記される場合などがある。

　申請があった場合、登記官は、申請事項が法定の登記事項であるか、その登記所の管轄に属するか、申請のために必要な書類が添付されているかといった、申請の形式上の適法性を審査して登記を認めるか申請を却下するかを判断するのであって、申請事項が真実かどうかについての実質的な審査は原則として行わない(**形式的審査主義**。商登24条参照)。

─────────────
(4)　商業登記の公示
─────────────
誰でも、手数料を納付すれば、商業登記簿に記録されている事項を証明した書面または登記簿に記録されている事項の概要を記載した書面の交付を請求できる(商登10条・11条)。

(5) 商業登記の一般的効力

商業登記に関する商法の規定は，登記事項について登記前と登記後に分けてそれぞれ特別の効力（これを**商業登記の一般的効力**という）を定めている。

(ｱ) 登記は，基本的にはすでに発生した事実関係を公示するものである。たとえば個人商人であるＡが，大阪支店の支配人として支店の営業を任せていたＢを解任したとする。ＡはＢの支配人としての代理権が消滅したという事実を登記しなければならないが (22条)，Ｂの代理権は登記の有無に関係なく解任という事実によって消滅するのであって，解任後ＢがＡを代理してＣと取引をしても，ＡＣ間に有効な取引は成立しないはずである。しかし商法は，登記事項は登記しなければその事項について善意の（法律上一般に，ある事実を知らないことを善意，知っていることを悪意という）第三者にその事項に関する事実を主張できない（法律はこれを対抗できないと表現する）と規定する (9条1項前段)。したがって，上の事例でＢが代理権消滅の登記前にＣとの取引を行った場合，ＣがＢの代理権の消滅を知っていればＢの行為の効果はＡに及ばないが，Ｃが知らなければＡはＢに代理権がないことを主張できないから，取引はＡＣ間に有効に成立することになる。

(ｲ) 登記事項が成立しまた存在しているとき，商人は，これを登記した後は，第三者が災害による交通途絶などで登記所に行くことができなかったというような非常に例外的な場合を除き，善意の第三者に対しても登記した事項を対抗できる (9条1項)。上の事例でＢの代理権が消滅したことを知らなかったことについて過失のない第三者は，民法の表見代理の規定（民112条1項）によれば，Ａとの取引の成立を主張できるはずであるが，Ｂの代理権の消滅が登記さ

れていれば，民法112条の適用の余地はなくAは取引の成立を否定できる（最判昭49・3・22〈商百選6〉）。これは，登記によって公示された事項は，第三者も知っているものとみなされるからであると説明される（悪意擬制説）。ただし，表見支配人（24条，会13条）や表見代表取締役（会354条）に関する規定は，商業登記の一般的効力を定めた商法9条1項（会社について，会908条1項）の例外規定であるとして，登記後も適用を排除されないと解される。以上が判例・通説の立場であるが，登記後の効力と民法・商法の外観保護規定との関係の理解の仕方については，古くから学説の対立がみられる（商争点Ⅰ5）。

---

(6) 不実登記の効力

登記は，原則として事実関係を公示するだけで，登記によって新たな法律関係が創設されるわけではない（ただし，会社設立の登記〔会49条〕のように登記自体が会社の成立という法律関係を創設する特殊な場合もある）。たとえば，D会社が代表取締役でないEを代表取締役として登記しても，Eは会社の代表権を持つことにはならず，Eの行為は会社に効力を生じない。しかしそれでは登記の内容を信頼した第三者が不測の損害を被ることもありうる。そこで，商人は，故意または過失によって事実と異なる内容を登記すれば，その事項が事実に反することを知らない（善意の）第三者に対しては，その事実を主張できないことになっている（9条2項）。したがってEを代表取締役と信じた相手方は，Eの行った代表行為は有効なものとしてD会社に対して契約の履行等を請求できる。

3 商　号

(1) 商号の意義と選定

(ア)　意　義　商号とは，商人がその営業上自己を表すために用いる名称をいう。甲野太郎という人が甲野商店という名称を使って日用品の販売業を営んでいれば，甲野商店が甲野太郎の商号である。個人商人には商号のほかに一般生活で自己を表す氏名があるが，会社には商号以外に名称はない（会6条1項）。商号は商人の名称である点で，一定の商人がその商品について使用する商標や商人の営業を表示するために用いられる営業標とは異なる。人の名称である以上，文字で表示することができ，かつ発音できるものでなければならず，図形・模様・記号などは商標や営業標にはなっても商号にはなりえない。

　商人がある商号を長年使用して健全な営業を続けていると，いつしかその商号が一般社会で信用されるようになり，商号そのものに顧客を引きつける機能が備わるようになる。このように商号には経済的価値が認められるから，商号は一種の財産として相続や譲渡の対象になる。ただ，商号を営業と切り離して譲渡すると，その商号の背後にいる商人が誰かについて一般大衆を誤解させるおそれがあるので，商号を譲渡するときは，営業とともに譲渡するか，あるいは営業を廃止して譲渡しなければならない（15条）。

　商法および不正競争防止法は，商号を選定・使用する商人の保護をはかるとともに，まぎらわしい商号の使用などから一般大衆を保護するために，商号について規制している。

　(イ)　商号の選定　商号はかならずしも商人の氏名，営業所の地

名，営業の種類に符合する必要はなく，商人は原則として自由に自己の商号を選定できる（**商号自由主義**，11条）。ただし，会社の商号中には，その種類に従い，株式会社・合名会社・合資会社・合同会社という文字を用いなければならず（会6条2項），会社でない者は，その名称または商号中に会社であると誤認されるおそれのある文字を用いてはならない（会7条）。銀行，信託，保険などの営業を営む会社は，その商号中にこれらの文字（保険については生命保険会社・損害保険会社であることを示す文字として内閣府令で定めるもの）を用いなければならず，それ以外の者は商号中にそのような文字を用いてはならない（銀行6条，信託業14条，保険業7条）。

信用のある氏名や商号が他人の営業に勝手に使用されると，名称を使用された人の利益が害されるばかりでなく，一般公衆も営業を行っているのが誰かを見誤るおそれがある。そこで，不正の目的をもって，他の商人であると誤認されるおそれのある名称や商号を使用することが禁止される（12条）。

(2) 商号の登記

会社は商号を必ず登記しなければならないが（会911条3項2号・912条2号・913条2号・914条2号），個人商人は商号を登記するかどうかは自由である（相対的登記事項，商11条2項）。商号の登記は，その商号が他人のすでに登記した商号と同一であり，かつ，その営業所（会社の場合は本店）の所在場所が当該他人の商号の登記に係る営業所（会社の場合は本店）の所在場所と同一であるときは，することができない（商登27条）。

商人が営業を廃止し，もしくは商号の使用を廃止した場合，または商号を変更した場合，それが登記商号であれば，商号の廃止・変更の登記をしなければならない（10条）。ある商号が廃止・変更さ

れたがその商号の登記が放置されていると、同じ所在場所にある営業所に係る同一商号の登記に支障が生じるので（商登27条参照）、もとの商号使用者が商号の廃止・変更の登記をしないときは、同一場所で同一商号を使用しようとする者は、その登記の抹消を登記所に請求できる（商登33条）。

> ### (3) 商 号 権

商人は、他人よりその商号の使用を妨げられない権利（**商号使用権**）と、他人が同一または類似の商号を不正に使用するのを排斥する権利（**商号専用権**）を持つ。商人が商号について持つこのような権利を、**商号権**という。

(ア) 商号使用権　　商号使用権は、法律による一定の文字の使用の禁止にふれず、また他人の商号専用権によって排斥されないかぎり、認められる。他人によって商号の使用が違法に妨げられた場合、その者に対して不法行為に基づく損害賠償の請求ができる（民709条）。

(イ) 商号専用権　　不正競争防止法によって、需要者の間で広く知られている（周知性のある）他人の商号を使用して他人の営業と誤認させる行為を行った者や他人の著名な商号を使用する者に対しては、営業上の利益を侵害されまたは侵害されるおそれのある者は、商号使用の差止めや損害賠償を請求できるとともに、信用の回復のため必要な措置をするよう裁判所に命じてもらうことができる（不正競争2条1項1号2号・3条・4条・14条）。また、不正の目的をもって、他の商人であると誤認されるおそれのある名称や商号を使用する者に対して、名称の冒用により営業上の利益を侵害されまたは侵害されるおそれのある商人はその侵害の停止または予防を請求できるとする商法12条も、商号専用権を認めたものと解することができる。

(4) 自己の商号の使用を他人に許諾した商人の責任	商号自由主義の下では，商人であるAは，自己の営業を他人の営業のようにみせかけるといった不正の目的がないかぎり，原則

として他の商人であるBの商号を自己の商号として使用することもでき，また，そのような使用をBから許されていることもある。このときAの取引の相手方Cは，Bの商号が用いられているため，信用のあるBが相手であると誤認して取引関係に入ることがある。そのような誤認が，Bが自己の商号の使用をAに許したことから生じたのであれば，BもCに対して何らかの責任を負うべきである。そこで商法は，Bが自己の商号を使用して営業することをAに許諾したとき（これを**名板貸し**という）は，AC間の取引によって生じた債務について，BはAと連帯してCに対して弁済しなければならないとする（14条）。これは，真実に反する外観を作り出した者あるいは真実に反する表示をした者が，その外観作出・表示について責任があり，他方，その外観・表示を信頼した者に責任がないときは，前者を犠牲にしても後者を保護し外観・表示どおりの効果を生じさせるべきである，というドイツ法上の権利外観理論や英米法上の禁反言則を基礎に設けられた制度である。

4 商 業 帳 簿

(1) 法的制度としての商業帳簿	商人がその営業のために使用する財産の状況等を明らかにするために，商法の規定に基づいて作成しなければならない帳簿を**商**

業帳簿という。

家庭で家計簿がつけられるように，自己の財産および収益の状況を記録にとどめることは，経済生活を送るうえで有益であることが多いが，とりわけ商人にとって，営業財産の状況や活動の成果を記録して正確に把握することは，企業の合理的な運営のために重要な意味をもつ。簿記の技術や会計理論を基礎に帳簿を整備して自己の営業および損益の状況を明らかにするとき，商人はその経営全般を自ら点検することが可能になり（企業の自己監査），将来の合理的な計画を立てて企業の維持・発展をはかることができるようになる。また，適正に作成された帳簿は，後日紛争が生じたときに証拠資料としても役立つ。そこで，商法は，商業帳簿の作成・保存・提出義務等について，若干の規定を置く。なお，会社の帳簿については会社法が別に規定を設けており，その内容は，規模が大きく利害関係者が多い株式会社については，詳細かつ厳格である（第2章**8**参照）。

　商業帳簿に関する法則は，会計学・簿記学の発達により常に進歩しており，これをすべて法律で規定することはできない。そこで，規制の細目は公正妥当と認められる会計慣行に委ねられる（19条1項参照）。企業会計審議会が事情の変化にあわせて改定する**企業会計原則**は，企業会計実務の中で慣習として発達したものの中から一般に公正妥当と認められるところを要約したもので，これに従っていれば一応公正妥当と認められる会計慣行に従ったことになる。

(2)　商業帳簿の意義と種類	商業帳簿とは，商人がその営業のために使用する財産の状況等を明らかにするために商法上作成を命じられている帳簿をいう。

個人商人については，会計帳簿および貸借対照表がこれにあたる（19条2項）。

会計帳簿は，商人が，開業の時および毎年1回一定の時期における営業上の財産とその価額ならびに取引その他営業上の財産に影響を及ぼすべき事項（天災・事故など）を整然・明瞭に記載または記録する帳簿である。

貸借対照表は，一定の時期における商人の財産の状況についてその構成を明らかにする概括表である。その様式は，左側（借方）に資産の部，右側（貸方）に負債の部と純資産の部を掲げ左右対照させる勘定式が一般的である。貸借対照表は開業の時と毎年1回一定の時期に，会計帳簿に基づいて作成される。

(3) 商業帳簿の保存・提出

取引や配当などについて後日紛争が生じたとき，商業帳簿は重要な証拠資料となる。そこで，商人は帳簿閉鎖のときから10年間商業帳簿を保存する義務がある。同じ理由で商業帳簿以外の営業に関する重要な資料（取引上の受信証書，発信証書の控え，受領証など）も10年間保存される（19条3項）。

裁判で証拠として用いるため，裁判所は，当事者の申立てまたは職権で，商業帳簿の全部または一部の提出を命ずることができる（19条4項）。

5 商業使用人

(1) 商人の補助者

経営規模が大きな企業では，営業主が自ら営業活動のすべてを行うことは困難である。また，企業の規模がそれほど大きくなくても，1人の者がすべての

営業活動を行うのではなく，補助者を使って行う方が効率的なことが多い。実際，1つの企業の中では，支店長，部長，課長，係長，主任といった地位にある人が，それぞれの職務範囲について，企業の営業活動の一部を担っている例をよく目にするであろう。これらの人々は，企業の内部にあって，主に雇用契約関係に基づいて，特定の商人のためにその営業活動を補助する者である。このような者（被雇用者＝使用人）のうち，商人から営業に関して一定の代理権を与えられている者を，**商業使用人**とよぶ。商業使用人は企業の内部的なそして従属的な補助者ということができる。

　企業の補助者は，内部的・従属的なものにかぎられない。たとえば，関東地方で営業を行っている商人Ａが，関西地方に活動範囲を拡げようとするとき，関西に支店を開設して支店長（内部的補助者である商業使用人）を置くという方法をとらず，関西地方のマーケット事情を熟知している独立の商人Ｂを使って，Ａの営業取引の代理や仲介を行ってもらう方がより合理的なこともある。Ｂのように独立の商人で他の商人（Ａ）の営業を補助する者としては，商法上，代理商（27条以下），仲立人（543条以下），問屋（とい や）（551条以下），運送取扱人（559条以下）などがある。このうち，**代理商**だけは，不特定多数の商人の補助を行うのではなく，特定の商人の営業の補助を行うもので，ある程度その商人の企業組織の中に編入されている。このことから，商法は，代理商を企業の人的施設と位置づけ，商業使用人とともに商法総則中に規定を設けている。

（2）商業使用人制度の意義と機能

商業使用人とは，商人との雇用関係を基礎に，企業の内部にあって，その商人に従属して対外的な業務に従事する営業の補助者

をいう。商業使用人であるためには，商人の営業に関して一定の代理権を与えられていることが必要であり，対外的労務に従事しない簿記係や技師などは，商人に従属していても商業使用人ではない。

　ある者（C）が，商人Ａとの間でＡの代理人Ｂを通して取引額4000万円の取引を行うとする。ＢはＡの営業活動の多くの部分についてＡを代理する権限を与えられているが，取引額3000万円を超える取引はＡが自ら行うことになっていたという場合，その取引はＢの無権代理行為であって，AC間に効力を生じないのが原則である。ただ，その取引についてＢに代理権があるとＣが信じたことにつき正当な理由がある場合には，民法の表見代理の規定（この例ではＢに一定の代理権が与えられていたので，権限外の行為の表見代理，民110条）により，AC間にはＢが真に代理権があったのと同様の効果が生じることになる。ここで，ＡがＢをある支店の支店長としてそこでの営業全般を委ねていたとしよう。このように営業所の営業全般を統括する使用人は**支配人**とよばれる。商法は，支配人は商人の営業に関する一切の代理権を有するものと定め，代理権の範囲を包括的・定型的なものとし，たとえ商人が支配人の代理権に制限を加えても善意の第三者には対抗できないとする（21条1項3項）。Ｂには同支店の営業につき包括的な代理権があり，3000万円以内の取引しかできないという代理権の制限が加えられていても，事情を知らない相手方との間ではそのような制限がないものとして扱われる。そうすると，Ｃとしては，支配人を通してＡと取引する以上，その代理権の範囲につきいろいろ調査する労が省け，安心して取引を行うことができるのである。また支配人の選任，終任は登記しなければならないから（22条），誰が支配人としての権限を有するかは公示されることになる。

このように，商業使用人について商法が規整している理由は，代理権の有無や代理権の範囲を明らかにし，取引の相手方が商人の使用人を通じて商人と安心して取引を行えるようにし，それによって取引の円滑化をはかるところにある。

商法は，支配人のほか，営業に関するある種類または特定の事項の委任を受けた使用人（部長，課長，係長など），および物品販売店舗の使用人を商業使用人として，それぞれの代理権に関する規定をおいている。

| (3) 支 配 人 |

(ア) 支配人の意義と支配権　商業使用人の中で最も広範な代理権を与えられている者が支配人である。支配人は，本店または支店の営業の主任者として包括的な代理権が与えられている商業使用人を意味し，商人に代わってその営業に関する一切の裁判上または裁判外の行為をする権限を持つ（21条1項）。支配人の代理権を**支配権**という。

支配人は商人が選任する（会社の場合，会348条3項1号・362条4項3号・482条3項1号・489条6項3号・591条2項参照）。支配人は，通常，支配人のほか，支店長，マネージャーなどの営業の主任者としての肩書きでよばれるが，ある使用人が支配人であるかどうかは名称によるのではなく支配権の有無という実質によって決定される。支配人らしい肩書きでよばれているが支配権が与えられていない使用人については，後述の表見支配人の問題が生ずる。

支配人の代理権は営業に関する訴訟行為にも及ぶが，これは弁護士のみが訴訟代理人となるという原則（民訴54条）の例外である。支配人は弁護士を商人の訴訟代理人として選任することもできる。営業に関する裁判外の行為は，私法上の適法行為を広く意味する。

営業に関する行為にあたるかどうかは行為の性質，種類等を勘案して客観的抽象的に観察して決定される（最判昭54・5・1〈商百選25〉）。支配人が商人を代理してその営業に関するものと客観的に認められる行為を自己または第三者の利益をはかるために行ったとき（代理権の濫用の場合）でも，相手方が支配人のそのような意図を知りまたは知ることができた場合でない限り，商人にその効力が及ぶ（民107条）。

　(イ)　支配人の義務　　支配人は，その地位にある者に通常要求される程度の注意をもって事務を処理する一般的な義務を負っているが，商法は，本店または支店の営業について商人の分身のように活躍する支配人の職務の特性にかんがみて，支配人に特別の不作為義務を課している（23条）。まず，支配人は，商人の許可なしに，自ら営業を行ったり，他の商人の使用人や会社の取締役などになったりすることができない（**営業避止義務**，23条1項1号3号4号）。これは支配人をしてその職務に専念させることを目的とする。つぎに，支配人は，立場上商人の営業の機密に通じているから，商人の許可なしに，商人の営業と同種の，またはそれに付帯する取引を，自己また第三者のために行うことが禁止される（**競業避止義務**，23条1項2号）。支配人がこれらの義務に違反し，商人に損害が発生すると，支配人はその損害を賠償する責任を負うが，この場合の商人の損害の立証は困難なことが多い。そこで，商法は，支配人が競業避止義務に違反した場合，当該競業行為によって支配人または第三者が得た利益の額は，商人に生じた損害の額と推定する（23条2項）。

　(ウ)　表見支配人　　支配人であるためには商人から支配権が付与されていることが必要であり，たとえ商人Ａがある使用人Ｂに支店長の名称を与えていても，実質的な支配権が与えられていないか

ぎり，Bは支配人ではない。この場合，Bの肩書きを信頼して取引に入ったCを保護するためには，民法の表見代理規定を適用することが考えられる。しかし商法は，さらに企業取引の安全性を確保し円滑化を推し進めるため，商人が営業所（本店または支店）の営業の主任者であることを示すべき名称を付与した使用人は，その営業所の営業に関し一切の裁判外の行為をする権限を有するものとみなすことにした（24条）。上の例で，Bは支店の営業について，裁判上の行為を除き，包括的な代理権を与えられているとみなされるから，Bの（無権）代理行為によりAC間に取引が成立することになる。このような使用人Bを**表見支配人**とよぶ。これは，いわゆる権利外観法理ないしは禁反言則を基礎に，設けられた制度である。

どのような名称が営業所の営業の主任者であることを示す名称にあたるかは，取引一般の通念に従って判断するほかない。支店長，営業所長はこれにあたるが，支店次長，支店長代理は上席者の存在を前提とするから，これにあたらない。また，営業所はその実質（本章**1**(8)参照）を備えるものでなければならない（最判昭37・5・1〈商百選23〉参照）。なお，表見支配人制度は，外観を信頼した相手方を保護するためのものであるから，相手方が当該使用人には代理権がないことを知っている場合には適用されない（24条但書）。

(4) その他の商業使用人

(7) ある種類または特定の事項の委任を受けた使用人　営業全般ではなく，ある種類または特定の事項の委任を受けて商人を代理する使用人がいる。部長，課長，係長がこれに該当する。具体的には，販売，仕入れ，資金の借入れなどについて，ある程度包括的な代理権を与えられた使用人のことであり，そのような使用人は，

その事項に関して一切の裁判外の行為を行う権限があるものとされ（25条1項），これに制限を加えても善意の第三者に対抗できない（同条2項）。

これらの商業使用人は，商人が委任したある種類または特定の事項に客観的に属すると認められる一切の裁判外の行為について，商人を代理する権限を持つ。たとえば，商社の繊維部洋装品課長として，同社の扱う洋服類の仕入れ・販売についてある程度包括的な代理権が与えられている使用人がいたとしよう。その者は支配人ではないから，同社の扱う他の商品の販売や資金の借入れについては代理権はないが，洋服の販売や仕入れに関しては一切の裁判外の行為を行う権限があるものとされ，売買契約を締結することはもとより，商品および代金の授受，さらには代金の減額や支払猶予をする権限を持つことになる。

(イ) 物品の販売等を目的とする店舗の使用人　　買物をするとき，店舗内に販売のために置かれている物品については，その店舗の使用人に販売の代理権があると考えるのが通常であろう。一般公衆のこのような信頼を保護して取引の安全を確保するため，物品の販売や賃貸等を目的とする店舗の使用人は，現実に代理権が付与されているかどうかにかかわらず，その店舗内にある物品の販売・賃貸等に関する権限があるものとみなされる（26条）。商人は，当該使用人にそのような代理権がないことを知っている相手方に対してのみ，代理権のないことを対抗しうる（同条但書）。

6 代 理 商

商人の補助者としては，企業の内部にあっ
て商人に従属する商業使用人のほか，独立
の商人として他の商人の営業を補助する者もある。たとえば，ある
商人Aの商品の販売を他の独立した商人Bが補助する場合，①B
がAの商品の買主Cを探し出し，AC間に売買契約が成立するよ
うに尽力（仲介，斡旋，勧誘）する，②BがAの名でCと売買契約を
締結する（契約はAC間に成立），③Bが自己の名でCと売買契約を締
結するが（契約は法律的にはBC間に成立）その経済的効果はAに帰属
するという方法などが考えられる。①の場合Bの行為を取引の媒
介（仲立ち）といい，②の場合を代理，③の場合を取次ぎという。
代理商は，商業使用人ではなくして，一定の商人のために，継続的
にその商人の平常の営業の部類に属する取引の代理または媒介を行
う者である（27条）。代理商のうち，商人から代理を委託された者
を**締約代理商**といい，媒介を委託された者を**媒介代理商**という。

　他人間の商行為の媒介を業とする商人を仲立人といい，取次ぎを
業とする商人を取次商（これには商法上問屋，準問屋，運送取扱人がある）
というが，代理商は，特定の商人のために**継続**して，代理・媒介を
する点などにおいて，仲立人や問屋などとは異なる。わが国で代理
商といえば損害保険代理店が典型的である。損害保険代理店は，一
定の保険会社から委託を受けて，その損害保険会社のために損害保
険契約の締結の代理または媒介を行う（保険業2条21項）。ただし，
その他の業種についていえば「代理店」という名称がつけられてい

ても，必ずしも代理商であるとはかぎらない。代理店は，その実態が取次商のこともあれば，仲立人のこともあり，またメーカーから商品を仕入れて販売するだけの単なる販売業者のこともある。

代理商は独立の商人である（502条11号12号の基本的商行為を業する固有の商人〔4条1項〕）という点において商業使用人とは異なるが，実際には両者の違いが明確でないこともある。代理商は報酬として通例取引高等に応じて手数料を受けるのに対し，商業使用人は定額報酬を受けること，代理商は自ら営業費用を負担すること，代理商は独立の商号，商業帳簿，営業所をもっていることなどから総合的に判断して，代理商か商業使用人かが区別される。

(2) 代理商の機能　商人が，営業活動の範囲を広げようとするとき，進出先にいきなり営業所を設置し商業使用人を派遣するより，その地のマーケット事情に精通した代理商を通した方が，市場の開拓には効果的である。代理商のノウハウが営業に生かされることのほか，報酬が固定給ではなく手数料という形をとることによって営業費用が節約でき，営業活動に関して他人に損害を及ぼしたときに使用者としての責任（民715条参照）を原則として負わないことなどのメリットが考えられるからである。こうして，代理商制度は，19世紀後半から保険，海上運送などの分野で多く利用されるようになってきた。

(3) 代理商関係の成立と消滅　代理商関係は，商人と代理商との間の代理商契約の締結によって成立する。代理商契約は，代理の委託または媒介の委託を内容とするものであるから，その法的性質は締約代理商の場合は委任契

約，媒介代理商の場合は準委任契約である。したがって，代理商関係は，契約解除や代理商の死亡等委任契約・準委任契約の終了原因によって消滅することになるが，代理商契約で期間を定めていない場合は，やむをえない事情がないかぎり当事者は2ヵ月前に予告をしないと解除ができないことになっている（30条。民651条対照）。これは，代理商が販路の維持・拡大のために行った投資を他の商品の販売等に振り替えるための猶予期間を配慮したものである。

(4) 代理商の権利義務

(ｱ) 代理商と商人の関係　代理商契約は，委任契約ないしは準委任契約であるから，代理商と商人の間には，民法や商法の委任に関する規定が適用ないし準用されるが，商法は，代理商・商人間の継続的な信頼関係を考慮し，次のような特別の定めをおいている。

まず，代理商が取引の代理または媒介を行ったときは，商人の請求をまたずに，遅滞なく商人に対しその通知を発しなければならない（通知義務，27条。民645条対照）。代理または媒介の対象である商取引は迅速を必要とするからである。つぎに，代理商は，商人の営業につき相当程度の知識をもつことになるから，支配人と類似する競業避止義務を負う（28条）。このことから，代理商が複数の同種の営業を行う商人との間で代理商契約を締結する場合，それぞれの商人の許可を得ることが必要になる。代理商は，支配人と異なり，本人の営業に専念する義務はないので，営業避止義務は負わない（23条1項対照）。

代理商は，本人のために行った取引の代理または媒介に基づき，商人に対して手数料その他の報酬請求権や立替金の償還請求権を持つが，これらの債権の弁済を確保するため，代理商は商人のために

占有する物または有価証券を留置することができる（代理商の留置権，31条）。一般に民法上の留置権が発生するためには，留置権によって担保される債権が留置される物に関して生じたものであることが必要であるが（民295条），代理商の留置権についてはこのような関係はなくてもよい。代理商関係は継続的なものだから，前回の取引についての報酬請求権を担保するために今回の取引によって代理商が商人のために占有している物について留置権を発生させても不都合はなくかえって合理的であるからである。代理商の留置権は，商人間の留置権（521条）に比べても，留置物を占有するに至った原因のいかんを問わない点や，留置物が債務者所有の物である必要がない点において，強力である。

(イ) 代理商と第三者の関係　　代理商の代理権の有無およびその範囲は，代理商契約の内容によって定まる。契約締結の代理権を与えられていない代理商は，媒介代理商として取引の媒介を行う。もっとも締約代理商であれ媒介代理商であれ，物品の販売について委託を受ければ，売買の目的物が種類，品質または数量に関して契約の内容に適合しない旨の買主からの通知（526条2項）その他売買に関する通知を受ける権限がある（29条）。

第**2**章	会　　社

本章では，会社法上の諸制度について解説する。会社には4種類の形態が認められているが，現代社会の経済活動の中核を担うのは株式会社であり，本章の**2**以下は，主として株式会社についての法制度を対象としている。

1　会社の意義と会社法

（1）個人企業と共同企業

企業が営利事業を行っていくには相応の資金が必要である。Aが個人である営業を行うとき（個人企業），A個人の資金に限界があるなら，他人から資金を借り入れることもできる。しかし個人の信用には限界があるので，**個人企業**は大規模になりにくい。また営業によって得た利益はすべてAのものになるが，営業によって生じた債務については，それがいかに多額であってもAが1人で責任を負わなければならないというリスクがある。

Aが営業規模を拡大しリスクを軽減しようとすれば，他人と共同で営業をすればよい。**共同企業**は，Aが病気・死亡等で営業ができなくなったときも，他のメンバーによって存続・維持される。共同企業に参加する者が多いほど，資本の集中，危険の分散・軽減お

よび企業の維持のためには都合がよい。

　共同企業の形態として，民法には組合（民667条以下），商法には**匿名組合**（535条以下）について規定がある。もっとも，現在の経済活動の担い手として最も重要な共同企業は会社，特に株式会社である。

```
(2)  会社の法的意義
```
会社とは，営利を目的とする社団であって，法人であるもの，つまり**営利社団法人**である。

　⑺　営利性　　営利法人の営利性とは，事業活動（営業活動）によって得た利益を共同企業の構成員に分配する目的があることを意味する（第1章*1*(5)参照）。

　⑷　社団性　　社団とは，共同の目的を有する複数人の結合体（団体）をいう（広義の社団）。民法理論上，広義の社団は，さらに構成員の数が少なく団体の運営等に構成員の個性が強く認められる組合と，構成員の数が多く構成員の個性が希薄である社団（狭義の社団）に区別される。会社のうち，持分会社は組合的な性質を有するものであるといえる。

　社団である以上，その構成員（社員）は複数でなければならないはずであるが，会社（合資会社を除く）は1人でも設立でき，また構成員が1人でも存続することができる。これを**一人会社**という。かつては社団性との関係で一人会社の適法性が議論されたが，今日的には，一人会社にはその特殊性を考慮して会社法の規定を修正して適用すべき場合があるのではないかといった，具体的解釈問題が検討課題となっている。

　⑺　法人性　　会社は法人である（会3条）。法人とは，自然人以

外で権利義務の主体となるものである。A，B，Cがそれぞれ個人の財産を出資して共同事業を営む場合，共同企業の主体が法人でなければ，出資された財産はA，B，Cの共有となり，取引を行うときは原則としてA，B，Cの全員が名を連ねなければならず，権利義務はA，B，Cに帰属するので法律関係が複雑になる。一方主体が会社という法人であれば，A，B，Cが出資した財産は，A，B，C個人の所有を離れて会社が所有することになる。また会社自体が取引の当事者となることができ，A，B，C個人ではなく会社が，その取引から生じた権利を取得し義務を負担する。会社が法人であることは，共同企業を独立の取引主体として活動させるのに適している。

（エ）　法人格否認の法理　　法人としての資格（**法人格**）は，団体を権利義務の主体とするに値すると認められるときに，法律によって与えられる。会社についていえば，共同企業が構成員とは独立して，適正に活動していることが，法人格を与える前提である。しかし会社によっては，その実質がまったくの個人企業であり背後にいる個人の財産・活動と，会社の財産・活動が区別できないもの（法人格の形骸化）があり，また競業避止義務（16条，会21条）や強制執行を免れるために会社を設立して競業をさせ，またそれに財産を移転するなど，法人格が不当な目的に利用される場合がある（法人格の濫用）。判例および通説は，法人格がその趣旨にもとるような態様で利用され，法人格を認めることが正義・公平に反すると判断されるときは，問題となったケースにかぎり，法人格を否認して，会社とその背後にいる個人とを同一視することにより妥当な結論を導こうとする。これを**法人格否認の法理**という（詳細につき，会社争点4参照）。

会社法上の会社は，**株式会社**，**合名会社**，**合資会社**および**合同会社**の4種類である（会2条1号）。合名会社，合資会社および合同会社を**持分会社**という。持分会社は，会社の内部関係において組合的規律に服する会社である。持分会社には，社員の責任の違いに関連する規定等を除いて，統一的な規制がされる。外国会社（会2条2号）は，会社法上の会社とは区別され，会社と同様の規制を行う場合は，会社に外国会社を含む旨が条文上明示される（例，会5条等）。

　会社に一定の出資をしてその構成員となる者を社員（一般用語としての会社員とは異なる）という。会社の種類は，本来的には，会社の債権者に対する社員の責任の態様によって区別されてきた。社員の責任の態様は，次の2つの面からとらえられる。まず会社の債務を会社が弁済できないとき，社員が会社にかわって自己の個人的財産で会社債権者に直接に弁済しなければならないことを**直接責任**といい，社員が会社に対して出資義務を負うだけで会社債権者に対しては責任を負わないことを**間接責任**という。そのような社員の責任は一定額を限度とするか無制限かで**有限責任**と**無限責任**に分かれる。

株式会社は，会社債務について会社債権者に対して責任を負わず，ただ会社に対する一定限度の出資義務を負うにとどまる社員のみから構成される会社をいう（会104条参照）。株式会社の社員を**株主**といい，株式会社の社員としての地位を**株式**という。株主は株主総会に参加して会社の基本的事項を決定するが，会社経営は株主総会で選任した取締役に委ねる。出資者（企業の所有者）と経営者が異なるこのような現象を，

所有と経営の分離という。株主の責任が間接・有限責任であること
から株式会社の社員となることのリスクは小さく，また株主は経営
に直接関与しないので株主になるのに経営者としての才能は必要な
く，このことが後で述べる株式の制度とあいまって，広く一般大衆
から資金を調達することを可能にする。また会社債権者の債権の引
当てとなる会社財産を維持するため出資の払戻しや株主の退社・持
分払戻しは原則として禁止され，反面，出資金（投下資本）の回収の
道を開くため株式の譲渡は原則として自由である。

(5) 合 名 会 社　合名会社は，各社員が，会社の債務につい
て，直接・無限責任を負う会社である。合
名会社は，共同企業としての会社の最も小規模かつ原初的な形態で
ある。合名会社の各社員は原則として会社の業務執行に携わり（会
590条1項），業務を執行する社員は，他に代表者を定めていなけれ
ば会社を代表する（会599条1項）。業務執行の意思決定は社員の多
数決によって定め（会590条2項），定款変更や合併，解散といった
会社の基礎の変更にかかわる事項は総社員の同意によって決定する
（会637条・641条3号・793条等）。

　社員はいったん出資した財産の払戻しを請求できる（会624条）。
社員は退社することができ（会606条），退社に際して持分の払戻し
を請求できる（会611条）。社員が持分を譲渡するには他の社員全員
の承諾が必要である（会585条1項）。

(6) 合 資 会 社　合資会社は，会社の債務について直接・無
限の責任を負う社員（**無限責任社員**）と直接
責任を負うが会社に対する出資額までに責任が限定される社員（有

限責任社員）の2種類の社員から構成される会社である。会社の業務執行，代表，基礎的変更，出資の払戻しおよび退社についての規整は，合名会社と同様である。持分の譲渡についても合名会社と同じく制限されているが，業務を執行しない有限責任社員の持分の譲渡は，業務を執行する社員全員の承諾があれば可能である（会585条2項）。

| (7) 合 同 会 社 |

合同会社は，株式会社と同じく間接・有限責任の社員のみから構成されるが，会社の内部関係については合名会社と同じく組合的規律が適用される特徴を有する会社類型である。合同会社の業務執行，代表，基礎的変更についての規整は，合名会社と同様である。持分の譲渡については合資会社の規制と同じである。ただし，合同会社については，社員全員が有限責任社員であるため，債権者保護の観点から，設立時や社員の新規加入時等における出資の全額払込み（会578条・604条3項・640条）のほか，資本減少，利益の配当，出資の払戻しおよび退社に伴う持分の払戻し等に関して特例が設けられている（会625条～636条）。

| (8) 人的会社と物的会社 |

会社の債務について社員が直接にまた無限に弁済の責任を負ってくれるのであれば，会社と取引する相手方は，会社財産そのものよりも社員個人に信用の基礎をおく。社員が会社の債務について責任を負わないならば，会社財産だけが取引の相手方にとって信用の基礎になる。また，社員が業務執行を行う会社であれば，社員の個性が会社経営に強く反映される。社員以外の第三者が会社の機関

となって経営を行う会社では，社員の個性は経営に影響しにくい。会社の信用の基礎が社員個人にあり，社員の個性が会社経営に影響する会社を，講学上，**人的会社**とよび，会社の信用の基礎が会社財産にあり，社員の個性が経営に反映しない会社を**物的会社**とよぶ。合名会社が人的会社の典型であり，合資会社も人的会社に分類される。物的会社の典型は株式会社である。合同会社は，会社の信用面では物的会社，経営への社員の個性の反映の面では人的会社に属する。

----

(9) 資 本 金

会社は一定の金額を**資本金**と定める（株式会社の資本金の額について会445条1項2項）。株式会社と合同会社では，資本金の額は登記される（会911条3項5号・914条5号）。

　物的会社では，会社財産だけが会社債権者の債権の引当てになる。そこで，会社法は，とくに株式会社について，出資義務の履行の確実化をはかり，また剰余金の配当の制限をするなど，資本金に相当する財産が会社存続中充実・維持されるための規定を置く（会208条3項・446条・461条等）。このような法の要請を**資本充実・維持の原則**という。また，資本の額が会社により自由に減少されるならば，資本充実・維持の原則の意味がなくなるので，いったん定めた資本金の額は厳格な手続に従わなければ減少できないものとなっている（本章**9**）。これを**資本不変の原則**という。

----

(10) 会社の権利能力

会社の権利能力が，定款所定の目的によってどのような制限を受けるか，議論されている。たとえば，自動車の製造販売を目的とする会社が衣料品の仕

入れ・販売を行ったとき，その取引が会社の権利能力を超えるものなら，取引は無効となる。法人の権利能力を定款所定の目的の範囲に制限する民法34条の規定は，会社にも適用される。現在の判例は，取引の安全を考慮し，目的の遂行に必要または有益な行為や定款所定の目的に何らかのかかわりがある行為も目的の範囲に属するとして，結局のところ会社の権利能力をかなり広く認めている（最判昭27・2・15〈会社百選1〉）。

　権利能力との関係で，会社が慈善団体等へ寄付をすることや政党に政治献金を行うことができるかが，問題となる。これらの行為は，定款所定の目的とは原則として関係がないので，社会の構成単位としての会社に期待されているから行えるというような別の根拠を持ち出す判例・学説がある（最大判昭45・6・24〈会社百選2〉参照）。政治献金については，会社の権利能力の範囲外とすべきという意見も主張されている（会社争点6）。

---

(11)　企業の社会的責任

会社は営利目的を実現するために活動する。営利追求のあまり法に違反したり公益を侵害するようなことがあってはならない。また一方では，会社も社会の構成単位である以上，営利目的とは直接関係のない社会・公共の利益を推進する行為を行ってよいか，さらに進んで積極的に社会・公共の利益を推進する責任を果たすべきではないかという議論も行われている。**企業の社会的責任**といわれるこういったテーマは，好ましくない企業行動に対する法的規制を促す契機となるとともに，会社の営利目的を基礎とする権利能力の範囲や会社経営にあたる取締役の義務・責任の局面でも問題となるべきものである（会社争点2）。

(12) 会社法の意義と特性

会社に利害関係をもつ者として，会社内部に社員・株主，取締役，会計参与，監査役，執行役等がおり，外部に会社債権者がいる。会社法（平成17年法律86号）は，これらの者の間の権利義務関係ないしは利害を調整するため，会社の設立，組織，運営，管理について定める法律である（会1条）。会社をめぐる利害関係者の法的な利益調整は，会社法を中心として，担保付社債信託法などの特別法や，会社に関する慣習法などによって規律される（実質的意義の会社法）。

会社法は，団体についての法規制であり，個人間の法律関係とは異なり，会社と社員，社員相互，会社とその機関のそれぞれの関係を規整する独特の法制度をもつ（多数決原則，社員の平等，会社の機関，代表など）。また，会社は社員の営利目的を達成するための手段だから，株式・持分の譲渡，剰余金・利益の配当など，社員の経済的利益の保護助成のための制度が備えられている。さらに会社は国民経済の担い手であり，利害関係者が多数に上ることがあるので，会社法の規定には強行規定が多く，また会社運営にあたって国家機関である裁判所がしばしば関与する（検査役制度，各種の会社訴訟制度など）。

(13) 会社法の制定と展開

平成17年に会社法制の抜本的改革が行われた。それまで，商法の第二編を中心に，有限会社法や株式会社の監査等に関する商法の特例に関する法律（商法特例法）といった特別法において分かれて定められていた会社に関する基本的規制が，会社法という一つの法典にまとめられ，わかりやすく再編成された。会社法は，平成17年改正前の商法や有限会社法の条文がカタカナ文語調であったのをひらがな口語化し，用語の整理を行うとともに，解釈の明確化

の観点から規定の整備を行った。また，会社に係る諸制度間の規律の不均衡の是正を図り，社会経済情勢の変化に対応するため各種制度を見直すといった規制の内容面の改正も同時に行われた。

会社法の制定により，商法から会社編が削除され，有限会社法や商法特例法が廃止された。また，株式会社と有限会社の区別がなくなり，両者は会社の種類として株式会社に一本化された。

平成26年には，「企業統治の在り方」と「親子会社に関する規律」を柱として会社法が改正され，監査等委員会設置会社制度の新設，社外取締役・社外監査役の要件の見直し，多重代表訴訟制度の新設，キャッシュ・アウト制度の整備など，重要な制度の新設・見直しが行われた。

令和元年には，株主総会資料の電子提供制度の新設，株主提案権の見直し，取締役報酬規制の見直し，補償契約・役員等賠償責任保険契約規制の新設，社外取締役制度の見直し，社債管理補助者制度の新設を含む社債制度の見直し，株式交付制度の新設など，比較的広範な改正が行われた。

⎛ **(14)　会社法上の用語の**
    **　　　定義** ⎞
会社法2条には，会社法全体に関係し，他の法律でも使える主要な用語の定義規定が設けられている。会社法には，2条のほか様々な定義規定が各所に置かれているが，それらの定義が妥当する範囲が限定される場合がある。以下，会社法の適用に重要な意味を有するいくつかの定義について述べる。

(ｱ)　親会社・子会社　　株式会社の総株主の議決権の過半数を有する会社その他の当該株式会社の経営を支配している法人として法務省令で定めるものを親会社といい（会2条4号），総株主の議決権

の過半数を他の会社に持たれている株式会社その他の当該会社がその経営を支配している法人として法務省令で定めるものを子会社という（会2条3号）。株式所有などを基礎に一方の会社が他方の会社を支配している場合には，それぞれを独立した会社として扱うことが適切でない場合や，両者を一体として扱うことが適切な場合などがあり，そのような場合の規制に親会社・子会社の定義（類似の定義として，子会社等〔会2条3号の2〕，親会社等〔同条4号の2〕などがある）が意味をもつ。

(イ) 公開会社　　**公開会社**とは，「その発行する全部又は一部の株式の内容として譲渡による当該株式の取得について株式会社の承認を要する旨の定款の定めを設けていない株式会社」と定義される（会2条5号）。会社法の下では，株式会社はその発行する株式の種類の一部についてのみ譲渡制限株式とすることが認められる（会108条1項4号）。譲渡制限株式の定めが全くない株式会社，またはその発行する一部の種類の株式のみが譲渡制限株式である株式会社が，公開会社となる。会社法は，株式会社における株式譲渡の自由度（会社の公開性・閉鎖性）によって，主として株主保護のための規制を区分するため，公開会社の定義は重要な意味を持つ。

(ウ) 大会社　　最終事業年度に係る貸借対照表に資本金として計上した額が5億円以上であるか，最終事業年度に係る貸借対照表の負債の部に計上した額の合計額が200億円以上の株式会社を**大会社**という（会2条6号）。会社の規模が大きければ，会社の取引先が多いのが通常であるから，会社債権者保護の観点からの規制区分に，大会社の定義は意味を有する。

(エ) 機関設計ごとの会社の定義　　有限会社との一本化に伴い，株式会社の機関構成が大幅に柔軟化することから，**取締役会設置会**

社，会計参与設置会社，監査役設置会社，監査役会設置会社，会計監査人設置会社，監査等委員会設置会社，指名委員会等設置会社が定義されている（会2条7号～12号）。会社法は，有限会社型株式会社の機関構成（株主総会と取締役1名）を株式会社の機関の初期設定とし，取締役会，監査役等の機関を設けている会社について特別の定めを設けるので，このような定義が必要になる。この定義に該当する旨は登記される（会911条3項15号～19号・22号・23号）。

⒂ 商法総則に対応する規定

会社法は，商法総則に定められている商業登記，商号，商業使用人および代理商に関する規定に対応する定めを置いている（会社について，これらに関する商法総則規定が適用されないことについては，第1章 **1**⑵参照）。

⑺ 会社の商号 個人商人は，営業の種類ごとに商号を選定することができるが（商号単一の原則，1営業につき1商号），会社の商号は複数の種類の営業を行っていても1つである（会6条1項）。このことから，会社法は，会社の営業を「事業」とよぶ（1事業につき1商号）。

会社は，その種類に従い，商号中に，株式会社，合名会社，合資会社，合同会社という文字を用いなければならない（会6条2項）。また，他の種類の会社と誤認されるおそれのある文字を用いてはならない（同条3項）。会社でない者は，その名称または商号中に，会社であると誤認されるおそれのある文字を用いてはならない（会7条）（第1章 **3**⑴）。

不正の目的をもって，他の会社であると誤認されるおそれのある名称または商号を用いることの禁止および名板貸しに関する責任に

ついては，商法総則と同趣旨の規定が設けられている（会8条・9条参照）（第1章 **3**(1)(4)）。

(イ) **会社の使用人・代理商**　会社の使用人については，支配人の選任，支配人の代理権，支配人の競業禁止，表見支配人，ある種類または特定の事項の委任を受けた使用人の代理権，および物品の販売等を目的とする店舗の使用人の代理権に関して，商法総則と同趣旨の規定が設けられている（会10条～15条，支配人登記について会918条）（第1章 **5**）。

会社の代理商の通知義務，競業禁止，通知を受ける権限，代理商契約の解除および代理商の留置権に関しても，商法総則と同趣旨の規定が設けられている（会16条～20条）（第1章 **6**）。

(ウ) **事業譲渡**　会社が事業を譲渡した場合の，譲渡会社の競業避止義務について，商法総則と同じ規定が設けられている（会21条）。事業を譲り受けた会社（譲受会社）が事業を譲渡した会社（譲渡会社）の商号を続用する場合の，譲受会社の責任および譲受会社に対する弁済の効力や，譲受会社が譲渡会社の債務を引き受ける旨の広告をした場合の譲受会社の責任に関しても，同様である（会22条・23条）。譲渡会社が残存債権者を害することを知って事業を譲渡した場合に，残存債権者が，譲受会社に対して，承継した財産の価額を限度として，債務の履行を請求することができることについても，同旨のルールが設けられている（会23条の2）（第1章 **1**(7)）。

会社が会社以外の商人に事業を譲渡した場合には，当該会社を商法総則における営業譲渡人とみなして商法17条から18条の2までの規定（会社法22条から23条の2までと同趣旨）が適用される（会24条1項）。会社以外の商人が会社に営業譲渡した場合には，当該商人を譲渡会社とみなして，会社法22条から23条の2までの規定が適用

される（同条 2 項）。

（エ）　**会社に関する商業登記**　会社が会社法に基づいて行う登記も商業登記簿になされる（会 907 条）。商業登記の一般的効力に関する商法 9 条 1 項に相当する定めは会社法 908 条 1 項に，不実登記の効力に関する商法 9 条 2 項に相当する定めは会社法 908 条 2 項に，登記事項の変更・消滅の登記に関する商法 10 条に相当する定めは会社法 909 条に，それぞれ規定されている（第 1 章 **2**(5)(6)）。

2 設　立

(1)　会社の設立とは何か

A，B，C の 3 人が共同の事業を会社形態で行うことを計画したとする。そのためには，まず会社を設立するところから始めなければならない。**会社の設立**とは，会社という 1 個の団体（社団）を形成するとともに，会社という 1 個の法人を成立させることである。会社という団体を形成するには，団体の構成員（社員）となる者が集まり，団体の根本規則である定款を作成し，社員の出資によって会社財産を形成し，会社として活動するための機関を具備する。会社という団体の形成が完了すると，設立の登記をすることによって，会社に法人格が与えられ，会社が成立する。

　A，B，C が合名会社を設立するのであれば，定款に社員の氏名・住所が記載または記録され（会 576 条 1 項 4 号），原則として社員は各自会社の業務を執行し，会社を代表する機関となるから（会 590 条 1 項・599 条 1 項），定款が作成されれば会社の実体が完成する。社員は無限責任を負うから出資が履行されなくてもよく，あとは設

立の登記をするだけで会社は成立する。一方，株式会社を設立する場合の手続はそのように単純ではない。株式会社では，相互の信頼関係が希薄な多数の社員の存在が予定され，また会社債権者にとって会社財産だけが唯一の担保となるので会社財産の重要性が大きいことなどから，以下に説明するように設立の手続はかなり厳格かつ複雑である。

　株式会社の設立は，会社を使って一定の事業活動を行うことを企画した人によって行われる。会社設立の企画者を**発起人**という。もっとも通説は，発起人を「発起人として定款に署名した者」と形式的に理解する。これは，発起人として特別利益や報酬を受けることができる者，現物出資者となる資格のある者（会28条2号3号），さらには発起人として設立に関して責任を負うべき者（会52条～56条・103条1項2項）の範囲を明確にするためである。発起人は1人でもよく，会社が他の会社の設立の発起人となることもできる。発起人が複数いるとき発起人相互は会社設立をめざした組合を形成していることになり，これを発起人組合という。会社設立に関する事項を発起人が決定するときは，発起人の過半数による多数決で決めるが（民670条1項），発起人が割当てを受ける設立時発行株式の数，発行可能株式総数に関する定款変更，設立時発行株式を引き受ける者の募集，設立時募集株式の数・払込金額など一定の事項は，発起人全員の同意で決める（会32条・33条9項・34条1項・37条・57条・58条）。

---

(2) 定款の作成　設立手続の第1段階として，発起人が**定款**を作成しそれに署名する（会26条1項）。定款は，書面のほか電磁的記録によって作成することもできる（同条

2項）。定款は，会社の組織・活動に関する基本的な自治規則である。定款が効力を生じ，取締役・監査役・株主等を拘束するためには公証人の認証を受けなければならない（会30条1項）。定款の記載（以下，定款における「記載」には電磁的「記録」も含めるものとする）事項はその法的効力から，**絶対的記載事項，相対的記載事項，任意的記載事項**に分かれる。

(ア) 絶対的記載事項　定款に必ず記載しなければならない事項であり，これを欠くと定款は効力を生じない。発起人が作成・署名し，公証人の認証を受ける定款（これを原始定款という）には，①目的，②商号，③本店の所在地，④設立に際して出資される財産の価額またはその最低額，⑤発起人の氏名または名称および住所を記載しなければならない（会27条）。

株主が会社に出資すると，その対価として会社は出資者に株式を発行する。株式は会社設立の時に発行される（この株式を設立時発行株式という）ほか，会社成立後，必要に応じて発行される（本章**6**参照）。会社が設立時および成立後に発行することができる株式の総数を発行可能株式総数という。発行可能株式総数が原始定款に記載されていない場合は，会社成立までに，発起人全員の同意によって定款を変更し，発行可能株式総数について定めなければならない（会37条1項）。ただし，募集設立の場合（後述(3)）は，払込期日または払込期間の初日のうち最も早い日以後は，創立総会の決議によって定款を変更して発行可能株式総数を定める（会95条・96条）。その限りで，発行可能株式総数も絶対的記載事項である。公開会社では，設立時発行株式の総数は発行可能株式総数の4分の1以上でなければならない（会37条3項）。公開会社では，会社成立後，発行可能株式総数の範囲内で，原則的に取締役会の裁量により株式が発行される（会

201条1項）ので，株式の発行による株主の持株比率の低下に歯止め
をかけるためである。公開会社でない株式会社では，会社成立後の
株式の発行には原則として株主総会の特別決議が必要であり（会
199条2項・200条1項・309条2項5号），株主総会決議による委任なし
に取締役会または取締役の決定によって株式が発行されるのは，株
主割当ての方法による発行でかつ定款の定めがある場合に限られる
（会202条3項1号2号）。このように，公開会社でない株式会社では
株式の発行の際に株主の持株比率の維持が図られているので，設立
時発行株式の総数と発行可能株式総数の比率に関する制限はない。

　平成17年改正前商法と異なり，会社法は，設立時発行株式の総
数を定款の絶対的記載事項とはせず，代わりに設立に際して出資さ
れる財産の価額またはその最低額を定款記載事項とした（上記④）。
株主その他の利害関係者にとって重要な事柄は，会社設立時の株式
数ではなく，どれだけの財産が会社に出資されているかであるから
である。

　(イ)　相対的記載事項　　定款に記載しなくても定款が無効になる
ことはないが，定款に記載しないと効力を生じない事項である（会
29条参照）。会社法の各所にそのような事項がみられるが，設立手続
に関して重要なのは以下の**変態設立事項**である。これらの事項は，
発起人による濫用の危険が大きく，成立後の会社財産を危うくする
おそれがあるため**危険な約束**ともよばれ，定款に記載しないと効力
が生じないとともに，原則として裁判所の選任する検査役の調査を
受けなければならないことになっている（会28条・33条）。

　変態設立事項は，①出資者（発起人に限る）が金銭以外の財産を出
資の目的とする**現物出資**，②会社の設立中に会社の成立を条件とし
て，たとえば会社が使う機械など特定の財産を譲り受けることを約

する契約である**財産引受け**，③発起人が会社設立のために提供した労務に対し一時に支払われる報酬，および発起人の功労に報いるために発起人に会社成立後継続して与えられる特別の利益（会社施設利用権など），ならびに④会社設立のために要する費用のうち会社が負担すべき額（設立費用），である（会28条）。

(ウ) 任意的記載事項　会社が任意に記載できる事項である。会社の自治規則である定款には，会社法の規定に違反せず，かつ強行規定や公序良俗に反しない限りどのような事項も記載できる（会29条参照）。たとえば，株主総会の議長をだれが務めるかということは絶対的記載事項でも相対的記載事項でもないので，定款に記載しなくても，定款は無効にならないし，定款外で取り決めてもその事項が効力をもたないわけではない。しかし「株主総会においては，取締役社長が議長を務める。社長に事故があるときは，取締役会の決議をもって定めた順序により他の取締役がこれにあたる」と定款に定めておけば，事柄が明確になるばかりでなく，定款変更の手続を経ないかぎり，現在と将来の株主・取締役等はそれに従わなければならないことになる。

---
(3) 会社設立の手続

定款が作成され，株式の発行に関する事項（会32条参照）などが決められると，これに基づいて設立手続が進められる。株式会社の設立には，発起人だけが出資者となって会社を設立する方法（**発起設立**）と，発起人以外にも出資者を募って設立する方法（**募集設立**）がある（会25条1項）。

(ア) 発起設立の場合　発起人が，会社が設立に際して発行する株式のすべてを引き受けて（会25条1項1号），出資を履行する（会34条1項）。変態設立事項の1つである現物出資が定款で定められて

いないかぎり，出資は金銭で行う。出資金は発起人が定めた銀行または信託会社等に払い込む（同条2項）。出資の履行をしない発起人がいるときは，他の発起人は，一定の期日までに出資の履行をするように通知しなければならず，その期日までに出資の履行をしなければ，発起人は当該出資の履行をすることにより設立時発行株式の株主となる権利を失う（会36条）。

　出資の履行が完了すると，発起人は取締役（設立時取締役）を選任しなければならない（会38条1項・39条1項）。設立しようとする会社が監査等委員会設置会社であれば，監査等委員会の委員である設立時取締役（設立時監査等委員）とそれ以外の設立時取締役とを区別して選任する（会38条2項）。設立しようとする会社の機関設計（本章1⒁㊁参照）によって，必要な員数の設立時会計参与・設立時監査役・設立時会計監査人も選任しなければならない（会38条3項・39条2項）。これらの設立時役員等の選任は，原則として発起人の議決権の過半数をもって決定する（会40条1項）。設立しようとする会社が取締役会設置会社（指名委員会等設置会社を除く）であれば，設立時取締役の過半数による決定をもって設立時代表取締役を選定する（会47条1項3項）。設立しようとする会社が指名委員会等設置会社であれば，設立時取締役は，設立時委員，設立時執行役，設立時代表執行役を選定・選任する（会48条1項3項）。

　設立時取締役と設立時監査役は，出資の履行が完了しているかどうか，といった設立の経過を調査する（会46条）。

　(イ)　募集設立の場合　　設立に際して1万株を発行するとして，発起人A，B，Cが各1000株ずつ引き受けるときは（発起人は必ず1株以上引き受けなければならない。会25条2項），残りの7000株（設立時募集株式という）について出資者を募集する。募集は一般に公募する形

をとってもよいし，縁故者を頼ってもよいが，実際には公募による会社設立はほとんどない。発起人は，全員の同意をもって，設立時募集株式について，その数，払込金額，払込期日・期間等を定める（会58条）。

発起人は募集に応じて設立時募集株式の引受けの申込みをしようとする者に対し，定款の絶対的記載事項，発起人が出資した財産の価額，設立時発行株式に関する事項および設立時募集株式に関する事項等を通知し，引受けの申込みをする者は，一定の事項を記載（記録）した書面（または電磁的方法）を交付（提供）することによって申し込む（会59条。なお会61条参照）。

設立時募集株式の申込みに対して，発起人は，各申込人に何株を引き受けさせるかを決定する。これを**株式の割当て**といい，割当てを受けた分について申込人は，設立時募集株式を引き受けたことになる（このときから，申込人は引受人とよばれる〔会62条〕）。引受人は，払込期日・期間内に，発起人が定めた銀行・信託会社等の払込みの取扱場所において，それぞれの設立時募集株式の払込金額の全額の払込みを行わなければならない（会63条1項）。この払込みをしない引受人は，当該払込みをすることにより設立時募集株式の株主となる権利を失う（同条3項）。発起人は払込みの取扱いをした銀行等に，払込金の保管証明書の交付を請求することができる（会64条1項）。この証明書は設立登記の申請時に必要である（商登47条2項5号）。この証明書を交付した銀行等は，当該証明書の記載が事実と異なることまたは払込金の返還についての制限があることをもって，成立後の株式会社に対抗できない（会64条2項）。これは発起人や引受人が払込みを取り扱う銀行から出資金と同額の金銭を借り，それを出資金として払い込み（実際は帳簿上の操作だけが行われる），払込金は借

入金の返済まで引き出さないことを約束する預合（あずけあい）という方法の払込みの仮装を防止し，会社財産を充実させることをねらっている（会965条参照）。

　出資の履行が完了すると，発起人は創立総会を招集する（会65条1項）。創立総会は，発起人と引受人を構成員とする設立中の会社の決議機関であり，株式会社成立後の株主総会に相当し，招集・議事・決議について株主総会に類似した規定が置かれている（会67条～72条・74条～86条）。ただし，会社の設立事項を決定する（会66条）創立総会の重要性から，決議要件は厳格になっている（会73条）。創立総会では，発起人からの設立に関する事項の報告や設立時取締役・設立時会計参与・設立時監査役・設立時会計監査人の選任などが行われる（会87条・88条など。設立しようとする株式会社が監査等委員会設置会社である場合には，設立時監査等委員である設立時取締役とそれ以外の設立時取締役とを区別して選任する）。設立時取締役（監査役設置会社では設立時取締役と設立時監査役）は設立経過に違法がないか否か等を調査し，創立総会に報告する（会93条）。

　設立しようとする会社が取締役会設置会社であるときの設立時代表取締役の選定，設立しようとする会社が指名委員会等設置会社であるときの設立時委員，設立時執行役，設立時代表執行役の選定・選任は発起設立の場合と同様である。

　(ウ)　変態設立事項がある場合　　定款に変態設立事項の記載がある場合は，原則として，その事項につき裁判所の選任する検査役の調査を受けなければならない（会33条）。ただし，現物出資と財産引受けについては，その目的である財産（現物出資財産等）の価額が500万円を超えない場合，現物出資財産等が市場価格のある有価証券で定款所定の価額が市場価格を超えない場合，または現物出資財

産等に関する定款の記載内容が相当であることについて弁護士，公認会計士，税理士等の証明がある場合には，検査役の調査が免除される（同条10項）。

検査役の調査の結果，変態設立事項が不当と認められるときは，裁判所は決定によりそれを変更する（会33条7項）。変更に不服のある発起人は，当該決定が確定した後1週間以内に限り，その設立時発行株式の引受けに係る意思表示を取り消すことができる（同条8項。なお97条参照）。

（4）設立中の会社　　　株式会社の設立手続が開始されても会社が成立するまでには相当の時間がかかる。株式会社は設立登記によって突然発生するのではなく，その前から徐々に出来上がってゆくものである。通説は，会社のいわば胎児の状態を**設立中の会社**とよび，これを成立後の会社と実質的に同一の存在であるとする（同一性説）。発起人が行う設立に関する行為に伴い発生した権利義務は，実質的には設立中の会社に属するべきであるが，設立中の会社には法人格がないので形式的に発起人に帰属することになる。同一性説は，この権利義務が，会社成立時に特別の移転行為なくして当然に成立後の会社に帰属することを合理的に説明する。

発起人は設立中の会社を運営する執行機関となる。発起人は，設立中の会社の機関として，定款の作成や設立時募集株式を引き受ける者の募集といった設立のため法律上必要な行為のほか，設立事務を行うための事務所を借りるとか，株式募集の広告を業者に委託するといった会社設立に経済上必要な行為を行うことができ（多数説），会社成立時に未払いの賃料・広告費等は成立後の会社が支払う。一方，会社成立後の事業のための従業員の雇入れとか，店舗用の建物

の購入などのいわゆる**開業準備行為**は，変態設立事項の1つとして定款に記載された財産引受けを除いて，設立中の会社の機関である発起人の権限外の行為であり，発起人がそれを行っても効果は成立後の会社に帰属しない（最判昭38・12・24民集17巻12号1744頁）。

---

(5) 設立に関与した者の責任

発起人，設立時取締役または設立時監査役は，会社設立に関してその任務を怠ったため成立後の会社に損害が生じた場合は，会社に対して損害賠償責任を負う（会53条1項）。また，悪意，重過失によって第三者に損害を与えたときは，第三者に対しても損害賠償をしなければならない（同条2項）。

払込みの仮装をした発起人または設立時募集株式の引受人は，仮装した出資に係る金銭の全額を会社に支払わなければならない（会52条の2第1項1号・102条の2第1項）。発起人が現物出資の給付を仮装した場合も同旨の義務を負う（会52条の2第1項2号）。発起人または設立時募集株式の引受人が払込み等を仮装した場合，その仮装に関与した発起人または設立時取締役として法務省令で定める者は，注意を怠らなかったことを証明しないかぎり，仮装を行った発起人・設立時募集株式の引受人と連帯して，仮装した出資の額を会社に支払わなければならない（会52条の2第2項3項・103条2項）。払込みの仮装は有効な出資の履行ではないとするのが判例の立場であるが（最判昭38・12・6〈会社百選8〉），仮装をしたあるいは仮装に関与した者が上記義務を履行すると，当該株式は有効に発行されたものと扱われ，仮装をした発起人・引受人は，当該株式につき株主としての権利を行使することができる（会52条の2第4項・102条3項）。

現物出資・財産引受けの目的財産の会社成立当時の実価が定款所

定の価額に著しく不足するときは，発起人および設立時取締役は会社に対して不足額を支払わなければならない（会52条1項）。ただし，会社法の規定に従って検査役の調査を受けた場合，または発起人・設立時取締役が注意を怠らなかったことを証明した場合は，発起人（現物出資者または財産引受けの財産の譲渡人である者を除く）・設立時取締役はこの責任を負わない（同条2項）。もっとも，募集設立の場合は，設立時募集株式の引受人の保護の観点から，発起人・設立時取締役は，注意を怠らなかったことを証明して責任を免れることはできない（無過失責任，会103条1項）。募集設立の場合，発起人でないのに募集の広告その他募集に関する書面等に自己の氏名・名称と会社の設立を賛助する旨を記載または記録することを承諾した者は，擬似発起人とよばれ，発起人と同様の責任を負う（会103条4項）。

(6) 設立の登記

設立手続が完了すると，設立する株式会社を代表する者（代表取締役・代表執行役）は，本店の所在地を管轄する登記所に，設立の登記を申請する（会911条1項2号，商登47条1項）。登記すべき事項は会社法911条3項に列挙されている。設立登記がされると，株式会社が成立する（会49条）。会社の成立により，発起人および設立時募集株式の引受人は，株主になる（会50条1項・102条2項）。会社法は，設立手続が法の定めのとおりに行われた以上，当然に会社の成立が認められ，別に公の機関の承認はいらないという立場をとっており，この立法主義を**準則主義**という。

(7) 設立の無効

会社が設立の登記によっていったん成立しても，設立手続の規制の重大な違反があれ

ば，会社の設立が無効になることがある。たとえば，定款の絶対的記載事項が欠けていた場合，定款につき公証人の認証がない場合，発起人全員の同意が必要な事項を発起人全員の同意なく行った場合，募集設立の方法によるときに創立総会が開かれなかった場合などである。しかし，会社が成立して活動を開始している以上，はじめに遡って会社がなかったものとすると（無効とは本来そういうものである）取引関係等に混乱が生じる。そこで，会社法は設立無効訴訟の制度を設け（提訴期間・提訴権者の制限がある，会828条1項1号・2項1号・834条1号），無効判決の確定によってのみ会社設立は無効となり（対世効につき会838条），また無効の効果をはじめに遡らせず会社は無効判決確定まで存在したこととして取引の安全を確保し（会839条），無効判決確定後，会社は解散に準じて清算されるものとしている（会475条2号）。

3 株　　式

(1) 株式の意義

株式とは，株式会社における細分化された割合的単位の形をとる「社員の地位」であるといわれる。そして，株式を有する者が株主である。この点を説明しよう。たとえば，A，B，C が集まって会社企業により事業を始めたとする。A，B，C らは，実質的に会社企業の共同所有者であり，当然に，会社企業に対し，利益や残余財産，経営についてのなんらかの権利を有し，出資義務等を負う。これら共同所有者の地位は本来それぞれ異なる内容である。この共同所有者の地位を細分化して株式という最小単位を設け，すべての株式の内容を均一のも

のとし（**持分均一主義**），それぞれの株主は出資した額に応じて複数の株式を有することとする（**持分複数主義**）。このようにして，株式は，本来，それぞれ内容の異なる共同所有者の地位を，単純に株式数の違いという量的な違いに変える意義を有する。現在の会社法では，株主は株式の成立前に出資義務を履行するので，原則として株主に義務は残っておらず，株式は会社に対する種々の請求権（剰余金配当請求権，残余財産分配請求権，議決権等々）の束と考えることができる。このような株式を表章する有価証券が株券である。

(2) 株式と払込金額

かつては，定款に1株の金額が定められ，それが株券上に記載されている額面株式（たとえば，50円株）と，1株の金額が定められず，株券上には単に株式数のみが記載されている無額面株式が存在した。理論上，1株の大きさおよび権利内容について両者に差異はなかった。実務では額面株式の方が好んで用いられたが，平成13年の商法改正により額面株式は廃止され，すべてが無額面株式となった。また，株式と資本金との関連性は，原則として払込金額の全額が資本金の額となる（会445条1項。例外として，払込金額の2分の1を超えない額を資本金に組み入れずに資本準備金とすることができる〔会445条2項3項〕）が，このことを除いて，完全に断ち切られることになった。

(3) 株式の内容についての特別の定め

会社は，発行する全部の株式の内容として，定款に定めを置くことにより，以下の事項を定めることができる。すなわち，①譲渡による当該株式の取得について会社の承認を必要とすること（**譲渡制限株式**），②当該株式について，その株主が会社に取得することを

請求できること（**取得請求権付株式**），③当該株式について，一定の事由が生じたことを条件として会社が株式を取得できること（**取得条項付株式**）である（会107条）。

　以上に述べた発行する全部の株式の内容として定められる譲渡制限株式，取得請求権付株式，取得条項付株式と，つぎに述べる種類株式としての譲渡制限種類株式，取得請求権付種類株式，取得条項付種類株式とは区別されなければならない。ただし，会社法はこれらを区別しない（会2条17号〜19号）ので，注意しなければならない。

(4) 種 類 株 式　株式会社は，定款に定めを置くことにより，つぎのような内容の異なる**種類株式**を発行することができる（会108条）。

　①　剰余金の配当額，配当条件等について異なる種類株式　従来からある配当優先株式や配当劣後株式である。

　②　残余財産の分配額，分配条件等について異なる種類株式　残余財産分配請求権についての優先株式や劣後株式である。

　③　議決権制限種類株式・無議決権種類株式　一定事項につき議決権を有する種類株式や議決権が全くない種類株式（完全無議決権種類株式）である。公開会社では，発行済株式総数の2分の1まで発行できる（会115条）。なお，複数議決権付株式はわが国では認められていない。

　④　譲渡制限付種類株式　株式の譲渡について株主総会または取締役会の承認を必要とする種類株式である。

　⑤　取得請求権付種類株式　株式発行後，一定の請求期間内に，株主がいつでも定められた金銭，他の種類株式，または，その他の財産と引換えに会社に対しその株式の取得を請求できる株式である。

なお，会社が交付すべき財産の帳簿価額が請求日における剰余金の分配可能額以内であることが必要である（会166条1項）。

⑥　取得条項付種類株式　　株式発行後一定の事由が生じたときに，あらかじめ定められた金銭，他の種類株式，または，その他の財産と引換えに会社が取得することのできる株式である。一定の事由が生じたときに取得条項付種類株式の一部を取得するときは，取締役会設置会社では取締役会，取締役会非設置会社では株主総会の決議によりどの株式を取得するかを決定する（会168条・169条）。なお，会社が交付すべき財産の帳簿価額が剰余金の分配可能額以内であることが必要である（会170条5項）。

⑦　全部取得条項付種類株式　　株式発行後，株主総会の特別決議（会309条2項3号）により，他の種類株式・社債・新株予約権・その他の財産等と引換えにその株式の全部を会社が取得することのできる株式である。取得対価として交付する種類株式の種類と数，社債の種類と金額，その他の財産の内容や金額等についても上記の株主総会決議で定めなければならない（会171条1項）。なお，会社が交付すべき財産の帳簿価額が取得日における剰余金の分配可能額以内であることが必要である（会461条1項4号）。

全部取得条項付種類株式を有する株主を保護するために，取得を決定する株主総会の開催前の事前の情報開示，開催後の事後の情報開示が定められており，取得の手続等に法令・定款違反があって株主が不利益を受けるおそれがある場合について株主の差止請求権が認められている。また，取得対価に不満のある株主のために，裁判所に価格決定を求める申立権が認められている（会171条の2〜172条・173条の2）。

⑧　拒否権付種類株式　　株主総会や取締役会が決議すべき事項

の中の特定の事項について，同決議のほかに，さらにこの種類株式の種類株主総会の決議を必要とすると定める株式である。たとえば，合併契約の承認決議についての拒否権付種類株式が消滅会社において発行されている場合，通常の株主総会で合併契約承認決議が成立しても，同種類株式による種類株主総会の承認決議が成立しない限り，会社法783条1項の承認が得られたことにはならない。

⑨　取締役監査役の選解任権付種類株式　　この種類株式による種類株主総会の決議だけで取締役ないし監査役を選任解任する株式である。ただし，公開会社（会2条5号）や指名委員会等設置会社はこの種類株式を発行できない（会108条1項柱書）。

(5) 株　　券

⑺　株券の発行・不発行　　会社法の下では，株式会社は株券を発行しないのが原則である。特に株券を発行する旨を定款に定めた場合に株券を発行することになる（会214条，**株券発行会社**〔会117条7項〕）。

⑷　株券の記載事項　　株券は株式を表章する有価証券である。株券の法定記載事項は，番号，会社の商号，当該株券が表章する株式の数，株式の譲渡に会社の承認を必要とするときはその旨などである（会216条）。

⑼　株券の発行　　株券発行会社が公開会社の場合，会社は，株式を発行した日以後，遅滞なく株券を発行しなければならない（会215条1項）。株券発行会社が非公開会社の場合，会社は株主から株券発行の請求があるまでは発行しないでよい（同条4項）。なお，会社成立前または新株の発行前においては，会社は株券を発行することができず発行しても無効である。また，株券発行会社において株券の発行前に行われた株式の譲渡は当事者間では有効であるが，譲

受人が会社に対し株主であると主張することはできない（会128条2項）。

　(エ)　有価証券としての株券　　株券は無記名有価証券であるから，株券を占有する者は権利者（株主）であると推定され（会131条1項），株券の所持人から善意無重過失で株券の交付を受けた者は株式を善意取得する（同条2項）。このほか，会社法の定めに抵触しない限り，株券には有価証券法理が適用される。

　(オ)　株券喪失登録制度　　従来，株券を喪失した場合，裁判所の除権判決（平成16年非訟事件手続法改正により除権決定となる）を得ることにより株券の再発行を受けていたが，平成14年の商法改正により除権判決制度に代わり新たに株券失効制度が創設され，会社法において株券喪失登録制度となった。株券喪失登録制度においては，株券を喪失した者（株券喪失者）は一定の資料と共に株券喪失登録の請求を会社に行い（会223条，会社則47条），会社は株券喪失登録簿に株券喪失に関する記載をし，これを一般に閲覧させる（会221条・231条2項）。株券喪失者が登録された株式の名義人でないときは，会社は株主名簿上の株主に通知をする（会224条）。株券喪失登録がなされた株券は，登録の日の翌日から起算して1年を経過した日に失効し，株券喪失者は株券の再発行を受けることができる（会228条）。株券喪失登録がなされた株券に係る株式に関しては，株主名簿の名義書換をすることができない（会230条1項）。なお，株券喪失登録がなされている株券を所持する者は，株券を提示して，その株券喪失登録の抹消を申請することができる（会225条1項，会社則48条）。

| (6) 株主名簿 | 会社は**株主名簿**を備え，株主の氏名・名称および住所，株主の有する株式の数等を記 |

載または記録しなければならない（会121条）。会社は，株主総会の招集通知や配当金の送付等を行う際に，株主名簿に記載または記録されている氏名・名称・住所・株式数により事務を処理すれば，債務不履行や法令違反の責任を免れることになる（会126条・457条）。株券発行会社においては，株主は，株主総会出席権や配当請求権等の権利を確保し行使するために，あらかじめ会社に株券を提示して株主名簿の書換えをしておかなければならない（会130条）。

| (7) 株　　主 | 株式を有する者は株主となる。 |

　　(ｱ)　株主の権利　　株主の権利とは，株式に備わる多様な請求権の総称である。株主の権利は大きく自益権と共益権に分類して説明されることが多い。**自益権**とは，たとえば，剰余金配当請求権のように株主個人が会社から経済的利益を受ける権利をいい，**共益権**とは，たとえば議決権などのように会社の経営に参加する権利をいう。

　　(ｲ)　株主の義務　　株式引受人は引き受けた株式について出資に係る金銭の払込み等をしなければならない（出資義務，会34条1項・63条1項）。出資義務を履行して株主となった後は，**株主有限責任の原則**（会104条）によりどのような義務も負わない。なお，現物出資の場合には，金銭ではなく財産を出資することになる。

　　(ｳ)　株主平等原則　　株主は，原則としてその有する株式の数に応じて平等の取扱いを受ける（会109条）。これを**株主平等原則**という。会社が種類株式を発行している場合には，同じ種類株式を有する株主どうしでその有する種類株式の数に応じて平等の取扱いを受

けることになる。

　(エ)　みなし種類株式　　非公開会社では，剰余金配当請求権・残余財産分配請求権・議決権の各権利について個々の株主ごとに異なる扱いをすることを定款に定めることができる（会109条2項）。これを**みなし種類株式**という（同条3項）。

(8)　少数株主の権利

株式会社においては，取締役の選任を含めてその決議事項は，最終的には株主総会の決議の結果を左右できる大株主や多数派株主により決定されることになる。そこで，少数株主の利益を保護するためにさまざまな権利が認められている。少数株主の権利は，その重要性に応じて持株の要件が異なる。たとえば，会社の**解散請求権**（会833条）は総株主の議決権または発行済株式総数の10分の1以上，株主総会招集請求権（会297条）は総株主の議決権の100分の3以上，検査役選任請求権（会358条），**帳簿閲覧権**（会433条）などは総株主の議決権または発行済株式総数の100分の3以上，公開会社における**議題提案権**は総株主の議決権の100分の1または300個以上の議決権（会303条2項），総会検査役選任請求権（会306条1項）は総株主の議決権の100分の1以上を有する株主の権利として認められる。なお，会社法442条3項の定める単独株主権としての閲覧請求権の対象は同条1項の定める計算書類等であるが，会社法433条の定める少数株主権としての帳簿閲覧権の対象は，計算書類等の作成の基礎となった会計帳簿とその記録資料である。

持分会社においてはその社員は退社することができ（会606条・607条），自己の持分の現在価値の払戻しを会社に対し請求できる（会611条）。したがって，会社設立または設立後の加入の際に資金等を出資した社員は，その後，他の社員との意見の対立等のさまざまな事情により会社から退社するとき，この持分払戻しにより投下資本を回収することができる。しかし，株式会社では退社も持分の払戻しも認められない。したがって，なんらかの理由により会社からの脱退を意図するとき，会社との関係を断ち投下した資本を回収するためには株式を売却し対価を得るしか方法がない。そこで，会社法127条は，株式は原則として誰からも制約を受けることなく自由に譲渡できることを宣言する。株券不発行会社では，株式を譲渡するには，株主の意思表示が必要となり，株券発行会社では，株式を譲渡するには，株主の意思表示と株券の交付が必要となる（会128条）。株主と譲受人の間では上に述べたとおりであるが，会社に対しては，いずれの場合も譲受人の氏名・名称・住所を株主名簿に記載しないかぎり，譲受人は株主であることを主張できない（会130条）。

なお，譲渡制限株式もしくは譲渡制限種類株式のように，株式を譲渡するときは株主総会（取締役会設置会社では取締役会）の承認を必要とするという定めが定款にある場合には，このような株式の譲渡については，株主の投下資本の回収を保証するために136条から145条において株式譲渡の手続が規定されている。中小企業の経営者から，見ず知らずの者や好ましくない者が株主になることを防止する規定を設けてほしいとの強い要請を受け，昭和41年の商法改正により，上記の規定が設けられた。

（10) **株式振替制度**　　　株式の譲渡が大量に行われる場合，株券の引渡しにより株式の譲渡を処理することが現実の問題としてはなはだ困難を生じさせることになった。そこで，株券を利用せずに株式の譲渡を処理する制度が構築された。平成16（2004）年に「社債，株式等の振替に関する法律」が制定（「社債等の振替に関する法律」の改正）され，平成21（2009）年1月5日から以下の**振替制度**が施行された。この振替制度の下では，株券不発行会社であって振替制度利用に同意した会社の株式（譲渡制限株式を除く）を「振替株式」と呼ぶ（社債株式振替128条1項・13条1項）。同意は発起人全員の同意または取締役会の決議によってなされる（社債株式振替128条2項）。振替株式の譲渡は，振替機関における譲受人の振替口座簿の保有欄に譲渡による株式数の増加の記載・記録がなされることにより，その効力が生じ対抗要件も備わることになる（社債株式振替140条）。このような記載・記録がなされることが株券の占有に相当する（社債株式振替128条1項・140条・141条・143条）。振替株式についての善意取得が認められる（社債株式振替144条）。振替口座簿に株式数の増加の記載・記録がなされても，自動的に会社の株主名簿の名義書換がなされるわけではない。そこで，振替口座簿の記載・記録と株主名簿の記載・記録との同調を図るために次の制度が設けられている。

　(ア) **総株主通知**　　　会社が株主を確定するために基準日などの一定の日を定めた場合，振替機関は会社に対し，振替口座簿に記載・記録された当該一定の日における株主の氏名・名称，住所，株式数その他の事項をすみやかに通知し，会社は通知された事項を株主名簿に記載・記録する（社債株式振替151条1項7項・152条1項前段）。この場合，株主名簿の名義書換は基準日などの一定の日に行われたも

のとみなされる（社債株式振替152条1項後段）。

　(イ)　個別株主通知　　株主が少数株主権等の権利を行使する場合，直接に振替口座簿の記載・記録に基づいて資格が認められる。株主は，振替機関に申出をし，振替機関が会社に当該株主の有する株式の種類・数などを通知する（社債株式振替154条3項〜5項）。

<hr>

(11)　自己株式の取得，保有，処分および消却

　(ア)　会社法に別段の定めのある場合（会155条）を除き，原則として，会社は株主との合意に基づき自己株式を取得することができる（同条3号）。この場合，会社は，あらかじめ，①取得する株式の種類および数，②株式の取得と引換えに交付する金銭等の内容および総額，③株式を取得する期間（1年以内），以上を株主総会の決議で定めなければならない（会156条，普通決議）。この決議を前提として，会社が特定していない株主から自己株式を取得することができる。この場合，会社（取締役会非設置会社では株主総会，取締役会設置会社では取締役会〔会157条2項〕）は，取得の都度，(a)取得する株式の種類および数，(b)株式1株の取得と引換えに交付する金銭等の内容および額等，(c)株式の取得と引換えに交付する金銭等の総額，(d)株式譲渡の申込期日，を定めて（会157条1項），全株主に通知・公告をしなければならない（会158条）。通知・公告を受けた株主は，その有する株式の会社への譲渡を申し込むことができる（会159条1項）。申込期日において，会社は承諾したものとみなされる（同条2項）。申し込まれた株式の総数が取得する株式数を超過するときは，按分比例した数の株式の譲受けを承諾したものとみなされる（同項但書）。なお，株式の取得と引換えに交付する金銭等の総額は，剰余金の分配可能額を超えてはならない（会461条1項3号）。特定の株

主から自己株式を取得する場合は，①②③を決定する株主総会において，あわせて株主への通知を特定の株主に対してのみ行うことを定める（会160条1項）。決議は特別決議となる（会309条2項2号）。この場合，他の株主に対して，上記株主総会の2週間前までに，特定の株主に自己をも加えた内容の議案とすることを請求できる旨を通知する（会160条2項，会社則28条）。

このほか，①②③についての株主総会の決議を受けて，会社は，市場における取引による自己株式の取得，または，株式公開買付けによる自己株式の取得を行うことができる（会165条1項）。

以上が原則であるが，このほか，155条は，取得条項付株式において定められた一定の事由が生じた場合，譲渡制限株式の譲渡を承認せず会社が買い取る場合など，会社が自己株式を取得することになる場合を限定的に定めている（会155条，会社則27条）。

なお，会社は，取得した自己株式を期間の制限なく保有することができる。会社は，保有する自己株式について議決権を有さず（会308条2項），その他の共益権も有しないと解されている。

(イ)　自己株式の処分（消却以外の譲渡など）は，募集株式の発行手続により行うことになる（会199条）。自己株式の消却であるが，会社は，取締役（取締役会設置会社では取締役会）の決定により，消却する株式の種類および数を定めて，その保有する自己株式を消却することができる（会178条）。

(ウ)　親会社は，株主総会の決議（取締役会設置会社では取締役会の決議）により，子会社が親会社に譲渡したいとする親会社株式（＝自己株式）を取得することができる（会163条）。この決議では，①取得する株式の種類および数，②株式の取得と引換えに交付する金銭等の内容および総額，ならびに，③株式を取得する期間（1年以内）を

決めなければならない（同条）。なお，株式の取得と引換えに交付する金銭等の総額は，剰余金の分配可能額を超えてはならない（会461条1項2号）。

(12) 株式等売渡請求

(ア) 株式会社の総株主の議決権の90%以上を有する大株主（これを特別支配株主という）は，以下の手続に従い，他の株主に対し，その有するところの株式を特別支配株主に強制的に売り渡すことを請求することができる（会179条1項）。この請求を株式売渡請求という（同条2項第1括弧書）。売渡請求の対象として新株予約権を含む場合（会179条2項）を株式等売渡請求という（会179条の3第1項）。売渡請求をなされた株主および新株予約権者をあわせて売渡株主等という（会179条の4第1項1号）。売渡株主等は売渡しを拒絶できない。

(イ) 特別支配株主は，①売渡株式等の対価として交付する金銭の額もしくはその算定方法（総額），②金銭の割当てに関する事項，③売渡株式等を取得する日等を定めて，株主等に対し売渡請求をしなければならない（会179条の2第1項）。特別支配株主は，株式等売渡請求をする旨および上記の内容を対象会社（＝売渡株式等の発行会社）に通知し，対象会社の承認を得なければならない（会179条の3第1項）。承認がなされると，対象会社は売渡株主等に対し取得日の20日前までに，対象会社が承認をした旨，特別支配株主の氏名・名称・住所，上記の株式等売渡請求の内容等を通知する（会179条の4第1項1号）。対象会社がこの通知をしたときは，特別支配株主から売渡株主等に対して株式等売渡請求がなされたものとみなされる（同条3項）。特別支配株主は，取得日に売渡株式等の全部を取得する（会179条の9第1項）。

(ウ) 売渡株主を保護する制度が2つ設けられている。

第1。①株式等売渡請求が法令に違反する場合，②対象会社の行う売渡株主等への通知もしくは書面等の備置き等が会社法の定めに違反する場合，または，③売渡株式等の対価もしくは金銭の割当てに関する事項が対象会社の財産等に照らして著しく不当である場合，以上の①②③のいずれかであって，かつ，売渡株主等が不利益を受けるおそれがある場合には，売渡株主等は，特別支配株主に対し，株式等売渡請求による株式および新株予約権の取得の差止めを請求することができる（会179条の7第1項2項）。

第2。売渡株式等の対価額ないしは金銭の割当てについて不満のある売渡株主等は，取得日の20日前から取得日の前日までの間に，裁判所に，その有する売渡株式等の売買価格の決定の申立てをすることができる（会179条の8第1項）。

このほか，事後的救済策として，売渡株式等の取得の無効の訴えが設けられている（会846条の2第1項）。

| (13) 単 元 株 | **単元株**制度とは，会社が定款に一定数の株式を「1単元の株式」と定めることにより， |

1単元の株式に1個の議決権を認める制度である（会188条1項）。ただし，一部の者が単元株制度を濫用して他の株主の議決権を不当に奪うことを防ぐため，1単元の株式の数は，1000株および発行済株式総数の200分の1を超えて定めることはできない（同条2項，会社則34条）。

会社成立後に定款を変更して単元株制度を採用する場合には，株主総会の特別決議が必要であり（会466条・309条2項11号），取締役は株主総会においてその変更を必要とする理由を説明しなければならない（会190条）。これに対し，単元株制度を廃止することや1単

元の株式数を減少することは，株主に不利益をもたらすものではないので，取締役の決定（取締役会設置会社では取締役会の決議）によりその定款変更を行うことができる（会195条1項）。

　単元株制度を採用した会社の株主には，1単元の株式につき1個の議決権が認められる（会308条1項但書）。単元未満の株式を有する株主には議決権および議決権を前提とする権利（株主提案権，株主総会招集権等）は認められない（会189条1項）。単元未満株主について，上に述べた権利以外の株主としての諸権利については，会社法189条2項が定める権利を除き，定款で行使できない旨の定めを置くことができる（同条2項）。

　単元未満株式を有する株主は，その買取りを会社に請求できる（会192条）。なお，単元株制度を採用する会社は，単元未満株主に会社に対し単元未満株式売渡請求権を認める旨を定款に定めることができる（会194条）。この場合，単元未満株主は，保有する単元未満株式の数と合わせて1単元となる数の株式を自らに売り渡すよう会社に請求できる（同条1項）。

(14) 株式の売却制度等

会社が株主に対して行う通知・催告が5年以上継続して到達しない場合には，それ以後は，会社は当該株主に対して通知・催告をしなくてよいことになる（会196条1項）。5年以上通知・催告が到達せず，かつ，継続して5年間剰余金の配当を受領しない株主の株式については，取締役の決定（取締役会設置会社では取締役会の決議〔会197条4項〕）により，競売をしその代金を株主に交付することができる（会197条1項）。市場価格のある株式は市場価格による売却，市場価格のない株式は裁判所の許可を得て競売以外で売却，または会社自身によって買取り

をすることができる（同条2項3項）。会社が株式を競売もしくはそれ以外の方法で売却する場合には，会社は，当該株式の株主またはその他の利害関係人が一定の期間（3ヵ月以上）内に異議を述べることができる旨の公告および各別の催告をしなければならない（会198条）。なお，この制度による株式の競売や売却は会社の義務ではない。

4 株 主 総 会

(1) 株主総会の権限

(ｱ) 取締役会非設置会社においては，株主総会は，会社法に規定する事項および株式会社の組織，運営，管理その他株式会社に関する一切の事項について，決議をすることができる（会295条1項）。つまり，取締役会非設置会社においては，株主総会はその会社の経営に関する全般について判断し決定する権限を有する。株主総会は文字通り最高決定機関である。

(ｲ) これに対し，取締役会設置会社においては，取締役会非設置会社において株主総会が決定すべき事項とされるものの多くが取締役会の決定事項になっている。ここでは，株主総会が決定できる事項は，①会社法に定められた事項および，②定款に定められた事項に限られる（会295条2項）。これを内容で見ると，第1に会社の基礎的な事項にかかわること，第2に取締役会に決定を委ねるのが不都合なこと，第3にその他のことにおおむね分けることができる。第1のものとしては，資本金の額の減少（会447条），定款変更（会466条），事業譲渡（会467条1項），解散（会471条3号），吸収合併（会

783条1項・795条1項），吸収分割（会783条1項・795条1項），株式交換（会783条1項・795条1項），新設合併（会804条1項），新設分割（会804条1項），株式移転（会804条1項），株式交付（816条の3第1項）などがある。第2のものとしては，調査者の選任（会316条），取締役の選任（会329条1項），取締役の解任（会339条1項），取締役の報酬の決定（会361条），取締役の責任額の一部免除（会425条1項）などがある。第3のものとしては，自己株式の取得（会156条），計算書類の承認（会438条2項），剰余金の資本組入（会450条2項），剰余金の配当（会454条1項）などがある。このように，株主総会が決定できる事項は限定されているが，会社の基礎的事項についての決定権，および，取締役の選任権と解任権があるため，取締役会設置会社においても株主総会は株式会社の最高決定機関ということができる。

(2) 株主総会の種類

(ア) 株主総会には，**定時総会**と**臨時総会**がある。定時総会は，毎事業年度の終了後一定の時期に開催され，通常は計算書類の承認と剰余金の配当を決議する（会296条1項）。このほかに，必要に応じて取締役もしくは取締役会または所定の手続を踏まえた少数株主により臨時総会が開催される（同条2項）。

(イ) 種類株主総会 種類株主総会は，会社法が定める事項および定款で定めた事項に限り，決議をすることができる（会321条）。種類株式発行会社が以下に掲げる①ないし⑦の行為をする場合において特定の種類株主に損害を及ぼすおそれがあるときは，その種類株主を構成員とする種類株主総会の承認の決議（特別決議〔会324条2項4号〕）がなければ，当該行為は効力を生じない（会322条1項）。①(a)株式の種類の追加，(b)株式の内容の変更，または(c)発行可能株式

総数もしくは発行可能種類株式総数の増加に係る定款変更，①の2株式等売渡請求の承認，②株式の併合または分割，③株式無償割当て，④株主に当該会社の株式の割当てを受ける権利を与える場合，⑤株主に当該会社の新株予約権の割当てを受ける権利を与える場合，⑥株主に当該会社の新株予約権の無償割当てをする場合，⑦合併等の組織再編行為，である。

　種類株式発行会社において，通常は，ある種類の株式の内容として，株主総会において決議すべき特定の事項について当該決議のほか，当該種類株式の種類株主総会の決議を必要とする旨の定めがあるときは，その事項は，株主総会の決議のほか当該種類株式の種類株主総会の決議がなければ効力を生じない（会323条）。

　種類株主総会の決議は，通常は，定款に別段の定めがある場合を除き，当該種類株式の総株主の議決権の過半数を有する株主の出席が定足数（種類株主総会成立要件）であり，出席した株主の議決権の過半数の賛成により決議が成立する（会324条1項）。

(3) 招集手続

株主総会の招集は，通常は，取締役（取締役会設置会社では取締役会）が決定し（会298条1項4項），代表取締役が株主総会の日の2週間（非公開会社では1週間に短縮が可能）前までに各株主に招集通知を発しなければならない（会299条）。取締役会設置会社においては招集は書面で通知しなければならない（同条2項）。なお，株主全員の同意があれば，招集手続を経ずに株主総会を開催することができる（会300条）。

　平成17年改正前商法には，株主総会は本店所在地またはこれに隣接する地において招集しなければならないとする規定があった（商旧233条）。硬直的に過ぎ弊害も生じるため，会社法は承継しなか

ったが，会社法の下でも，特定の株主の出席を妨げるために，不合理な遠隔地で株主総会を開催するときは，株主総会の招集手続が著しく不公正な場合に当たり決議取消しの訴えに服すると考えられる。

---

(4) 電子提供措置

(7) 定款に電子提供措置をとる旨の定めがある場合（会325条の2柱書），取締役は，電子提供措置開始日（電子提供措置開始日とは，株主総会の日の3週間前の日または株主総会招集通知を発した日のいずれか早い日をいう〔会325条の3第1項第1括弧書〕）から株主総会の日後3ヵ月を経過する日までの間（これを電子提供措置期間という〔同項第2括弧書〕），電子提供措置事項に係る情報について継続して電子提供措置をとらなければならない（同項柱書）。ここに，**電子提供措置事項**とは，①会社法298条1項各号所定の事項，②会社法301条1項に規定する場合には株主総会参考書類および議決権行使書面に記載すべき事項，③会社法302条1項に規定する場合には株主総会参考書類に記載すべき事項，④会社法305条1項の規定による請求があった場合には同項の議案の要領，⑤取締役会設置会社である場合において取締役が定時株主総会を招集するときは，会社法437条所定の計算書類および事業報告に記載または記録された事項，およびその他の事項をいう（会325条の5第1項第4括弧書・325条の3第1項各号）。ただし，金融商品取引法24条1項により有価証券報告書を提出する株式会社が，会社法325条の3第1項各号に掲げる事項を記載した有価証券報告書の提出手続きを開示用電子情報処理組織（金融商品取引法27条の30の2。通称，EDINET）を使用して行う場合には，当該事項に係る情報については，電子提供措置をとることは必要とならない（会325条の3第3項）。なお，招集通知を発するに際し，株主に対し議決権行使書面を交付す

るときは，議決権行使書面に記載すべき事項に係る情報については電子提供措置をとることは必要とならない（同条2項）。

　株主総会の招集手続きにおいて電子提供措置をとる場合，非公開会社および取締役会非設置会社についての株主総会招集通知の発送期間の特則（会299条1項括弧書）は適用されない（会325条の4第1項）。

　株主総会の招集手続きにおいて電子提供措置をとる場合，株主総会招集通知（書面または電磁的方法〔会299条2項3項〕）には，会社法298条1項1号～4号に掲げる事項のほか，①電子提供措置をとっている旨，②有価証券報告書を開示用電子情報処理組織（EDINET）を使用して提出したときはその旨，および，③その他法務省令で定める事項を記載・記録しなければならない（会325条の4第2項後段）。株主総会の招集手続きにおいて電子提供措置をとる場合，株主総会招集通知の発送に際し，株主総会参考書類等（会325条の2各号。①株主総会参考書類，②議決権行使書面，③会社法437条所定の計算書類および事業報告，④会社法444条6項所定の連結計算書類）を交付しまたは提供することは必要とならない（会325条の4第3項）。

　(イ)　電子提供措置をとる旨の定款の定めのある株式会社の株主は，会社に対し，株主総会の議決権行使に係る基準日までに，電子提供措置事項（会325条の5第1項第3括弧書）を記載した書面の交付を請求することができる（同項）。この請求を書面交付請求と呼ぶ（同条2項第1，第2括弧書）。株主総会の招集手続きにおいて電子提供措置をとる場合であっても，取締役は株主総会招集通知の発送に際して，書面交付請求をした株主に対し，当該株主総会に係る電子提供措置事項を記載した書面を交付しなければならない（同項）。書面交付請求の日から1年を経過したときは，会社は，書面交付請求をした当該株主に対し書面交付を終了する旨を通知することができ，かつ，

異議がある場合には一定の期間内（1ヵ月以上。同条4項但書）に異議を述べるべき旨を催告することができる（同項）。株主が催告期間内に異議を述べたときは，書面交付請求は効力を失わない（同条5項但書）。

　なお，電子提供措置の中断が生じた場合における電子提供措置の有効性について会社法325条の6が定めている。

> **(5) 少数株主による株主総会の招集の請求**

6ヵ月前より引き続き総株主の議決権の100分の3以上の議決権を有する株主は，株主総会の目的である事項および招集の理由を示して，取締役に対し臨時株主総会の招集を請求することができる（会297条1項）。非公開会社では，6ヵ月間の株式保有が不要となる（同条2項）。株主による請求の後，遅滞なく株主総会の招集の手続がなされないとき，または，請求した日より8週間以内を会日とする株主総会の招集通知が発せられないときは，その株主は裁判所の許可を得て株主総会を招集することができる（同条4項）。

> **(6) 株主提案権**

⑦　株主総会に付議される目的事項は，通常は，取締役会非設置会社では取締役が，取締役会設置会社では取締役会が決定する（会298条1項4項）。取締役会非設置会社では，株主は，その株主が議決権を行使できる事項に限り，一定の事項を株主総会の目的とすることを取締役に対し請求することができる（**議題提案権**，会303条1項）。取締役会設置会社においては，原則として6ヵ月前より引き続き（非公開会社では6ヵ月間の株式保有が不要となる）総株主の議決権の100分の1以上または300個以上の議決権を有する株主は，株主総会の日の8週間前まで

に，取締役に対し一定の事項を株主総会の目的とすることを請求することができる（**議題提案権**，同条2項3項）。

(イ)　なお，株主は，株主総会の目的である事項について自ら発案する議案を提出することができる（**議案提出権**，会304条）。ただし，当該議案が法令もしくは定款に違反する場合，または，実質的に同一の議案が株主総会において総株主の議決権の10分の1以上の賛成が得られなかった日から3年を経過していない場合には，提出できない（同条但書）。

(ウ)　また，株主は，株主総会の目的である事項について自ら提出しようとする議案の要領をほかの株主に通知することを，取締役に対し請求することができる（**議案要領通知請求権**，会305条1項）。なお，公開会社である取締役会設置会社においては，総株主の議決権の100分の1以上または300個以上の議決権を6ヵ月前から引き続き有する株主に限られる（同項但書）。

取締役会設置会社において，株主の提出する議案の数が10を超えるときは，10を超える数に相当することとなる数の議案について，株主は議案要領の通知を請求することができない（会305条4項）。なお，10を超える数に相当することとなる数の議案の定め方であるが，当該株主が議案の優先順位を定めているときはその優先順位に従い，定めていないときは取締役が定めることになる（同条5項）。

---

(7)　株主総会の運営　株主総会の議長は定款で定めることが多いが，定款で定めないときは株主総会において選任する。議長の権限は，株主総会の秩序を維持し，議事を整理することである（会315条1項）。議長は，命令に従わない者やその

他総会の秩序を乱す者を退場させることができる（同条2項）。

---

(8) 取締役等の説明義務

取締役，会計参与，監査役および執行役は，株主総会において，株主が求めた事項について説明をしなければならない（会314条）。この規定は取締役等の**説明義務**と呼ばれるが，株主の側から見れば説明請求権となる。これ以外では，株主が権利として取締役等に説明を求めることは認められていないから，株主総会の目的である事項に限られるとはいえ，株主総会における株主の説明請求権は重要である。会社法は，取締役が説明しないでよい場合を列挙する。すなわち，①株主の説明を求める事項が株主総会の目的事項に関係しない場合，②取締役等が説明すると株主共同の利益を著しく害する場合，③その他正当な理由がある場合として会社法施行規則71条が定める場合，である（会314条但書，会社則71条）。

---

(9) 株主総会の決議と議決権

株主総会の決議方法は議題の重要性に応じて以下のように分かれる。とくに法令・定款が要求しないかぎり，通常の事項は**普通決議**により決定される。普通決議は，議決権を行使することができる株主の議決権の過半数を有する株主が出席し，その議決権の過半数の賛成により決議が成立する（会309条1項）。とくに重要な問題については**特別決議**が要求される。これは，議決権を行使することができる株主の議決権の過半数を有する株主が出席し，その議決権の3分の2以上の賛成により決議が成立する（同条2項）。定款の定めにより特別決議の定足数の引下げが認められているが，議決権を行使することができる株主の議決権の3分の1未満に下げることは

できない（同項）。このほか，定款変更により，発行する全部の株式の内容として譲渡制限の定めを置くときなどには，**特殊決議**が要求される。すなわち，議決権を行使することができる株主の半数以上であって当該株主の議決権の3分の2以上の賛成により決議が成立する（同条3項）。普通決議については，通常，定足数の要件は定款により排除されているが，特別決議については定足数要件を定款により排除することはできない。

　株主総会決議の目的である事項について取締役または株主から提案があった場合，その事項に関して議決権を行使することのできる株主全員が，取締役または株主の提案に同意する旨を記載した書面または記録した電磁的記録により意思表示をしたときは，当該提案を可決する総会決議があったものとみなされる（会319条1項）。

　ところで，会社法は**一株一議決権の原則**を採用しており（会308条1項），定款で定められた議決権制限種類株式等（会108条1項3号）を除き，原則として1株式に1議決権が認められる（会308条1項）。ただし，単元株制度を採用したときは，1単元の株式につき1個の議決権が認められる（同項但書）。なお，会社は自らが有する自社の株式（＝自己株式）については，議決権を行使できない（同条2項）。これを許すと，株式を有しない取締役による会社の支配の永続化を可能にしてしまうからである。また，A会社がB会社の総株主の議決権の4分の1以上の議決権を有する場合，B会社はA会社の株式を有していたとしてもA会社の株主総会において議決権を行使できない（同条1項括弧書）。B会社を支配しているA会社の取締役が，自己の都合のよいようにB会社に指図して議決権を行使させることを防止し，同時に，株式相互保有の進行の防止も意図するものである。

　株主は株主総会に代理人を出席させ，質問権や議決権を行使させることができる（会310条1項）。この場合，株主総会の都度，代理権を証明する書面を会社に提出しなければならない（同条1項2号）。会社は代理人の数を制限することができる（同条5項）。なお，定款により，株主総会に出席できる代理人の資格を限定する定めを置くことがある。代理人を当社の株主に限るとする定めの有効性については議論が多く，少なくとも弁護士については有効とは言い難い。

⑾　委任状と書面投票制度　会社は各株主に「議決権代理行使に関する白紙委任状」を送付することがある。株主がこれに署名または記名押印して会社に返送すると，当該株式について，会社が定めた受任者が株主総会に出席し各議案について適宜に賛成・反対するよう各株主が会社に委任したことになる。委任状が会社に返送されたにもかかわらず，その株式数を株主総会において出席者として算定しなかったり，賛成と記載された委任状を反対として処理したりすると，会社と各株主との間の委任契約についての債務不履行の問題が生じる。しかし，株主総会の決議に瑕疵は生じない。

委任状制度と異なるものとして**書面投票制度**がある。この制度は，株主総会に出席しない株主にも議決権行使の機会を与える制度である。各株主は会社から送付されてきた議決権行使書に議案ごとに賛成や反対を記載して返送し，会社は返送された書面上の議決権の行使をその通りに処理するものである。賛成票を反対票として処理すると決議の瑕疵が生じることになる（会831条1項）。

一般の株式会社では，取締役の決定または取締役会の決議により，

書面投票を採用することができる（会298条1項3号）。ただし，議決権を有する株主が1000人以上の会社の場合，取締役（取締役会設置会社では取締役会）は書面投票制度を必ず採用しなければならない（同条2項）。上記の会社における書面投票は株主の権利であり，必ず行われなければならないが，それ以外の会社では取締役または取締役会が書面投票制度を採用するか否かを選択することができる。なお，会社は，取締役の決定または取締役会の決議により，書面に代えて，株主総会に出席しない株主に電磁的方法により議決権を行使させることもできる（同条1項4号）。

　なお，金融商品取引所に上場されている株式の発行会社の株式（上場株式）につき，発行会社またはそれ以外の者が議決権の代理行使を勧誘する場合については，金融商品取引法194条，金融商品取引法施行令36条の2ないし36条の5，および「上場株式の議決権の代理行使の勧誘に関する内閣府令」（いわゆる委任状勧誘規則）が適用される。この場合，勧誘者が被勧誘者（株主）に提供する委任状用紙は，決議事項の各項目について被勧誘者（株主）が賛否を明記できるようなものでなければならない（上記内閣府令43条）。

(12) 株主総会の決議の瑕疵

株主総会の決議は，原則として，取締役・監査役等の選任・解任，剰余金の配当の決定，定款の変更，事業譲渡，株式交換，株式移転，会社分割，合併などにおいて行われ，その決議の後に次々と新たな法律関係が積み重ねられる。このため，時間が経過するほど，株主総会決議の瑕疵を理由に決議を無効ないし取消しとすることは多大な影響を及ぼすことになる。しかし，他方で，瑕疵のある決議によって不利益を被った個々の株主や債権者等の利害関係人の

利益保護も考えなければならない。かくして，株主総会の決議の瑕疵の処理は，法的安定性の要請と不利益を被った利害関係人の保護の要請との調和の問題となる。株主総会に何らかの瑕疵がある場合，利害関係人はその瑕疵の性質や程度に応じて，**決議取消しの訴え，決議無効確認の訴え**または**決議不存在確認の訴え**を提起することができる。いずれも，多方面にわたる多数の当事者の法律関係を画一的にするために，請求が認容されたときは，判決の効力が第三者にも及ぶ対世効（会838条）が認められる。

まず，決議取消しの訴えであるが，株主総会の決議に次に掲げる取消事由があるときは，決議の日より3ヵ月の出訴期間内に，原告適格を有する者（株主・取締役・監査役など）は単独で訴えを提起することができる。取消事由は，株主総会の招集手続または決議方法が法令・定款に違反したときもしくは著しく不公正なとき，決議の内容が定款に違反したとき，または，特別利害関係を有する株主が議決権を行使したことにより著しく不当な決議がなされたとき，に認められる（会831条1項）。なお，法令・定款に違反するとされる事実が，重大でなくかつ決議に影響を及ぼさないときは，裁判所は裁量により請求を棄却することができる（同条2項。最判昭46・3・18〈会社百選40〉）。取消事由のある株主総会決議は，決議取消しの訴えが提起され決議取消判決が確定すると，初めて決議した時に遡ってその効力を失う（会839条）。また，決議の取消しは必ず取消しの訴えによらなければならない（形成訴訟）。取消しの訴えが提起されない場合には，取消事由のある株主総会決議であっても，出訴期間の経過により誰も瑕疵を問題とできなくなるため，反射的に完全に有効になってしまう。

つぎに，決議無効確認の訴えであるが，決議の内容が法令に違反

したときは決議は無効であり，確認の利益を有する者であれば誰でも，いつでも（出訴期間がない），決議の無効を確認すべく訴えを提起できる（会830条2項，確認訴訟）。

　最後に，決議不存在確認の訴えであるが，手続の瑕疵がはなはだしいためおよそ決議そのものが存在しない場合，確認の利益を有する者であれば誰でも，いつでも，株主総会決議不存在確認の訴えを提起することができる（会830条1項）。典型的には，開催していないのに議事録上にのみ株主総会の決議があったと記録される場合がこれにあたる。なお，決議の無効と不存在については，訴えによらなくとも，その旨を主張することができる。

---
(13)　検査役と総会検査役

株主総会は，取締役・会計参与・監査役，会計監査人などが提出した資料を調査するために，とくに**調査者**（検査役ともいう）を選任することができる（会316条1項2項）。また，少数株主の請求に基づき招集された株主総会においては，会社の業務および財産の状況を調査するために，調査者を選任できる（会316条2項）。

　会社の業務執行に関し不正の行為または法令・定款に違反する重大な事実があることを疑うに足りる事由があるときは，一定の要件を備えた株主は，裁判所に対し，会社の業務および財産の状況を調査するための検査役の選任を申し立てることができる（会358条1項）。このような場合，通常，公認会計士を検査役に選任する。

　以上の検査役と異なり，講学上，**総会検査役**と呼ばれるものがある。すなわち，会社または6ヵ月前より引き続き総株主の議決権の100分の1以上を有する株主は，株主総会の招集手続および株主総会の決議方法を調査させるため，株主総会に先だち裁判所に総会検

査役の選任を申し立てることができる（会306条1項）。総会検査役の任務は，株主総会の招集手続および決議方法の調査である。総会検査役は調査の結果を裁判所に報告する（同条5項）。決議の成否について後に争われる可能性がある場合に，総会検査役を選任することにより，決議の成否についての証拠が保全されることになる。通常，裁判所は弁護士から総会検査役を選任する。

⑭ 特 殊 株 主

株主総会において，株主総会の運営に不都合や困難をもたらすことを主な目的として質問等の発言を行い，また，これに関連して会社に金品等を要求するいわゆる**総会屋**が存在することがある。このような特殊株主対策として，会社法は，会社は何人に対しても株主の権利の行使に関し財産上の利益の供与をしてはならないと定め（会120条1項），会社がこの規定に違反して財産上の利益を供与したときは，その利益の供与を受けた者はそれを会社に返還しなければならないと定める（同条3項）。また，寄付や不当に高額の広告料の支払いなど無償もしくは無償に近い形で利益の供与が行われるときは，株主の権利の行使に関して供与したものと推定される（同条2項）。供与された利益については，会社に返還請求権が認められている（同条3項）。実際には，会社がこの返還請求権を行使することはあまり期待できないので，この返還請求権を株主が代わって行使することが認められている（会847条1項）。利益供与に関与した取締役は供与した利益の価額に相当する額を会社に対して支払う義務が生ずる（会120条4項）。なお，利益の供与を要求した者，利益の供与を行った者および利益を受け取った者は3年以下の懲役または300万円以下の罰金に処せられる（会970条）。

5 取締役・会計参与・監査役・会計監査人

　会社法は，取締役・会計参与・監査役を役員として一括し，329条から347条までに役員の選任・解任・任期などについて共通の規定を置くが，説明の簡明さを求めて，以下では各機関ごとにまとめて説明をする。なお，会計監査人は役員ではない（会329条1項）。

(1) 取締役の選任・終任等

　取締役は，取締役会非設置会社においては1人以上（会326条1項），取締役会設置会社においては3人以上が必要であり（会331条5項），いずれも株主総会の決議により選任される（会329条1項）。**取締役の選任**は株主総会の専権事項であり（同項），取締役の選任を議長等に一任することは許されない。取締役の選任決議は普通決議であるが，定足数は定款に定めを置いても議決権を行使できる株主の議決権総数の3分の1未満に下げることはできない（会341条）。株主総会の選任決議後，会社が取締役就任契約の申込みを行い，その者が取締役になることを承諾すれば取締役に就任する。

　取締役は自然人に限られる（会331条1項1号）。会社法や金融商品取引法等の規定に違反し刑に処せられその執行を終了してから2年を経過しない者等は取締役になれない（同条1項）。令和元年の会社法改正により，成年被後見人・被保佐人が取締役の欠格要件から除かれた（会331条1項2号）。成年被後見人が取締役に就任するには，成年被後見人等の同意を得たうえで，成年後見人が成年被後見人に代わって就任の承諾をし（会331条の2第1項），被保佐人が取締役に

就任するには，保佐人の同意を得なければならない（同条2項）。成年被後見人または被保佐人が行った取締役の資格に基づく行為は，行為能力の制限を理由として取り消すことができない（同条4項）。

このほかに，定款により取締役の資格を制限できるかという問題がある。会社法は，非公開会社については，定款に取締役が株主であることを取締役選任の要件とする旨の定めを置くことを認めるが，公開会社についてはそのような定めを禁止する（会331条2項）。公開会社については，有能な人材を広い範囲から求めるべきであると考えるためである。公開会社の取締役について日本国籍を有する者に限るとした定款の定めを有効とした下級審判決があるが，疑問であろう。

取締役の任期は，最長2年であり（正確には，選任後2年以内に終了する事業年度のうち最終のものに関する定時株主総会の終結の時までである），それ以上の期間を定めても超過部分が無効となる（会332条1項）。なお，非公開会社においては，定款に取締役の任期を10年まで延長する旨の定めを置くことができる（同条2項）。

取締役の終任事由であるが，会社と取締役の関係は委任関係となるので（会社が委任者，取締役が受任者。会330条），委任に関する規定により取締役はいつでも辞任することができ（民651条），これに反する特約は無効となる。また，取締役の死亡および破産手続開始決定（民653条）も取締役の終任事由である。株主総会は，いつでもまた理由のいかんを問わず，普通決議により取締役を**解任**することができる（会339条・341条。なお定足数については前述）。正当な理由なしに任期満了前に解任された取締役は会社に対し損害賠償を請求することができる（会339条2項）。損害の範囲は，取締役を解任されなければ得られたであろう残存期間中の報酬と任期満了時に得られる

報酬である（最判昭 57・1・21〈会社百選 44〉）。

　職務遂行に関し不正の行為がなされていたり，法令または定款に違反する重大な事実があったにもかかわらず，株主総会で取締役の解任が否決された場合には，6 ヵ月前より引き続き総株主の議決権の 100 分の 3 以上または 6 ヵ月前より引き続き発行済株式総数の 100 分の 3 以上を有する株主は，否決決議の日より 30 日以内に，問題の取締役の解任を裁判所に請求することができる（会 854 条 1 項）。裁判所は，職務執行に関する不正の行為または法令もしくは定款に違反する重大な事実を認定できれば解任の判決を言い渡すことになる。

　ある取締役が任期満了または辞任により退任し，これにより法律または定款所定の員数を欠くことになる場合，その取締役は新しい取締役が選任されるまで取締役としての権利義務を有する（会 346 条 1 項。このような取締役を権利義務取締役と呼ぶ）。これに対し，取締役の死亡や解任により，法律または定款所定の員数を欠くことになる場合には，利害関係人の申立てにより，裁判所は取締役の職務を行うべき**一時取締役**を選任することができる（同条 2 項）。

　公開会社かつ大会社であって，金融商品取引法 24 条 1 項により有価証券報告書を提出しなければならない監査役会設置会社は，社外取締役を設置しなければならない（会 327 条の 2）。

(2)　取締役会設置会社の取締役の権限

取締役会設置会社においては，取締役は，取締役会に出席し会社の業務全般を掌握し，取締役会の決議に参加し会社の意思を決定する。各取締役は会社の機関ではない。取締役 3 人以上（会 331 条 5 項）で組織される取締役会が会社の機関であり，この取締役会の決

議により会社の意思が決定される。ここで決定された意思を対外的に実行するのが代表取締役である。

(3) 取締役会設置会社の取締役会

取締役会は取締役の全員により組織される（会362条1項）。取締役会は会社の業務執行を決定し，また，会議体である機関として，各取締役の職務の執行を監督する（同条2項）。取締役会は会社の業務執行全般を決定することになっているが，実際には，日常的な事項の大部分についてはその決定権限を代表取締役に委譲している。それでも，重要な財産の処分および譲受け，多額の借財，支配人その他の重要な使用人の選任および解任，支店その他の重要な組織の設置・変更および廃止，社債の募集に関する重要事項，内部統制システムの構築に関する事項，ならびにこれらと同程度に重要な事項については，取締役会が必ず決定しなければならない（同条4項）。なお，取締役は3ヵ月に1回以上職務執行の状況を取締役会に報告しなければならない（会363条2項）。

　取締役会の決議は，取締役の過半数が出席し，その過半数の賛成により成立する（会369条1項）。1人1議決権である。定款により決議要件を加重することは許されるが，軽減することは許されない（同条1項）。なお，決議の内容につき特別の利害関係を有する取締役は決議に参加することができない（同条2項。最判昭44・3・28〈会社百選66〉）。本来，取締役会は各取締役が単独で招集できる（会366条1項）が，定款または取締役会で招集権者となる取締役を定めることができる（同項但書）。取締役会の招集通知は会日の1週間前までに各取締役および各監査役に発しなければならない（会368条1項）。ただし，定款に定めることにより1週間を短縮することができる

（同項）。なお，取締役および監査役全員の同意があれば，招集手続を省略してもよい（同条2項）。取締役会の開催にあたり，取締役の一部の者に対する招集通知を欠くことにより招集手続に瑕疵があるときは，その取締役会決議は原則として無効になるが，その取締役が出席してもなお決議の結果に影響がないと認めるべき特段の事情があるときには，決議は有効になるとする最高裁判決がある（最判昭44・12・2〈会社百選65〉）。

取締役会は議事録を作成し（会369条3項），議事録は，10年間，本店に備え置かれなければならない（会371条1項）。議事録には，議事の経過および議事の結果を記載または記録し，議事録が書面をもって作られた場合は出席した取締役および監査役が署名または記名押印しなければならない（会369条3項）。取締役会決議に参加しながら同議事録に異議をとどめない取締役は，当該決議に賛成したと推定される（同条5項）。なお，株主はその権利を行使するために必要がある場合に，会社債権者は取締役等の責任追及のために必要があって裁判所の許可を得た場合に，取締役会議事録を閲覧および謄写することができる（会371条2項4項）。監査役設置会社，監査等委員会設置会社または指名委員会等設置会社においては，株主も裁判所の許可を得なければならない（同条3項）。

(4) 取締役会設置会社の代表取締役

取締役会の決議により会社の意思が決定されたとき，それを実行する機関が**代表取締役**である。代表取締役は少なくとも1名が要求され，取締役の中から取締役会の決議により選定される（会362条3項）。代表取締役は代表機関であり執行機関でもある。したがって，株主総会ないし取締役会が決定した事項を執行しなければ

ならない。取締役会から委ねられた範囲内の事項（多くの日常の業務事項）については，代表取締役が自ら決定を行い執行もする。このために，実際には代表取締役が強大な権限を掌握することになる。代表権はないが，特に対内的業務執行権を与えられた取締役が選定業務執行取締役である（会363条1項2号）。代表取締役の代表権の範囲は，会社の業務に関する一切の裁判上および裁判外の行為に及ぶ（会349条4項）。

社長・副社長等の名称を付されている取締役が，実際には代表取締役でないとしても，取引相手となる者は代表権があると考えて取引を行うのが通常であろう。そこで，会社と取引する者が，そのような名称を付せられている者（**表見代表取締役**）が代表取締役でないことを知らなければ（善意），その取引は会社との間で有効とされる（会354条。最判昭52・10・14〈会社百選48〉）。

本来，取締役会の決議を必要とする行為であるにもかかわらず，決議を得ずに行った代表取締役の行為は有効かという問題がある。判例は，民法93条類推適用説に立ち，相手方がそのことを知っている（悪意）場合または知らないことについて過失がある場合に，会社は無効を主張できるとする（最判昭40・9・22〈会社百選64〉）。なお，平成29年民法改正により民法107条が新設されたため，今後は同条が適用されると考える者が多い。

---

(5) 取締役会非設置会社の取締役

取締役会非設置会社における取締役は，会社の業務を執行する（会348条1項）。取締役が2人以上いる場合は，会社の業務は，定款に別段の定めがある場合を除き，取締役の過半数の同意により決定する（同条2項）。なお，取締役が2人以上いる場合に個々の事

項の決定を 1 人に委ねることは許されるが，以下の事項の決定は重要なため，その決定を各取締役に委任することはできない。すなわち，①支配人の選任・解任，②支店の設置，移転および廃止，③株主総会の招集に当たり決定すべき事項，④内部統制システムの整備，⑤会社法 426 条 1 項所定の定款の定めに基づく会社法 423 条 1 項所定の取締役の責任の減免，である（会 348 条 3 項）。

　取締役会非設置会社においては，取締役が複数いるときでも，取締役は単独で株式会社を代表することができる（会 349 条 1 項 2 項）。なお，取締役会非設置会社において，特に定款の定めまたは定款の定めに基づく取締役の互選または株主総会の決議により，取締役の中から代表取締役を定めることができる（同条 3 項）。この場合，他の取締役は代表権を失うことになる。

---

(6) 法令・定款・株主
総会決議遵守義務

　取締役は，会社の経営を行うにあたり，日本国内で効力のあるすべての法令，会社の定款，および，株主総会の決議を遵守しなければならない（会 355 条前段）。会社が外国で事業を展開するときは，当然に，その国の法令も遵守しなければならない。取締役が会社の定款の内容を知っていることは当然と言える。株主総会の決議は，それが無効・不存在，または，取締役会設置会社において会社法 295 条 2 項に違反しない限り，取締役は決議内容を遵守しなければならない。

---

(7) 善管注意義務

　取締役と会社の関係は委任の関係である（会 330 条）。会社が委任者，取締役が受任者であり，委任事務は「会社の経営」である。そして，取締役は受

任者として，善良な管理者が尽くすべき注意を尽くして会社の経営を行わなければならない（民644条）。**善良な管理者の注意義務**とは，およそ取締役の地位にある者ならば当然に尽くすと考えられる注意を尽くすべき義務と解される。ところで，株式会社においては，会社は株主から株式への出資の形で金銭を預かり，取締役はこれを企業経営により増殖させる任務を負う。しかし，事業の経営は当然に失敗というリスクを伴う。そこで，取締役が，リスクを伴う事業の遂行を安心して決定できるようにするために**経営判断の原則**が認められることになる。経営判断の原則とは，企業経営では，常に失敗する危険性を伴いながら事業を展開することに鑑みて，事業上の決定を行う際に，リスクを計算に入れ，必要な情報を十分に考慮したうえで，会社にとって最善の利益をはかることを確信して事業の遂行を決定した場合には，結果として失敗し会社に損失をもたらすことになっても，取締役に善管注意義務違反に基づく責任は発生しないとするものである（会社争点76）。

(8) 忠実義務

昭和25年の商法改正により**忠実義務**を定める条文（会355条，商旧254条ノ3）が新設されたため，これと善管注意義務との関係が問題となる。通説および判例は，会社法355条に定める忠実義務は，従来の善管注意義務の一部を特に強調したにすぎず，何ら新しい義務を取締役に課したものではないとする。しかし，現在の有力説は，忠実義務は，アメリカ会社法で発展した受託者としての義務のことであり，従来の民法644条の善管注意義務とは明確に異なる**概念**であると考える。すなわち，忠実義務とは，会社と取締役とが利益相反の関係に立つときには，取締役は会社の利益を犠牲にしてはならないという義務で

あるとする（会社争点 67）。

　会社法は一般的な忠実義務のうち，いくつかの典型的な類型について特に条文を設けている。競業取引（会 356 条 1 項 1 号），利益相反取引（同項 2 号 3 号），取締役の報酬（会 361 条）である。したがって，会社法においては，上の 3 つの問題は忠実義務の概念を持ち出さずに問題が処理されることになる。その限りでは忠実義務を論ずる実益は少ないが，しかし，たとえば取締役による**利得の機会の奪取**というような，上の行為類型に含まれない形で取締役と会社との間に利益の対立が生ずる場合には，忠実義務を考慮すべきことになる。

(9)　競　業　取　引

取締役が個人として第三者と取引を行う場合に，その取引が会社の事業の部類に属するときは，利益の追求において会社と取締役個人とが競合することになる。そこで，会社法は，原則として，取締役個人が会社の事業と競合するような取引を行うことを禁止した。これが**競業取引の禁止**である。ここで禁止されるのは，会社の事業と競合し利益の衝突が生ずるおそれのある取引である。商品の種類が異なったり，事業の地域が異なれば競合しない。また，競合するような取引であっても，会社に損害を及ぼす危険の少ない場合もあるので，事前にその取締役が取引の重要な事実を株主総会（取締役会設置会社では取締役会〔会 365 条 1 項〕）に開示し承認を受ければ，取締役はそのような取引を行うことができる（会 356 条 1 項 1 号。東京地判昭 56・3・26〈会社百選 55〉）。取締役会設置会社では，承認を受けた場合，取引を行った後に遅滞なく，その取締役は重要な事実を取締役会に報告しなければならない（会 365 条 2 項）。株主総会ないしは取締役会の承認を受けずに行った取引も，第三者のための取引安全への配慮から無効や取

消可能にはならず有効である。会社は，取締役に対して，会社が被った損害の賠償責任を追及することになる（会423条1項）。この場合，競業取引によって取締役や第三者が得た利益の額は会社の損害と推定される（同条2項）。

> ### (10) 利益相反取引

取締役が個人として会社と何らかの取引を行う場合，その取引について当該取締役が決定権や代表権を有していれば価格や内容等の決定において自己の利益をはかり，その結果，会社に不利益をもたらすようにすることが容易となる。問題の取引についてその取締役が決定権や代表権を有さなくとも，同僚である他の取締役が便宜をはかるおそれは少なくない。そこで，取締役が会社と取引を行うときは，その内容が会社に不利益にならないようチェックするために，取締役は，当該取引について重要な事実を開示して，株主総会（取締役会設置会社では取締役会〔会365条1項〕）の承認を受けなければならない（会356条1項2号3号）。承認なしに行われた取引の効力について，最高裁は相対的無効説を採用する。これによると，取締役は無効を主張できないが，会社側は取締役に対し無効を主張でき，第三者については，その第三者が株主総会ないし取締役会の承認がなかったことについて悪意であったことを会社側が立証して，はじめて会社側は第三者に対して無効を主張できることになる（最大判昭46・10・13〈会社百選57〉）。承認を必要とする取引は，取締役と会社との間でなされる**直接取引**および**間接取引**である。間接取引とは，直接取引でないが，取締役個人に利益をもたらし会社に損害をもたらすおそれのある取引である。たとえば，取締役が第三者に対し債務を負っているときに，その取締役が会社を代表して，債権者と会社との間で債務引受

けを行う場合などである。なお，取締役会設置会社では，承認を受けた取引が終了した後には，会社と取引をした取締役は重要な事実を取締役会に報告しなければならない（会365条2項）。会社法356条は，会社と取締役との間の利益衝突から会社を保護することを目的とするので，取締役が会社に対し無利息・無担保で金員を貸し付けるといった会社の不利益にならない行為については，株主総会ないし取締役会の承認を必要としないと解される。

---

(11) 取締役の報酬

仮に取締役の報酬を定款または株主総会で定めないとすると，取締役（会348条1項）または取締役会（会362条2項1号）が取締役の報酬額を決定することになる。そうすると，取締役ないし取締役会が個々の取締役の報酬額を不当に高額にするおそれが生じる。そこで，**取締役の報酬**は，定款で定めるか株主総会で決定すべきこととされている（会361条）。したがって，取締役の報酬の決定は，忠実義務を持ちだすまでもなく，会社法361条により問題の決着がはかられている。取締役の報酬に関して，定款または株主総会の決議で定めなければならないことは，①報酬等の中で額が確定しているものについてはその額，②報酬等の中で額が確定していないものについてはその具体的な算定方法（例，当期利益の10％を報酬とする等の業績連動型報酬），③報酬等の中で金銭以外のものについては，その具体的な内容（例，住宅，自動車等）である（会361条1項）。実際の取扱いであるが，条文を素直に読むと，1人ひとりの取締役のその年の報酬額を株主総会で決定すべきかのように見える（実際には定款で定める例は少ない）。しかし，わが国では，取締役が報酬の開示を極度に嫌がるため，各自の報酬額が明確にならないように実務は抵抗する。現在のところ，条文の文

言は以下の3点により変容されている。①取締役1人ひとりの報酬額ではなく，取締役全員の報酬の総額を株主総会で決定すればよいとされている。②ひとたび株主総会の決議により全取締役の報酬総額の最高限度額を決定した場合には，その報酬総額の最高限度額についての株主総会決議はその後も継続して効力を有すると考えられ，その後取締役の人数に増減が生じても報酬総額の最高限度額を変更しない限り，毎年の株主総会で報酬総額を決議する必要はない。③以上のようにして決められた報酬総額の最高限度額の下で，取締役会が一定の基準の下に各取締役の報酬額を決定する。

なお，取締役の賞与については，平成17年改正前商法下では毎期の定時株主総会における利益処分の決議により決定されていたが，会社法は明確に賞与も361条の対象になるとした。

---

(12) 報酬としての新株等

金融商品取引所に株式を上場している株式会社において，定款の定めまたは株主総会の決議により，新株発行によって発行される株式または処分する自己株式を取締役の報酬とするとき（会361条1項3号）は，会社法199条1項が必要と定める募集株式の払込金額およびその払込期日もしくは払込期間（同項2号および4号）を定める必要がなくなる（会202条の2第1項）。この場合，会社は，取締役の報酬として募集株式の発行または自己株式の処分を行うが，金銭の払込みまたは財産の給付を要しない旨および募集株式を割り当てる日を，株主総会決議（公開会社では取締役決議〔会201条1項〕）によって定めなければならない（会202条の2第1項2号・199条2項）。なお，報酬等が募集株式の場合，当該募集株式の数の上限および法務省令で定める事項を株主総会の決議によって定めなければならな

い（会361条1項3号）。金融商品取引所に株式を上場している株式会社において，定款の定めまたは株主総会の決議により募集新株予約権を取締役の報酬とするとき（会361条1項4号）について，同様の規定が設けられている（同号・236条3項）。

| (13) 取締役の会社に対する責任 |

取締役の会社に対する責任のうち，原則的な責任は，会社法423条1項所定の任務懈怠責任である。このほかに，株主権の行使に関し**利益供与**を行った場合の責任（会120条4項），剰余金の**違法配当**を行った場合の責任（会462条），期末の欠損填補責任（会465条）などがある。なお，競業取引に関して損害額の推定規定があり（会423条2項），利益相反取引に関して，取締役等に過失があることの推定規定と直接取引の場合に取締役の無過失責任を定める規定がある（会423条3項・428条1項）。

　(ア)　任務懈怠責任（会423条1項）　取締役がその任務を怠ったときは，取締役は会社に対し，任務を怠ったことに起因して会社に生じた損害を賠償する責任を負う（会423条1項）。

　取締役は，法令遵守義務，定款遵守義務および株主総会の決議遵守義務を負うから，故意または過失により法令，定款または決議の内容に違反し，そのことと相当因果関係の範囲において会社に生じた損害を賠償しなければならない。「任務を怠ったとき」とあるので，無過失で法令，定款または決議の内容に違反した場合には，当該法令が定めるサンクションは別にして，会社法423条1項所定の責任は生じないことになる。もっとも，定款違反や株主総会決議の内容違反の場合に無過失が認められる余地はほとんど考えられない。

　このほか，取締役と会社の関係が委任関係（会330条）であること

から，取締役は業務を執行する（会348条1項・363条1項）にあたり，受任者として，善管注意義務を負う（民644条）。また，取締役は特に忠実義務を遵守する義務を負う（会355条）。これらの善管注意義務違反や忠実義務違反は任務懈怠責任となり，取締役は会社に損害賠償責任を負うことになる。

(イ)　株主権の行使に関する利益供与の責任（会120条）　会社は何人に対しても株主の権利の行使に関し財産上の利益の供与をしてはならないと定める120条1項に違反したときは，会社は利益の供与を受けた者に対しその利益の返還を求めることができ（会120条3項），関与した取締役は，供与した利益の価額に相当する額を会社に支払う義務を負う。利益の供与をした取締役は無過失責任である（同条4項但書）。

(ウ)　競業取引または利益相反取引の責任　　(a)　取締役が株主総会（取締役会設置会社では取締役会〔365条1項〕）の承認を得ないで会社と競業取引をした場合（会356条1項1号），その取締役は法令遵守義務違反により損害賠償責任を負う（会423条1項）。任務懈怠責任である。このとき，会社の被った損害額の立証が困難であることを配慮して，会社法は取締役や第三者が得た利益額を会社の損害額と推定する旨の定めを設けている（同条2項）。もちろん，取締役等の利益額よりも会社の被った損害額が高額であることが立証されれば，取締役は後者の額について損害賠償責任を負うことになる。

　(b)　取締役が株主総会（取締役会設置会社では取締役会〔会365条1項〕）の承認を得ないで利益相反取引を行い会社に損害が生じた場合，その取締役は法令遵守義務違反により損害賠償責任が生ずる（会423条1項）。取締役は会社の被った損害を賠償する責任を負う。取締役が取締役会の承認を得ないで直接取引を行い，そのことに起

因して会社に損害が生じた場合は，無過失責任である（会428条1項）。

(c)　取締役が株主総会（取締役会設置会社では取締役会〔会365条1項〕）の承認を得て利益相反取引を行った場合でも，会社に損害が生じることが考えられる。たとえば，取締役会が承認を与えたとしても，対価額が不当であるなどにより会社が損害を被ることが考えられる。このような場合，利益相反取引の当事者である取締役には任務懈怠が推定される（会423条3項1号）。また，利益相反取引について会社側に立って契約締結の決定をした取締役も任務懈怠が推定される（同条3項2号）。利益相反取引について承認を与えた取締役会の承認決議に賛成した取締役についても任務懈怠が推定される（同条3項3号）。これらの取締役は，上記推定を覆せないときは，会社の被った損害について賠償する責任を負う（同条1項）。423条3項の推定規定のため，取締役側が自らに任務懈怠がないことを立証しなければならない。

(エ)　剰余金の配当等に関する責任　　会社が行う株主への金銭等の交付が剰余金の分配可能額を超過することは，自己株式を取得する場合や全部取得条項付種類株式の取得の場合などにも生じうるが，ここでは，株主に対する剰余金の配当に関して説明する。

株主総会において剰余金の配当に関する決議がなされ，その結果，同決議によって配当することが定められた配当財産の帳簿価額が決議の日における剰余金の分配可能額を超過する場合には，剰余金の配当に関する議案を提案した取締役は，剰余金の配当に関する職務を行った業務執行取締役等と連帯して，株主に交付した金銭等の帳簿価額に相当する金銭を会社に対し支払う義務を負う（会462条1項6号）。過失責任である（同条2項）。

(オ)　欠損塡補責任　　剰余金の分配可能額の定めを遵守していたにもかかわらず，一定の行為（会465条1項各号）を行った結果，事業年度末の決算において欠損が生じた場合には，その行為に関する職務を行った業務執行取締役は会社に対し欠損額を支払う義務を負う（同条1項）。過失責任である（同項但書）。なお**欠損**とは，剰余金の分配可能額がマイナスになることである。

---
(14)　責任の全額免除と一部免除

(ア)　会社が，会社法423条1項所定の取締役の会社に対する責任を全て免除するためには，総株主の同意が必要である（会424条）。

(イ)　取締役が423条1項所定の責任を負う場合，会社は，その取締役が職務を行うにつき善意であって重過失がない場合に限り，株主総会の特別決議（会309条2項8号）により，賠償の責任を負うべき金額から以下の①および②の合計金額（＝最低責任限度額）を控除して得た額を限度として，423条1項所定の責任を免除することができる（会425条1項）。言い換えると，取締役は少なくとも①および②の合計金額（＝最低責任限度額）については賠償責任を免れないことになる。

①　その取締役が在職中に職務遂行の対価（その取締役の使用人としての報酬等を含む）として会社から受け，または受けるべき財産上の利益の1年間当たりの額として算定される額に，(a)代表取締役については6，(b)代表取締役以外の取締役（社外取締役を除く）については4，(c)社外取締役，会計参与，監査役または会計監査人については2，を乗じた額。

②　その取締役が，新株予約権を引き受けた場合における当該新

株予約権に関する財産上の利益に相当する額として算定される額。

　取締役は，株主総会において，責任の原因となった事実および賠償責任を負う額，責任を免除することができる額の限度およびその算定の根拠，ならびに責任を免除すべき理由および免除額を開示しなければならない（会425条2項）。取締役が責任免除に関する議案を株主総会に提出するには，監査役設置会社では監査役全員の同意，監査等委員会設置会社では監査等委員全員の同意，指名委員会等設置会社では監査委員全員の同意が必要である（同条3項）。

　㈦　監査役設置会社，監査等委員会設置会社または指名委員会等設置会社では，取締役が423条1項所定の責任を負う場合について，責任の原因となった事実の内容，当該取締役の職務遂行の状況その他の事情を勘案して特に必要があると認めるときは，その取締役が職務を行うにつき善意であって重過失がない場合に限り，上記の①および②の金額を控除した額を限度として，当該責任を負う取締役を除いた取締役の過半数の同意（取締役会設置会社では取締役会の決議）によって当該取締役の責任を免除することができる旨を定款に定めることができる（会426条1項）。

　取締役が，上記責任免除に関する定款変更の議案を株主総会に提出する場合，責任免除についての取締役の同意を得る場合，または，責任免除の議案を取締役会に提出する場合には，監査役設置会社では監査役全員の同意，監査等委員会設置会社では監査等委員全員の同意，指名委員会等設置会社では監査委員全員の同意が必要である（会426条2項・425条3項）。

　取締役が426条1項所定の同意を行った場合，または，取締役会が責任免除の決議をした場合には，取締役は，遅滞なく，責任の原因となった事実および賠償責任を負う額，責任を免除することがで

きる額の限度およびその算定の根拠，ならびに責任を免除すべき理由および免除額，さらに免除に異議があれば一定期間（1ヵ月間以上）内に異議を述べるべき旨を公告し，または株主に通知しなければならない（会426条3項）。総株主の議決権の100分の3以上の議決権を有する株主が，上記の一定期間内に異議を述べたときは，会社は，取締役の同意または取締役会の決議に基づく免除を行うことができない（同条7項）。

　(エ)　会社は，社外取締役，会計参与，社外監査役または会計監査人が423条1項所定の責任を負う場合，その者がその職務を行うにつき善意かつ無重過失であるときは，定款で定めた額の範囲内で，あらかじめ会社が定めた額と最低責任限度額（(イ)の①と②の合計額。取締役とある部分は読み替える）とのいずれか高い額を限度として責任を負う旨の契約を会社と社外取締役等（条文上は非業務執行取締役等と規定されている）との間で締結できる旨を定款に定めることができる（会427条1項）。社外取締役等は，このような定款規定に基づいて会社と責任限定契約を締結することにより，最終的に責任を負う額の上限を予測することができる。

---
(15) 株主代表訴訟および差止請求

株主総会において取締役を選任または解任する以外には，原則として株主と取締役の間には直接の関係は存在しない。しかし，本来，会社が追及すべき取締役の責任を，会社に代わって個々の株主が追及できるという**株主代表訴訟**の制度がある（会847条）。代表訴訟を提起するためには，6ヵ月前から引き続き株式を有する株主が，まず書面等により取締役の責任を追及する訴えを提起することを会社に請求しなければならない（同条1項）。そして，請求の日か

ら 60 日以内に会社が訴えを提起しない場合，その株主は会社のために取締役に対し訴えを提起することができる（同条3項）。なお，会社は，取締役の責任を追及する訴訟において，和解をすることができる（会849条の2）。この場合，424条（総株主の同意による取締役の責任免除）の規定は適用されない（会850条4項）。

　このほか，吸収合併・株式交換・株式移転（以下では，吸収合併などとする）の効力発生日の6ヵ月前から効力発生日まで消滅会社・株式交換完全子会社・株式移転完全子会社の株主であった者（これを旧株主という）は，それらの効力発生により株主でなくなったとしても，吸収合併において存続会社の完全親会社の株式の交付を受けたとき（会847条の2第1項2号），または，株式交換・株式移転において株式交換完全親会社・株式移転設立完全親会社の株式の交付を受けたとき（同項1号）は，効力発生日後に，消滅会社・株式交換完全子会社・株式移転完全子会社の取締役等に対する責任追及の訴えの提起を請求することができる（同項）。ただし，追及する責任・義務は，当該組織再編行為の効力が生じた時までにその原因となった事実が生じたものに限られる（同項第4括弧書）。

　公開会社において取締役が会社の目的の範囲外の行為その他法令もしくは定款に違反する行為をするおそれがあり，その結果，会社に著しい損害が生ずるおそれがある場合，6ヵ月前から引き続き株式を有する株主は，会社のため，会社に代わって取締役に対しその行為の差止めを請求できる（会360条1項）。なお，非公開会社においては，6ヵ月間の株式保有要件は不要となる（同条2項）。また，監査役設置会社，監査等委員会設置会社または指名委員会等設置会社においては，会社に回復することができない損害が生ずるおそれがあることが要件となる（同条3項）。

⒃　特定責任追及の訴え（多段階代表訴訟）

㋐　従来の株主代表訴訟（会847条）においては，原則として，原告となる株主は，その株主が所属する株式会社の取締役や監査役や発起人等の会社に対する損害賠償責任を追及するものであった。新設された特定責任追及の訴え（多段階代表訴訟または多重代表訴訟という）は，親会社と子会社が存在する場合に，子会社の株主ではなく，親会社の株主が，子会社の取締役や監査役や発起人等の子会社に対する損害賠償責任を追及するものである。持株会社形態が普及する現代において，このような多段階代表訴訟制度の新設は社会から必然的に要請されたものと言える。

㋑　株式会社の最終完全親会社等の総株主の議決権の100分の1以上の議決権または発行済株式総数の100分の1以上の数の株式を，6ヵ月前から引き続き有する株主は，当該株式会社に対し，書面等により，「発起人等」の特定責任に係る責任追及等の訴えの提起を請求することができる（会847条の3第1項）。ここに，「最終完全親会社等」とは，責任追及される取締役や発起人などが関係する株式会社の完全親会社等であって，その完全親会社等にはさらなる完全親会社等がないものをいう（同項第2括弧書）。「発起人等」とは，当該株式会社の発起人・取締役・会計参与・監査役・執行役・会計監査人等をいう（会847条1項第4括弧書）。また，「特定責任」とは，当該株式会社の発起人等の責任の原因となった事実が生じた日において，最終完全親会社等が有する当該株式会社の株式の帳簿価額が最終完全親会社等の総資産額の5分の1を超える場合における当該発起人等の責任をいう（会847条の3第4項）。

㋒　最終完全親会社等の株主による請求の日から60日以内に，請求を受けた株式会社が特定責任追及の訴えを提起しないときは，

当該請求をした株主は，その株式会社のために，特定責任追及の訴えを提起することができる（会847条の3第7項）。なお，上記60日の期間の経過により回復することのできない損害が生ずるおそれがある場合には，請求をした最終完全親会社等の株主は，ただちに特定責任追及の訴えを提起することができる（同条第9項）。

　(エ)　訴訟費用については，財産権上の請求でない請求に係る訴えとみなすとする定め（会847条の4第1項）があり，民事訴訟費用法4条2項によることになる。このほか，和解，再審等に関する規定はおおむね従来の代表訴訟と同様である。

───────
(17)　取締役と第三者の関係
───────

　(ア)　取締役がその職務を行うにつき，悪意または重大な過失があったことにより第三者に損害が発生した場合，その取締役は第三者に対して損害賠償の責任を負う（会429条1項）。この責任に関しては，多くの裁判例が蓄積されている。これらを類型に分けてみると，次のようになる。①放漫経営，②支払見込みのない手形の濫発，③弁済見込みのない契約の締結，④監督監視義務違反，⑤その他。なお，監督監視義務違反のケースでは，しばしば名目的取締役の責任が問題となる（最判昭48・5・22〈会社百選71〉）。

　取締役の第三者に対する責任を規定する429条には解釈上いくつかの問題がある。基本的には，この責任は，不法行為責任の変種か，それとも，まったく異なる特別責任かという問題がある。そして，その本質が不法行為責任か特別責任かにより，理論上，消滅時効の完成期間，遅延損害金の法定利率，過失相殺に違いが生ずる。これと関連して，間接損害のみを対象とするのか，直接損害のみか，それとも両損害を対象とするのかという問題がある。取締役が職務を

行うにつき悪意または重大な過失があったことにより，まず，会社に損害が発生し，それにより会社の債権者は会社から弁済を受けられなくなり損害を被る。第三者のこのような損害についてのみ責任を負うと考えるのが**間接損害説**である。これに対して，取締役が職務を行うにつき悪意または重大な過失があったことにより直接に会社の債権者に損害が生ずるとき，このような損害についてのみ責任を負うと考えるのが**直接損害説**である。判例は，429条の責任は両損害を対象とすると判示する（最大判昭44・11・26〈会社百選70〉）。

429条の責任の本質を不法行為と解するならば，消滅時効の完成は民法724条による3年，過失相殺は民法722条2項となり，特別責任と解するならば，それぞれ民法166条1項により権利を行使できることを知った時から5年，行使できる時から10年（平成29年改正前民法167条1項ではたんに10年），民法418条というように，理論上の相違が生じる。改正前民法の下で，最高裁は，消滅時効については10年，過失相殺については民法722条2項としていた。

(イ)　取締役が，株式・新株予約権・社債等を募集する際に通知しなければならない重要な事項について虚偽の通知をしたり募集のための説明に用いた資料に虚偽の記載をした場合，計算書類・事業報告等に記載すべき重要な事項について虚偽の記載をした場合，または，虚偽の登記や公告をした場合，その取締役は上記行為により第三者に生じた損害を賠償する責任を負う（会429条2項）。ただし，過失のなかったことを証明すれば，取締役は責任を免れる（同条2項但書）。ここでは立証責任の転換が定められている。

(7) 補償契約（会430条の2） (a) 取締役ないし役員等（以下，役員等を省略する）のための補償契約とは，以下の①および②に掲げる費用または損失の全部または一部を会社が取締役に補償することを約する契約をいう（会430条の2第1項第1括弧書）。すなわち，①当該取締役が，その職務の執行に関し，法令の規定に違反したことが疑われ，または，責任追及に係る請求を受けたことに対処するために支出する費用，②当該取締役が，その職務の執行に関し，第三者に生じた損害を賠償する責任を負う場合における次の(α)または(β)に掲げる損失。すなわち，(α)当該損害を当該取締役が賠償することにより生ずる損失，(β)当該損害の賠償に関する紛争について当事者間に和解が成立したときに，当該取締役が当該和解に基づく金銭を支払うことにより生ずる損失，である。ただし，会社は，補償契約に基づいて，以下の(i)(ii)(iii)に掲げる費用等を補償することはできない（同条2項）。すなわち，(i)会社法430条の2第1項1号に掲げる費用のうち通常要する費用の額を超える部分，(ii)会社が同項2号の損害を賠償するとすれば，当該取締役が会社に対して会社法423条1項所定の責任を負うことになる場合には，同号に掲げる損失のうち当該責任に係る部分，(iii)取締役がその職務を行うにつき悪意または重過失があったことにより会社法430条の2第1項2号の責任を負う場合には，同号に掲げる損失の全部，である。

株式会社が，補償契約の内容の決定をするには，株主総会（取締役会設置会社では取締役会）の普通決議によらなければならない（会430条の2第1項柱書）。

(b) 補償契約に基づき会社法430条の2第1項1号所定の費用を補償した株式会社が，当該取締役が自己もしくは第三者の不正な

利益を図り，または，当該株式会社に損害を加える目的で同号の職務を執行したことを知ったときは，当該取締役に対し，補償した金額に相当する金銭の返還を請求することができる（会430条の2第3項）。

(c) 利益相反取引に関する諸規定（会356条1項・365条2項・423条3項・428条1項）は，ここで述べる補償契約については適用しない（会430条の2第6項）。

(イ) 賠償責任保険契約（会430条の3） (a) 役員等賠償責任保険契約とは，株式会社が保険者（実際には保険会社）との間で締結する保険契約のうち，取締役ないし役員等（以下，役員等を省略する）がその職務の執行に関し責任を負うこと，または，当該責任の追及に係る請求を受けることによって生ずることのある損害を保険者が塡補することを約するものであって，取締役を被保険者とするものをいう（会430条の3第1項第1括弧書）。株式会社が，保険者との間で締結する「役員等賠償責任保険契約」の内容の決定をするには，法務省令で定めるもの（会社則115条の2）を除き，株主総会（取締役会設置会社では取締役会）の決議によらなければならない（会430条の3第1項）。

(b) 利益相反取引に関する諸規定（会356条1項・365条2項・423条3項）は，株式会社が保険者との間で締結する保険契約のうち，取締役がその職務の執行に関し責任を負うこと，または，当該責任の追及に係る請求を受けることによって生ずることのある損害を保険者が塡補することを約するものであって，取締役を被保険者とするものの締結については，適用しない（会430条の3第2項）。

(19) 会 計 参 与

会計参与の職務は，取締役と共同して，計算書類およびその附属明細書，臨時計算書

類，連結計算書類を作成することである（会374条1項）。会計参与は，その資格として公認会計士，監査法人，税理士，税理士法人のいずれかでなければならず（会333条1項），株主総会の決議により選任される（会329条）。

会計参与は，いつでも会計帳簿およびこれに関する資料を閲覧・謄写し（会374条2項），また，取締役，支配人，その他の使用人に対して会計に関する報告を求めることができ（同項），職務執行のために必要があれば，会社の業務ないしは財産の状況の調査，さらには，子会社に対しても会計に関する報告を求め，その業務・財産の状況を調査することができる（同条2項3項）。

会計参与は，その任務を怠り会社に損害を生じさせたときは損害賠償の責任を負う（会423条1項）。会計参与の会社に対する責任は，株主が代表訴訟によって追及することができる（会847条）。また，職務を行う際に悪意または重過失により第三者に損害を生じさせたときは，その損害を賠償する責任を負う（会429条1項）。計算書類およびその附属明細書等に記載すべき重要な事項について虚偽の記載をしたことにより第三者に損害を生じさせたときは，その職務執行につき注意を怠らなかったことを証明しない限り，その第三者に対し損害賠償の責任を負う（同条2項）。

⑳ 監　査　役　監査役は，取締役および会計参与の職務執行を監査する機関であり（会381条1項），株主総会の決議により選任される（会329条1項）。監査役は，他の監査役の選任，解任，辞任について，株主総会においてそれが適正か否かの意見を述べることができる（会345条1項4項）。また，監査役を辞任した者は，その後最初に招集される株主総会に出席して，

辞任の旨およびその理由を述べることができる（同条2項4項）。以上は，取締役ないしは取締役会からの監査役の独立性を確保するための規定である。監査役を設置する場合，監査役は最少限1人でよい。公開会社では定款に規定しても監査役を株主に限定することは許されず，その定めは無効となるが，公開会社でない会社においては，そのような定めも許される（会335条1項・331条2項）。また，取締役の欠格事由を定める331条1項が監査役にも準用される（会335条1項）。監査役は，その会社もしくはその子会社の取締役もしくは支配人その他の使用人またはその子会社の会計参与（会計参与が法人であるときはその職務を行うべき社員）もしくは執行役を兼任することは許されない（同条2項）。しかし，親会社の取締役や監査役や使用人が子会社の監査役を兼ねることは可能である。

　監査役の任期は，選任後4年以内に終了する事業年度のうち最終のものに関する定時株主総会の終結の時までとなる（会336条1項）。この任期は，公開会社では定款によっても変更できないが，公開会社でない株式会社においては，定款によって，任期を選任後10年以内に終了する事業年度のうち最終のものに関する定時株主総会の終結の時まで伸長できる（同条2項）。監査役の終任・解任については，取締役について述べたことがおおむね適用される。なお，監査役の解任決議は特別決議となる（会309条2項7号）。

　監査役の職務は**会計監査**と**業務監査**である（会381条1項）。業務監査については，原則として違法性の監査が中心となるが，取締役の業務執行が著しく不当な場合については妥当性の監査にも及ぶとされる。会計監査は，取締役（および会計参与）が作成した計算書類が公正妥当と認められる企業会計の基準その他の会計慣行に従っているか否かを監査することである。公開会社でない株式会社（監査役

会設置会社および会計監査人設置会社を除く）では，定款の定めにより，監査役の監査の範囲を会計監査に関するものに限定することができる（会389条）。監査役はさまざまな権限を有する。会計監査と業務監査を遂行するために，事業報告徴収権，業務財産調査権を有する（会381条2項）。また，子会社に対しても事業報告徴収権，業務財産調査権を有する（同条3項）。業務監査を遂行するために，取締役会への出席権・意見陳述権（会383条1項。義務でもある），株主総会へ提出する議案，書類その他法務省令で定めるものの調査権（会384条）がある。取締役が監査役に協力せず監査が十分にできなかった場合には，その旨とその理由を監査報告に記載または記録しなければならない（会社則129条1項4号）。

　監査役は，取締役が株主総会に提出する議案，書類その他法務省令で定めるものを調査し，法令もしくは定款に違反していたり，または著しく不当な事項があると認める場合には，株主総会においてその調査結果を報告しなければならない（会384条）。取締役が，会社の目的の範囲外の行為，その他法令もしくは定款に違反する行為を行い，またはこれらの行為を行うおそれがあり，そのことによって会社に著しい損害が生ずるおそれがある場合には，監査役は取締役の行為の差止めを裁判所に請求することができる（会385条1項）。

　会社と監査役との関係は準委任の関係になる（会330条）。したがって，取締役の場合と同様に，監査役はその職務を遂行するにあたり会社に対して善良な管理者の注意を尽くす義務を負う（同条，民644条）。監査役の会社に対する責任は総株主の同意によってその全てを免除することができる（会424条）。また，会社に対する責任の一部を免除することもできる（会425条〜427条）。なお，この責任追及のために株主代表訴訟が認められている（会847条）。また，監査

役には第三者に対する責任も定められている（会429条）。監査役の報酬等は，定款にその額が定めてある場合にはその額となり，定款に定めがない場合には株主総会の決議により定められる（会387条1項）。このとき，取締役の報酬等と監査役の報酬等は別々に決議されなければならない。

監査役設置会社が取締役に対し訴えを提起する場合や取締役が会社に対し訴えを提起する場合には，いずれの場合にも，監査役が会社を代表する（会386条1項）。また，株主代表訴訟の手続において，株主が行う会社に対する請求は監査役に対して行う（同条2項）。

⑵1　監　査　役　会　　監査役会設置会社においては，監査役は3人以上が必要であり（会335条3項），監査役全員により監査役会が組織される（会390条1項）。社内出身の監査役は社内の業務に精通しているという長所を認めつつ，なお，客観的に第三者的立場から業務監査を行うことを確保するために，少なくとも半数以上は，**社外監査役**でなければならない（会335条3項）。なお，社外監査役とは，会社の監査役であって，就任前10年間において当該会社またはその子会社の取締役・会計参与・執行役・支配人その他の使用人でなく，かつ，現在，当該会社の親会社等の取締役・監査役・執行役・支配人その他の使用人でなく，さらに，当該会社の取締役・支配人その他の重要な使用人などの配偶者または2親等内の親族でない者をいう（会2条16号）。さらに，取締役が監査役選任議案を株主総会に提出するには監査役会（監査役会非設置会社であって監査役が2人以上ある場合はその過半数）の同意を得なければならない（会343条1項3項）。また，監査役会は，監査役の選任を株主総会の会議の目的とすることおよび監査役選任議案の提出を取締役

に請求することができる（同条2項3項）。

| ⑫ 会計監査人 | 定款に定めを置くことにより，会計監査人を設置することができる。公開会社である |

大会社，監査等委員会設置会社および指名委員会等設置会社は会計監査人を設置しなければならない（会327条5項・328条1項）。会社の作成する計算書類等が，監査役のほか外部者である会計監査人によっても監査されることにより，不正が防止され正確な情報の開示が行われることになると考えられている。

会計監査人の選任・解任・不再任に関する議案の内容は監査役の過半数の同意によって決定され（会344条），株主総会の決議により選任される（会329条1項）。会計監査人は，計算書類や附属明細書，臨時計算書類などを監査し会計監査報告を作成する（会396条1項）。会計監査人は，いつでも会社の会計帳簿や書類を閲覧・謄写し，また，取締役，会計参与および使用人に会計に関する報告を求めることができ，職務執行のために必要があれば，会社の業務ないしは財産の状況の調査，さらには，子会社に対しても報告を求め，その業務・財産の状況を調査することができる（同条2項3項）。

会計監査人は，その任務を怠り会社に損害を生じさせたときには損害賠償の責任を負う（会423条1項）。この会計監査人の会社に対する責任は，株主が代表訴訟によって追及することができる（会847条）。また，職務を行う際に悪意または重過失により第三者に損害を生じさせたときは，その損害を賠償する責任を負う（会429条1項）。会計監査報告に記載すべき重要な事項について虚偽の記載をしたことにより第三者に損害を生じさせたときには，その職務執行につき注意を怠らなかったことを証明しない限り，その第三者に対

し損害賠償の責任を負う（同条2項）。

(23) 監査等委員会設置会社

(ｱ) 監査等委員会設置会社総論　定款の定めにより監査等委員会および会計監査人を設置する株式会社を監査等委員会設置会社という（会2条11号の2・326条2項・327条5項）。取締役会設置会社の一種である（会327条1項3号）。監査等委員会設置会社は執行役を置くことはできない。また，監査等委員会を設置するので，監査役を置くことはできない（同条4項）。監査等委員会設置会社は，特に異なる定めがない限り，基本的には取締役会設置会社についての会社法の規定が適用されることになる。

(ｲ) 監査等委員会設置会社における取締役会の権限　監査等委員会設置会社においては執行役が存在しないから，指名委員会等設置会社のように取締役会の権限を取締役会と執行役とに分ける必要がない。したがって，監査等委員会設置会社の取締役会は，経営の基本方針，監査等委員会の職務の執行のため必要な事項，いわゆる内部統制システム等の整備，以上を含むところの会社の業務執行の決定，ならびに，取締役の職務の執行の監督，代表取締役の選定および解職を職務として行う（会399条の13第1項）。代表取締役は，監査等委員でない取締役の中から選定されなければならない（同条3項）。

監査等委員会設置会社の取締役会は，399条の13第4項各号に掲げる事項その他の重要な業務執行の決定を取締役に委任することができない（会399条の13第4項）。ただし，取締役の過半数が社外取締役である場合には，取締役会は，譲渡制限株式の譲渡等承認請求の決定・株主総会の招集事項の決定・取締役の競業取引および利

益相反取引の承認・合併契約の内容の決定等を除き，重要な業務執行の決定を取締役に委任することを決議できる（同条5項）。なお，監査等委員会設置会社は，399条の13第5項各号に掲げる事項を除き，取締役会の決議により重要な業務執行の決定の全部または一部を取締役に委任することができる旨を，定款に定めることができる（同条6項）。

監査等委員会設置会社においては，取締役会の招集権者の定めがある場合であっても，監査等委員会が選定する監査等委員は取締役会を招集することができる（会399条の14）。

（ウ）監査等委員　監査等委員は取締役でなければならず，監査等委員会はすべての監査等委員によって組織される（会399条の2第1項2項）。監査等委員である取締役は3人以上であり，その過半数は社外取締役でなければならない（会331条6項）。監査等委員となる取締役は，最初から，監査等委員にならない取締役とは区別して，株主総会において選任される（会329条2項）。監査等委員である取締役を解任するためには，株主総会の特別決議が必要とされる（会339条1項・309条2項7号）。

監査等委員である取締役の任期は選任後2年以内に終了する事業年度のうち最終のものに関する定時株主総会の終結の時までであり，それ以外の取締役の任期は同様に1年と定められる（会332条1項3項）。監査等委員である取締役の報酬等は，それ以外の取締役の報酬等とは区別して，定款の定めまたは株主総会の決議により，定められなければならない（会361条2項）。

（エ）監査等委員会の決議　各監査等委員は，会日の1週間前までに招集通知を発し監査等委員会を招集することができる（会399条の8・399条の9第1項）。監査等委員会の決議は，議決に加わること

ができる監査等委員の過半数が出席し，その過半数の賛成により成立する（会399条の10第1項）。監査等委員会の決議に参加した監査等委員であって，監査等委員会議事録に異議をとどめない者は，監査等委員会の決議に賛成したものと推定される（同条5項）。

(オ)　監査等委員会の権限　　監査等委員会は，取締役および会計参与の職務執行を監査し，監査報告を作成し，株主総会に提出する会計監査人の選任・解任・不再任の議案の内容を決定し，監査等委員である取締役以外の取締役の選任・解任・辞任および報酬等についての監査等委員会の意見の決定をする（会399条の2第3項）。監査等委員会が選定する監査等委員は，いつでも，取締役・会計参与・支配人等に対し職務執行報告徴収権，会社について業務状況調査権，財産状況調査権を有する（会399条の3第1項）。

監査等委員は，取締役が会社の目的の範囲外の行為その他法令もしくは定款に違反する行為をし，またはするおそれがある場合において，当該行為により会社に著しい損害が生ずるおそれがある場合は，当該取締役に対し当該行為の差止めを請求することができる（会399条の6第1項）。

会社と取締役との間の訴訟において会社を代表する者は，原則として，監査等委員会が選定する監査等委員がなる（会399条の7第1項）。

⑭　指名委員会等設置会社

(ア)　指名委員会等設置会社　　指名委員会等設置会社とは，取締役会が有する業務執行決定権限を大幅に縮小し，取締役会の主たる機能を監督監視機能とし，1人または少人数の執行役に業務執行権限を与え，会社の経営を迅速に行いうるように制度設計された

株式会社である。**執行役の暴走を制御するために，指名委員会，監査委員会，報酬委員会**という３種の委員会を備えなければならない。なお，指名委員会等設置会社は，特別取締役による取締役会決議を定めることができない（会373条１項）。

　指名委員会等設置会社は，株主総会と取締役会を備え，そのほかに，指名委員会，監査委員会，報酬委員会，執行役（および代表執行役），会計監査人を設置しなければならない（会327条１項４号・５項・400条１項・402条１項・420条１項）。監査役を置くことはできない（会327条４項）。この機関構成は一括して採用されなければならず，委員会の１つのみを設置することはできない。

　指名委員会等設置会社では，取締役の任期は，選任後１年内に終了する事業年度のうち最終のものに関する定時総会の終結の時までである（会332条６項）。指名委員会等設置会社では，取締役は会社の業務執行を行うことができない（会415条）。ただし，取締役である者が執行役を兼任することは許されている（会402条６項）。

　取締役会は，経営の基本方針や内部統制システム等を決定し，取締役および執行役の職務を監督する（会416条１項）。なお，取締役会は，委員会を組織する取締役の決定・執行役の選任解任・合併契約の内容の決定等の重要な事項（同条４項１号～20号：限定列挙）を除き，取締役会決議により，業務執行の決定を執行役に委任することができる（同条４項）。

　(イ)　指名委員会・監査委員会・報酬委員会　　各委員会は３人以上の取締役で組織され，その過半数は社外取締役でなければならない（会400条１項～３項）。なお，社外取締役とは，会社の取締役であって，現在及び就任前10年間において当該会社またはその子会社の業務執行取締役等でなく，かつ，現在，当該会社の親会社等の取

締役・執行役・支配人その他の使用人でなく，さらに，当該会社の取締役・執行役・支配人その他の重要な使用人などの配偶者または2親等内の親族でない者をいう（会2条15号）。さらに，監査委員会を組織する取締役は，会社もしくはその子会社の執行役もしくは業務執行取締役または子会社の会計参与・支配人等を兼ねることができない（会400条4項）。委員会を組織する取締役は，取締役会の決議により定められる（同条2項）。取締役は複数の委員会の委員を兼任することができる。したがって，最小限，社外取締役2人と取締役1人がいれば指名委員会等設置会社になることが可能になる。

各委員会は，取締役会の内部機関であるが，それと同時に一定の独立性を有する。指名委員会は，株主総会に提出する取締役の選任および解任に関する議案の内容を決定する（会404条1項）。

監査委員会は，取締役，執行役および会計参与の職務執行の監査および監査報告の作成，ならびに株主総会に提出する会計監査人の選任・解任等に関する議案の内容の決定をする（会404条2項）。会社と取締役・執行役との間の訴訟における会社を代表する者は，原則として，監査委員会が選定する監査委員である（会408条1項2号）。報酬委員会は，取締役，執行役および会計参与の個人別の報酬を決定し（会404条3項），その際，①確定金額の場合は個人別の額，②不確定金額の場合は個人別の具体的な算定方法，③金銭以外のものの場合は個人別の具体的な内容を定めなければならない（会409条3項）。

㈦　執行役および代表執行役　　指名委員会等設置会社では，取締役会の決議により，1人以上の執行役を選任し，その中から1人以上の代表執行役を定めなければならない（会402条1項2項・420条1項）。執行役は取締役会から委任された事項に関する決定と会社の

業務執行を行う（会418条）。代表執行役はこれに加えて会社の対外的な代表権を有する。執行役が1人の場合はその者が代表執行役に選定されたものとみなされる（会420条1項）。執行役の任期は，選任後1年内に終了する事業年度のうちの最終のものに関する定時総会の終結後最初に招集される取締役会の終結の時までである（会402条7項）。取締役会はいつでも執行役を解任することができる（会403条1項）。会社と執行役の関係は委任関係である（会402条3項）。したがって，執行役は業務執行を行うに際し会社に対して善管注意義務を負い（同項，民644条），法令・定款・株主総会決議等の遵守義務を負い，忠実義務を負う（会419条2項・355条）。

　（エ）取締役と執行役の責任　　取締役・執行役は，①その任務を怠った場合（会423条1項），②違法配当・違法な中間配当をした場合（会462条1項6号，取締役会議案提案取締役），③株主の権利行使に関して財産上の利益を供与した場合（会120条4項），および④競業取引または利益相反取引をし（会423条2項3項），会社に損害を生じさせた場合は，会社に対して損害賠償責任を負う。③の場合であって利益供与をした者および④の利益相反取引のうち直接取引の場合であって自己のためにした者は無過失責任を負うが（会120条4項・428条1項），それ以外は過失責任である。取締役または執行役は，その職務を行うについて悪意または重過失があった場合，これにより損害を生じた第三者に対して損害を賠償する義務を負う（会429条1項）。取締役または執行役が会社および第三者に生じた損害を賠償する義務を負う場合，他の取締役または執行役も当該損害を賠償する義務を負うときは，これらの者は連帯債務者となる（会430条）。取締役および執行役の会社に対する責任の追及に関して株主代表訴訟が認められる（会847条）。

(オ) 指名委員会等設置会社における計算書類等の確定　　指名委員会等設置会社では，執行役が作成した計算書類等（会435条2項）は，監査委員会および会計監査人の監査を受け（会436条2項），取締役会の承認を受ける（同条3項）。指名委員会等設置会社では監査委員会が取締役会の内部機関であるため，このような手続となる。指名委員会等設置会社では，会計監査報告に無限定適正意見があり監査報告に会計監査報告の方法・結果を不相当とする意見がない場合に限り，貸借対照表，損益計算書，株主資本等変動計算書，個別注記表の承認を取締役会決議により行うことができ（会439条，承認特則規定），定款に定めを置くことにより，上記の場合において剰余金の配当に関する議案を株主総会決議事項ではなく取締役会決議事項とすることができる（会459条1項，分配特則規定）。

6 募集株式の発行等・新株予約権

(1) 募集株式の発行等の序論

　募集株式の発行等とは，会社の成立後において，引き受ける者を募集して新たに株式を発行することまたは自己株式を処分することである（会199条）。募集株式の発行等は会社の経営において資金調達の必要がある場合に，その手段の1つとして行われるのが通常であり，199条から213条はおおむねこの目的の募集株式の発行等を想定している。

　昭和25年改正前商法の下では，新株発行（募集株式の発行）は株主総会の決議事項であったが，必要な資金を確実に調達するためには，資本市場の動向に対応し機動的に発行条件を決定し迅速に新株を発

行する必要があるため，同改正により授権株式（または授権資本）の枠内においては原則として取締役会が発行を決定することとなった。会社法においても，公開会社では授権株式制度が維持されている（会201条1項）。なお，募集株式の発行等は資金調達以外の目的のためにも利用される。たとえば，従業員や会社役員の勤労意欲の増進やその財産形成のため，これらの者に時価よりも低額の払込金額で募集株式が発行されることがある。重要なのは会社の支配関係に影響を及ぼすような大量の募集株式を特定の会社または個人に発行する場合である。近年における新株発行（募集株式の発行）に関する重要な事件（最判平6・7・14〈会社百選102〉）はこの問題に関するものが多い。

　募集株式が発行されるとき，個々の株主にどのような問題が生ずるかについて，具体的な数字を用いて説明しよう。まず，A会社の発行済株式総数が1万株，株主Xは1000株を有するとする。ここで，A会社が1万株の募集株式の発行を行う場合，Xは2種類の不利益を被ることが考えられる。第1に，1万株の募集株式がX以外の者に発行される場合，Xはそれまで発行済株式総数の10%を有していたが，発行後は5%になるという持株割合の低下という不利益を被る。第2に，株式市場における1株の時価が1000円とした場合，仮に募集株式が2円で発行されるとすると，発行済株式総数が一挙に2倍になるから，理論上の株価は501円になり，Xは1株につき499円の損害を被る。つまり，持株価値の減少という不利益が生ずる。他方，1株2円で募集株式を取得した者は，これをただちに売却すれば，1株につき499円の利益を得ることになる。

　会社にとっての資金調達の確実性および機動性の確保という要請と，既存株主が被る持株割合および持株価値の減少に対する配慮と

いう対立する問題が，募集株式の発行をめぐる重要な問題といえる。

　既存株主の被る不利益を可能な限り回避するためには，公開会社の取締役会に授権株式の枠を認めないということが考えられる。しかし，会社の経営を担っている取締役会は，調達すべき資金額や資金の使途，発行市場の状況等を総合的に考慮し，多様な資金調達方法の中から最も有利な時期に最も有利かつ確実な方法で資金調達を行うために，機動的・迅速に新株発行の決定を行うことを望む。多くの会社では，経営上の必要性を重視し，取締役会に授権株式を認めている。したがって，通常は取締役会はその決定のみにより授権株式の枠内で募集株式の発行を行うことができる。このとき，取締役会は募集株式の引受けの申込みをした者の中から，株式割当自由の原則により，その裁量で募集株式の引受人を決定することができる。

　以上から理解できるように，ひとたび取締役会に一定の授権株式を認めると，その枠内での募集株式の発行である限り，払込金額が特に有利であったり募集株式発行の目的に合理性がないなどの著しい不公正が認められる場合を除き，取締役会は最適と思われる者に募集株式を割り当てることができ，この限りで既存株主は持株割合の減少を甘受しなければならないことになる。

　ところで，株式の時価と払込金額の間に不合理な乖離が認められ，さらに株式割当ての裁量権の行使いかんによっては，従来の株主は持株価値の減少という損害を被る可能性が生ずる。そこで，会社法は，公開会社の取締役会が既存株主にその持株数に比例して募集株式の引受権を与えず（株主割当てでない場合），同時に，払込金額が時価と比較して「特に有利な」ときは，募集株式の発行にあたり株主総会の特別決議を必要とすると定める（会201条1項・199条2項3

項・309条2項5号)。株主の募集株式の割当てを受ける権利は，会社がその旨を定める場合に認められる(会202条)。

(2) 募集株式発行の 手続

(ア) **募集事項の決定**　募集株式の発行にあたっては，まず，株主総会の特別決議(公開会社の場合は取締役会決議)により発行する募集株式の種類・数，払込金額，払込期日・払込期間等の募集事項を決定する(会199条・201条・309条2項5号)。払込金額が募集株式を引き受ける者に特に有利な金額である場合(これを有利発行という)は，取締役は，募集事項を決定する株主総会において，その払込金額による募集が必要であるとする理由を説明しなければならない(会199条3項。なお，公開会社が株主割当てによらずに募集株式の有利発行をする場合は株主総会での取締役の説明とともに株主総会の特別決議を要することになる〔会201条1項・199条3項2項〕)。

(イ) **株主への通知・公告**　公開会社は払込期日または払込期間初日の2週間前までに株主に募集事項を通知・公告する(会201条3項4項)。これは，計画されている募集株式の発行に反対する株主に，募集株式発行差止めの訴えを提起する機会を保証するためである。

(ウ) **募集株式の引受けの申込みおよび割当て**　会社は，募集株式の引受けの申込みをした者の中から，株式割当自由の原則により，適宜，募集株式の割当てを行う(会204条1項)。ただし，募集株式が譲渡制限株式である場合，割当ての決定は株主総会の特別決議(取締役会設置会社では取締役会決議)によらなければならない(同条2項・309条2項5号)。割り当てられた者を募集株式の引受人と呼ぶ。

(エ) **出資の履行**　募集株式の引受人は，払込期日までにまたは払込期間の期間内に払込金額の全額を払い込まなければならない

（会208条1項）。出資の履行は通常は金銭による払込みであるが、金銭以外の物による現物出資も可能である（会199条1項3号・208条2項）。募集株式の引受人が、出資の履行（払込み等）をしないときは、募集株式の株主となる権利を失う（会208条5項）。

(オ) 募集株式の発行　　出資の履行がなされれば、払込期日に、また払込期間を定めたときは出資の履行がなされた日に、株式が発行され、募集株式の引受人は株主となる（会209条1項）。

(3) 株主割当て

会社は、株主にその有する株式の数に応じて募集株式の割当てを受ける権利を与えることができる（株主割当て、会202条1項2項）。この場合、会社は、通常の募集事項（会199条1項）に加え、①募集株式の引受けの申込みをすることにより当該会社の募集株式（種類株式発行会社で当該株主の有する種類の株式と同一種類のもの）の割当てを受ける権利を株主に与える旨、および、②募集株式の引受けの申込期日を決定し（会202条1項）、申込期日の2週間前までに、①募集事項、②当該株主が割当てを受ける募集株式の数、および③募集株式の引受けの申込期日を株主に通知しなければならない（同条4項）。申込みをしない株主及び出資の履行をしない株主は失権する（204条4項・208条5項）。

(4) 募集株式発行の差止め・無効・不存在

会社法の規定に違反する場合や、違反ではないが不公正な新株発行が行われる場合、株主によってはただちに持株割合の減少や持株価値の減少といった不利益を被る。このような株主は以下のような法的手段を行使することができる（会社争点40, 41, 42）。

第1に、会社が法令又は定款に違反して、または著しく不公正な

方法により募集株式を発行しようとしていて，これにより株主が不利益を受けるおそれのある場合には，その株主は裁判所に募集株式の発行の差止めを請求することができる（会210条）。

　第2に，会社が法令もしくは定款に違反し，または著しく不公正な方法により募集株式を発行した場合には，株主・取締役・監査役等は発行の効力が生じた日より，6ヵ月以内（公開会社以外の会社では1年以内）に訴えによって募集株式発行の無効を求めることができる（会828条1項2号3号・2項2号3号）。なお，募集株式発行の手続が実際には全くなされていない場合等には，募集株式発行不存在確認の訴えが認められる（会829条）。

---

(5) 新株予約権

　(ア) **新株予約権**とは，それを有する者が会社に対して権利行使をすることにより，当該会社の株式の交付を受けることができる権利である（会2条21号）。

　(イ) 新株予約権の内容および募集事項の決定　　会社が引き受ける者を募集して新株予約権（これを**募集新株予約権**という）を発行する場合には，株主総会の特別決議（公開会社では取締役会決議）で募集事項を決定しなければならない（会238条・240条・309条2項6号）。募集事項は，①募集新株予約権の内容（会236条。新株予約権の目的である株式の数，新株予約権の行使に際して出資される財産の価額，新株予約権の行使に際して現物出資ができる旨ならびに当該財産の内容および価額，新株予約権の行使期間，新株予約権の譲渡の際に会社の承認を要する旨，会社が一定の事由が生じたことを条件として新株予約権を取得することができるとするときはその諸条件，会社が合併等の組織再編行為をする場合に新株予約権者に当該組織再編で設立される会社等の新株予約権を交付するときはその旨およびその条件，新株予約権証券を発行する旨等）および数，②募集新株予約権と引換えに金

銭の払込みを要しないとする場合にはその旨，③募集新株予約権と引換えに金銭の払込みを要する場合は募集新株予約権の払込金額またはその算定方法，④募集新株予約権の割当日，⑤募集新株予約権と引換えにする金銭の払込期日を定めるときはその払込期日等である（会238条1項・236条）。

　後述する株主割当て以外の場合であって，募集新株予約権と引換えに金銭の払込みを要しないとすることが引受人に特に有利な条件である場合または募集新株予約権の払込金額が引受人に特に有利な金額である場合（これらの場合を有利発行という）には，公開会社であっても株主総会の特別決議が必要となり（会240条1項・238条3項・309条2項6号），取締役は，その株主総会で有利な条件または有利な金額での募集を必要とする理由を説明しなければならない（会238条3項）。

　㈦　株主への通知・公告　　公開会社では，募集事項を決定した後，割当日の2週間前までに当該募集事項を株主に通知または公告する（会240条2項3項）。これは，計画されている募集新株予約権の発行について，反対する株主に，募集新株予約権の発行差止めの訴えを提起する機会を保証するためである。

　㈢　募集新株予約権の引受けの申込み等　　会社は，募集新株予約権の引受けの申込みをした者の中から割当自由の原則により，割当てを受ける者およびその者に割り当てる数を決め，適宜，募集新株予約権の割当てを行う（会243条1項）。ただし，割り当てられる募集新株予約権の目的である株式の全部もしくは一部が譲渡制限株式である場合または募集新株予約権が譲渡制限新株予約権である場合には，定款に別段の定めがある場合を除いて，上述の割当てに関する決定は，株主総会の特別決議（取締役会設置会社にあっては取締役会

の決議）によらなければならない（同条2項）。割当てをした会社は，割当日の前日までに，申込者に対して，当該申込者に割り当てる募集新株予約権の数を通知する（同条3項）。

(オ)　新株予約権の成立　　割当てを受けた申込者は，たとえ新株予約権と引換えに金銭の払込みを要すると定められた場合（有償発行の場合）でも，払込みをしたか否かにかかわらず，割当日に新株予約権者となる（会245条1項）。

会社が募集事項として新株予約権と引換えに金銭の払込みを要すると定めた場合，新株予約権者は，払込みの期日が定められているときはその日までに，そうでないときは新株予約権の行使期間の初日の前日までに，会社が定めた払込取扱場所（銀行等）に，払込金額の全額を払い込まなければならない（会246条1項）。この払込みをしないと新株予約権者は当該募集新株予約権を行使することができない（同条3項）。

なお，会社は，募集事項の1つとして新株予約権証券（新株予約権を表章する有価証券）を発行するかどうかを決定できる（会238条1項1号・236条1項10号）。発行する場合は，原則として募集新株予約権を発行した日以後，遅滞なく，新株予約権証券を発行しなくてはならない（会288条1項）。

(カ)　会社は，株主（当該会社を除く）にその有する株式の数に応じて募集新株予約権の割当てを受ける権利を与えることができる（株主割当て。会241条）。この場合に会社は，通常の募集事項に加え，①募集新株予約権の引受けの申込みをすることにより当該会社の募集新株予約権（種類株式発行会社でその目的である株式の種類が当該株主の有する種類の株式と同一の種類のもの）の割当てを受ける権利を株主に与える旨，および②募集新株予約権の引受けの申込期日を決定する（同

条1項）。募集事項等を決定した会社は，引受けの申込期日の2週間前までに，①募集事項，②当該株主が割当てを受ける募集新株予約権の内容および数，ならびに③募集新株予約権の引受けの申込期日を株主に通知しなければならない（同条4項）。割当てを受けた株主が引受けの申込期日までに申込みをしないときは，当該株主は募集新株予約権の割当てを受ける権利を失う（会243条4項）。

なお近時，最高裁は，一般論として，株主に割り当てる新株予約権の無償割当てについて株主平等の原則（会109条1項）が及ぶと述べたが，当該事案については多数株主の意思等の諸事情に鑑みて特定の株主に対する権利行使否認条項付取得条項付新株予約権が株主平等原則の趣旨に反しないと判示した（最決平19・8・7〈会社百選100〉）。

　(キ)　新株予約権者は，新株予約権を行使し，行使に際して出資する財産の全額を払い込むことにより会社の株式を取得する（会280条1項・281条）。会社自身は新株予約権を行使することができない（会280条6項）。新株予約権者は，新株予約権を行使する際に，その行使に係る新株予約権の内容および数，ならびに新株予約権を行使する日を会社に明らかにしなければならない（会280条1項）。なお，証券発行新株予約権を行使する場合は，当該新株予約権証券を株式会社に提出しなければならない（同条2項）。新株予約権者は，当該新株予約権を行使した日に，当該新株予約権の目的である株式の株主となる（会282条1項）。

　(ク)　会社が法令もしくは定款に違反しまたは著しく不公正な方法により新株予約権を発行し，株主が不利益を受けるおそれがある場合には，株主は新株予約権の発行の差止めを求めることができる（会247条）。また，すでに違法な新株予約権が発行されている場合

等には，新株予約権発行の無効確認の訴えおよび不存在確認の訴え
を提起することができる（会828条1項4号・829条3号）。

　（ケ）　**ストック・オプション**とは，通常は会社内の一定の資格や地
位を持つ者（たとえば，取締役，執行役，部長など）に対して会社から与
えられる，一定数の株式を一定の権利行使価額で会社から取得でき
る権利である。会社法の下で，ストック・オプションを実施するた
めには，以下のように，新株予約権制度を用いればよいことになる。
すなわち，新株予約権の発行を受ける者を取締役・部長などとし，
新株予約権を与える際には引換えに金銭の払込みを必要とせず，権
利行使価額をインセンティブを与える価額に設定し，新株予約権の
行使期間等の行使条件を従来のように2年後から5年間などと定め
れば，上記のストック・オプションと同様のものとなる。

7 社　債

　（1）　社債一般および
　　　普通社債

通常の消費貸借契約等の債務は銀行等の特
定の債権者との間の個別契約により成立す
るが，社債は，会社がその内容を一方的に
定めて不特定多数の者に提供し不特定多数の者を債権者とする債務
である。社債の募集は取締役（取締役会設置会社では取締役会〔会362条
4項〕）が決定する（会348条）。**社債**の募集は，会社にとって多額か
つ長期の資金調達である。社債市場および株式市場の状況，株式の
分布状況，新株式への配当の負担および社債の利率等を考慮して，
取締役または取締役会は一定の資金調達を募集株式の発行によるか
社債発行によるかそれ以外の方法によるかを決めることになる。社

債の募集にあたっては，会社が社債総額，利率，償還期限等を定め，社債引受けの募集を行い，この条件の社債を引き受けようとする者が申し込むことになる（会676条・677条）。取締役または取締役会は，社債について，流通性を高めるために有価証券である社債券の発行を決定することができる（会676条6号）。

会社法上，社債の発行総額についての規制はない。また，会社法の社債は**無担保社債**を予定している。しかし昭和初期の恐慌に際して，無担保社債の発行会社が続々と倒産し，多くの一般社債権者が損害を被ったため，行政当局と学界は社債に担保を付けることを強く主張した。それ以来，国内で発行される一般の社債は担保付社債であった。その後，外国なみに無担保社債の発行基準を緩和することを望む声が強くなり，平成5年の商法改正により，発行総額の制限と担保付きの強制が廃止された。しかし，社債を取得する一般人である社債権者を保護する制度が必要となるため，社債が償還されるまでの間，**社債管理者**の設置を原則として強制した（会702条）。社債管理者になる資格を有するのは，銀行，信託銀行等である（会703条，会社則170条）。社債管理者は，社債権者のために公平かつ誠実に社債の管理をし（会704条1項），社債権者に対し善管注意義務を尽くして社債の管理をしなければならない（同条2項）。社債管理者は社債権者のために，発行会社からの弁済を受領する権限を有し，また，社債権の保全に必要な一切の裁判上または裁判外の行為を行う権限を有する（会705条1項）。各社債の金額が1億円以上である場合またはある種類の社債の総額を当該種類の社債の金額の最低額で除して得た数が50を下回る場合であって社債管理者を定めないときには（会702条但書，会社則169条），会社は，社債権者の保護のために，**社債管理補助者**を定め，この者に社債の管理の補助を行う

ことを委託することができる（会714条の2）。以上に対し，当該社債が担保付社債であるときは，社債管理者及び社債管理補助者を定めることはできない（同条但書）。担保付社債については，担保付社債信託法が規制する。担保付社債信託法が規定する受託会社は，全社債権者を受益者とする信託契約を社債発行会社と締結し（担信2条），この信託契約に基づき社債およびその担保権の管理を行う（担信68条以下）。

―――――――
（2） 社債権者集会
―――――――

社債権者は本質的には1人ひとりが会社に対する債権者であるが，多数の社債権者が存在することに鑑み，一方で会社の便宜をはかるため，他方で個別の社債権者の債権額は少額であるので，これを全部まとめて社債権者全体の会社に対する立場を強化するために，社債権者は全体で統一した行為をすることのみが許されている。たとえば，定期的になされるべき一部償還を怠るときや，定期の利息の支払いを遅滞したときなどに，会社に社債総額についての期限の利益を失う旨を書面により通知をしたり（会739条1項），会社の資本金額の減少や合併などの場合に債権者として異議を申述したりする（会740条1項）場合には，原則として，**社債権者集会**を開催しそこで決議がなされなければならない。社債権者集会では，社債権者は保有する社債の社債金額に応じて議決権を有する（会723条1項）。社債権者集会の決議は，通常は単純多数決であるが，特に法定された事項については要件が加重された特別決議が要求される（会724条）。株主総会の決議と最も異なる点は，決議の後，裁判所の認可があってはじめて決議の効力が生ずることである（会734条1項）。

新株予約権付社債とは，新株予約権を付した社債をいう（会2条22号）。新株予約権付社債権者は，新株予約権付社債を発行する際に株主総会の特別決議（公開会社では取締役会の決議）により決定された新株予約権の行使の条件に従い，新株予約権の行使の際に出資すべき財産を出資することにより，新株を取得できる（会236条・238条・309条2項6号・240条・676条・281条）。

ここで，新株予約権付社債の特徴を具体例で説明する。たとえば，新株予約権付社債を発行する時に，社債の払込金額が100万円，その会社の株式の時価が15万円前後であったとして，新株予約権の払込金額を1万円（会238条1項3号），新株予約権の行使に際し出資する財産の価額を20万円，その行使により取得できる株式数を1株と定めたとする（会236条・238条・240条・676条）。その後，株価が上昇し50万円になったとする。このとき，新株予約権付社債権者は20万円を出資して株式1株を入手し，その後，これを市場で売却すれば大きな利益（＝50万円−21万円）を得ることができる。株価が下落し新株予約権を行使しないときは，新株予約権の払込金額（この例では1万円）だけの損失となる。なお，会社が定める新株予約権の行使条件により，新株予約権付社債権者の請求に基づき，本体である社債の償還金額をもって新株予約権行使の際の出資に充てることや，取締役会の決定に基づき社債の償還金額を強制的に新株予約権行使の際の出資に充てること，さらには，新株予約権の行使に際して社債の償還金額以外の財産の出資を求めることもできる（会238条・236条1項3号・240条）。社債の償還金額を新株予約権行使の際の出資に充てる場合を除けば，新株予約権を行使するか否かにかかわらず，本体たる社債は何の影響も受けないから新株予約権付社

債権者は，定期の利息を受け取り，通常，5年から10年後に設定されている償還期日に元本の返還を受けることになる。以上のように，新株予約権付社債は，株価が上昇したときは新株予約権を行使することによりそれに見合った利益を入手でき，株価が下落したときは，新株予約権の払込金額いかんによるが，社債として利息を得ながら元本が保証されるという投資家にとって都合のよい投資対象物となりうる。

---

(4) 新株予約権付社債の発行手続等

新株予約権付社債の発行手続は，新株予約権の発行手続による（会248条）。つまり，会社が新株予約権付社債を発行するために引受人を募集する場合は，そのつど，原則として株主総会（公開会社では取締役会）の特別決議により募集事項（新株予約権の募集事項および社債の募集事項）を決定しなければならない（会238条1項2項・236条・309条2項6号・240条1項・676条：例外は取締役または取締役会への委任〔会239条〕）。その際，新株予約権付社債に付された新株予約権の数は，当該社債の金額ごとに均等に定められる（会236条2項）。

新株予約権付社債の申込み・割当て・払込みは新株予約権の手続に従う（会248条）。新株予約権を得たいとする者が会社の募集に対して申込みをし，会社は，その申込人の中から，誰にどれだけ新株予約権付社債を割り当てるかを決定する（会242条・243条）。なお，申込人は，新株予約権付社債に付された新株予約権のみについて申込みをすることはできず，たとえそのような申込みをした場合でも，新株予約権付社債の申込みをしたものとみなされる（会242条6項）。申込者は新株予約権の割当日に新株予約権付社債の新株予約権者となり，同時に社債権者にもなる（会245条2項）。

会社は，新株予約権付社債の発行につき社債券を発行するか否か
を決定することができる（会238条1項6号・676条6号）。新株予約権
付社債券の発行を決めた場合，会社は新株予約権付社債を発行した
日以後遅滞なく当該社債券を発行しなければならない（会696条）。
なお，新株予約権付社債は記名式・無記名式のいずれも認められて
いる（会249条1項2号3号）。

　新株予約権付社債の譲渡は原則として自由であり，譲渡の意思表
示により譲渡することができるが，新株予約権あるいは社債のいず
れか一方のみを譲渡することはできない（会254条2項3項。ただし，
新株予約権または社債の一方が消滅している場合は可能）。また，社債券が
発行されている新株予約権付社債に付された新株予約権を譲渡する
には，当該社債券を交付しなければその効力が生じない（会255条2
項）。

**(5)　普通株式と普通
社債の相違点**

　第1に，株式においては会社が継続する限
り原則として出資金の返還がないが，社債
においては払込金は定められた償還期日に
返還される。第2に，株式においては剰余金の分配可能額がある
ときにのみ株主総会等の決議を経て配当がなされるが，社債におい
ては剰余金がなくとも毎年（または毎期）定められた利息が支払われる。
第3に，株式には，原則として，議決権等の会社の経営に参加する
権利が備わるが，社債には，会社の債権者としての権利しか備わら
ない。第4に，会社の解散・清算手続において，社債への弁済は株
式への残余財産の分配より優先してなされる。第5に，担保付社債
であれば，会社が倒産しても元本はある程度保証されるが，株式に
ついては出資金返還の保証のようなものはない。

8 計算・配当等

(1) 会社法の計算規定　株式会社における計算の規定は剰余金の分配可能額等の確定を意図している。会計学は一定期間における損益の把握を第一の目標とし，損益計算書を重視する。これに対し，1899年にその原型が作られたわが国の商法は，模範とした1884年のドイツ普通商法第二改正法が決算期における会社の資産額および負債額の確定を重視する財産法的思想の下に立法されていたため，決算期における純資産額の把握を第一の目標とし，貸借対照表を重視することとなった。このようにさまざまな考え方が混在していることをよく認識した上で，会社法の計算に関する諸規定を理解しなければならない。

(2) 会計帳簿・計算書類等の内容　株式会社は，一般に公正妥当と認められる企業会計の慣行に従って，適時に正確な会計帳簿を作成しなければならない（会431条・432条1項）。株式会社が作成すべき会計帳簿の内容に関しては会社計算規則によらなければならず（計算則4条），会社計算規則の用語の解釈および規定の適用に関しては，一般に公正妥当と認められる企業会計の基準その他の会計慣行を斟酌しなければならない（計算則3条）。

(3) 計算書類等の作成　株式会社は**貸借対照表，損益計算書，株主資本等変動計算書，個別注記表**から成る計

算書類および**事業報告**ならびにこれらの附属明細書を作成しなければならない（会 435 条 2 項，計算則 59 条）。通常，計算書類等は取締役等が作成するが，会計参与設置会社では会計参与が取締役と共同して計算書類等を作成する（会 374 条 1 項）。計算書類および事業報告等は電磁的記録をもって作成することができる（会 435 条 3 項）。株式会社は計算書類を 10 年間保存しなければならない（同条 4 項）。

(4) 貸借対照表・損益計算書

(ア) 貸借対照表は，資産，負債および純資産の部に区分して表示しなければならない（計算則 73 条 1 項）。

(イ) 資産の部は，流動資産，固定資産および繰延資産の項目に区分する（計算則 74 条 1 項）。固定資産については，さらに有形固定資産，無形固定資産および投資その他の資産に区分し，さらに各項目は適当な項目に細分しなければならない（同条 2 項）。流動資産，有形固定資産，無形固定資産，投資その他の資産および繰延資産については取得価額を付し，償却すべき資産については償却をしなければならない（計算則 5 条）。事業年度の末日の時価が取得原価より著しく低く回復する見込みのない資産についてはその時価，予測することができない減損が生じた資産または減損損失を認識すべき資産については取得原価から相当の減額をした額を付さなければならない（同条 3 項）。また，取立不能のおそれのある債権については事業年度の末日に取立不能になると見込まれる額を控除しなければならない（同条 4 項）。事業年度の末日における時価がその時の取得原価より低い資産，市場価格のある資産，その他事業年度の末日においてその時の時価または適正な価格を付すことが適当な資産については，事業年度の末日における時価または適正な価格を付すことがで

きる（同条6項）。

　開発費などは，実際にはある事業年度において全額を費用として支出するが，良い成果が生まれればその後の会計年度において利益をもたらすことになる。この支出額全額をそのままその年度の費用として損益計算書に計上すると，その年度は開発費の費用が不合理に多額となり，利益額を縮減してしまう（収益−費用＝利益だから）。他方，翌年度以降においては，開発の成果により収益が増大するにもかかわらず開発費の支出がなく費用とならないので，利益額が不当に膨張してしまう。したがって，このままでは，事業年度ごとの正確な利益額を把握できない。そこで開発費などは繰延資産とし，その金額を貸借対照表の資産の部に計上し，翌事業年度以降に相当の償却を行うこととする（計算則74条3項5号・84条）。

　(ウ)　貸借対照表の負債の部は流動負債と固定負債に区分し，負債に係る引当金がある場合には，当該引当金ごとに他の負債と区分しなければならない（計算則75条1項2項）。流動負債としては，支払手形，買掛金等（同条2項1号），固定負債としては，発行した社債の総額，長期借入金等，のれん（同項2号）が計上される。負債は原則として契約で定められた名目額で計上される（計算則6条1項）。引当金は，性質としてはいわば繰延資産の反対のものといえる。たとえば，取締役の退職慰労金は，実際に退職慰労金を支払ったときにだけ損益計算書に反映させると，その者が退職した事業年度だけ費用が激増し，ひいては利益額を縮減してしまう。そこで，前もって少しずつ（たとえば10年前から10分の1ずつ）負債の部に退職慰労引当金を計上し，その者が退職した事業年度においては，その年度の費用として実際に支払った退職慰労金額の10分の1を計上し，残り10分の9は貸借対照表上の退職慰労引当金を取り崩すことにす

れば，費用の突出と不当な利益額の縮減を回避することができる。会社計算規則6条2項1号はこのような取扱いを認めている。

　(エ)　貸借対照表の純資産の部は，株主資本，評価・換算差額等，および，新株予約権に区分しなければならない（計算則76条1項）。株主資本は資本金，新株式申込証拠金，資本剰余金，利益剰余金，自己株式および自己株式申込証拠金に区分する（同条2項）。このうち，自己株式は控除項目となる（同項）。資本剰余金は**資本準備金**と「**その他資本剰余金**」に，利益剰余金は**利益準備金**と「**その他利益剰余金**」に区分する（同条4項5項）。評価・換算差額等は，その他有価証券評価差額金，繰延ヘッジ損益および土地再評価差額金等に細分する（同条7項）。資本金額は，原則として設立または株式の発行の際に払込みのなされた額または給付された財産の額である（会445条1項）。ただし，その額の2分の1を超えない額を資本金とせず，資本準備金とすることが許される（同条2項3項）。

　会社法は，会社の業績が不振になるときに，ただちに純資産額（純資産額＝資産総額－負債総額）が資本金額を下回る状態が発生することを防ぐため，資本金のクッション（緩衝物）としての資本準備金と利益準備金を法定する。

　資本準備金は，設立または株式の発行の際に払込みのなされた金額または給付された財産の額のうち資本金としなかった額，および，合併，吸収分割，新設分割，株式交換，株式移転または株式交付の際に準備金とすべき額である（会445条5項，計算則35条等）。

　剰余金の配当を行う場合，その額の10分の1を資本準備金または利益準備金として積み立てなければならない（会445条4項）。利益準備金は資本準備金と合わせて資本金額の4分の1に達するまで積み立てなければならない（計算則22条）。資本準備金と利益準備金

を合わせて「準備金」とよぶ（会445条4項）。なお，任意積立金は，定款の定めまたは株主総会の決議により使用目的を明確にすることを条件として認められる（会452条）。その取崩しは目的に従ったものであれば取締役会の決議により行われる。

(オ) 損益計算書は，①売上高，②売上原価，③販売費および一般管理費，④営業外収益，⑤営業外費用，⑥特別利益，⑦特別損失，といった項目に区分して表示しなければならない（計算則88条）。

売上高から売上原価を減じて得た額（これを「売上総損益金額」とする）は，売上総利益金額として表示し（計算則89条1項），売上総損益金額から販売費および一般管理費の合計額を減じて得た額（これを「営業損益金額」とする）は，営業利益金額として表示し（計算則90条1項），営業損益金額に営業外収益を加算して得た額から営業外費用を減じて得た額（これを「経常損益金額」とする）は，経常利益金額として表示しなければならない（計算則91条1項）。経常損益金額に特別利益を加算して得た額から特別損失を減じて得た額（これを「税引前当期純損益金額」とする）は，税引前当期純利益金額として表示し（計算則92条1項），税引前当期純損益金額に法人税等の金額を減じて得た額（これを「当期純損益金額」とする）は，当期純利益金額として表示しなければならない（計算則94条1項）。

---

(5) 計算書類の監査

会計監査人設置会社でない監査役設置会社では，監査役は法務省令で定めるところにより計算書類および事業報告ならびにこれらの附属明細書を監査しなければならない（会436条1項）。会計監査人設置会社においては，計算書類およびその附属明細書について，会計監査人と監査役（監査等委員会設置会社では監査等委員会，指名委員会等設置会社では監査委員会）

が監査しなければならず（同条2項1号），事業報告とその附属明細書については監査役（監査等委員会設置会社では監査等委員会，指名委員会等設置会社では監査委員会）が監査することになる（同項2号）。これらの監査を受けた計算書類および事業報告等は，取締役会設置会社では取締役会の承認を受け株主総会に提出されなければならない（会436条3項・438条1項3号）。監査役も会計監査人も設置されていない取締役会設置会社では，作成された計算書類および事業報告等は取締役会の承認を受けた後，株主総会に提出されなければならない（会436条3項・438条1項3号）。

（6）計算書類の承認　　取締役会設置会社においては，取締役は定時株主総会の招集通知を発するに際して，会社計算規則で定めるところにより，株主に対し，取締役会の承認を受けた計算書類および事業報告，さらに，監査役（監査等委員会設置会社では監査等委員会，指名委員会等設置会社の場合は監査委員会）の監査を受けた場合には監査報告，会計監査人の監査を受けた場合には会計監査報告を書面または電磁的方法により提供しなければならない（会437条，計算則133条）。なお，計算書類及び事業報告は電子提供措置の対象となる（会325条の2第3号）。

また，取締役は計算書類および事業報告ならびに監査報告等を定時株主総会に提出しなければならない（会438条1項）。このうち計算書類については株主総会の承認を受けなければならず（同条2項），事業報告については取締役がその内容を株主総会で報告しなければならない（同条3項）。

なお，取締役会設置会社であって会計監査人設置会社である会社では，会計監査報告において計算書類がその株式会社の財産および

損益の状況をすべての重要な点において適正に表示しているかどうかについての意見として無限定適正意見が付され，かつ会計監査人の監査の方法または結果を相当でないと認める意見が監査報告にない等の会社計算規則135条所定の要件（承認特則規定）を満たしている場合には，取締役会の承認をもって株主総会の承認に代えることとなり，取締役は定時株主総会に計算書類を提供し報告するだけでよいことになる（会439条）。

(7) 臨時計算書類

株式会社は，最終事業年度の直後の事業年度に属する臨時決算日における株式会社の財産の状況を把握するために臨時決算日における貸借対照表（会441条1項1号）および臨時決算日の属する事業年度の初日から臨時決算日までの期間に係る損益計算書（同項2号）から構成される臨時計算書類を作成することができる（同項）。

これらの臨時計算書類についても監査役設置会社または会計監査人設置会社においては，会社計算規則で定めるところにより監査役（監査等委員会設置会社では監査等委員会，指名委員会等設置会社では監査委員会）の監査および会計監査人の会計監査を受けなければならない（会441条2項）。これらの監査・会計監査の内容はおおむね計算書類の場合と同様である（計算則121条1項）。

また，取締役会設置会社では臨時計算書類は，監査・会計監査等を受ける必要がある場合には監査・会計監査等を受けた後に取締役会の承認を受けなければならない（会441条3項）。取締役会設置会社でない株式会社で監査役設置会社または会計監査人設置会社では監査役の監査または会計監査人の会計監査等を受けた臨時計算書類，取締役会設置会社においては監査・会計監査等を受けた後の取締役

会の承認を得た臨時計算書類，または，それ以外の会社においては取締役の作成した臨時計算書類について，株主総会の承認を受けなければならない（同条4項）。

> **(8) 剰余金の配当**

株式会社では株主に対して剰余金の配当を行わなければならない（会453条）。会社法は，金銭のほか金銭以外の財産の配当を認めている（現物配当。会454条4項）。剰余金の配当を行うためには，その額や配当する財産の種類等の内容を株主総会の決議によって定めなければならない（同条1項）。なお，会計監査人設置会社かつ監査役会設置会社である取締役会設置会社において取締役の任期が1年以内（正確には，取締役（監査等委員会設置会社にあっては監査等委員である取締役以外の取締役）の任期の末日が選任後1年以内に終了する事業年度のうち最終のものに関する定時株主総会の終結の日までである場合）の会社（監査等委員会設置会社および指名委員会等設置会社を含む）においては，剰余金の配当の決定を取締役会決議により行うことができる旨を定款に定めることができる（分配特則規定。会459条1項各号）。この場合，現物配当を行うときは，必ず株主に金銭分配請求権を与えなければならない（同項4号）。定款において取締役会のみで剰余金の配当等を決定する旨を定めた場合には，株主総会において剰余金の配当等を行わない旨を定款で定めることができる（会460条1項）。取締役会が剰余金の配当を行うためには，会計監査報告において，計算書類がその株式会社の財産および損益の状況をすべての重要な点において適正に表示していることについての無限定適正意見が示され，かつ会計監査人の監査の方法または結果を相当でないと認める意見が監査報告に示されないことが必要である（会459条2項，計算則155条）。

配当財産は株主名簿に記載した住所または株主が株式会社に通知した場所で交付される（持参債務。会457条1項）。このほか，取締役会設置会社では，取締役会の決議により一事業年度の途中で1回に限り剰余金の中間配当を行うことができる旨を定款に定めることができる（会454条5項）。

(9) 分配可能額

(ア) 剰余金の配当等を行う場合の剰余金の分配可能額（会461条2項）は剰余金の額（会446条）とは異なることに注意しなければならない。剰余金の分配可能額は，剰余金のうち配当等を行うことができる額のことであり，同時に取締役等の剰余金の配当等に関する責任額の基準でもある（会462条）。分配可能額は剰余金の額の定義を前提として規定されるので，はじめに剰余金の額を説明する。

(イ) 剰余金の額は，以下の①ないし④の額の合計額から，⑤ないし⑦の額の合計額を減じた額である（会446条）。

剰余金＝（①＋②＋③＋④）－（⑤＋⑥＋⑦）

① 最終事業年度の末日における資産総額と自己株式の帳簿価額の合計額から，負債総額と資本金額および準備金額（資本準備金と利益準備金を合わせて準備金と呼ぶ）の合計額と会社計算規則149条所定の額との合計額を減じた額（会446条1号）。

② 最終事業年度の末日後に自己株式を処分した場合における当該自己株式の対価の額から当該自己株式の帳簿価額を控除した額（同条2号）。

③ 最終事業年度の末日後に資本金の額を減少した場合における当該減少額（ただし，減少額の全部または一部を準備金とするときは，準

備金とする額を除く）（同条3号）。

④　最終事業年度の末日後に準備金の額を減少した場合における当該減少額（ただし，減少額の全部または一部を資本金とするときは，資本金とする額を除く）（同条4号）。

⑤　最終事業年度の末日後に178条1項の規定により自己株式を消却した場合における当該自己株式の帳簿価額（会446条5号）。

⑥　最終事業年度の末日後に剰余金の配当をした場合における，㋑配当財産の帳簿価額の総額，㋺配当財産が金銭以外の財産であるときに金銭分配請求権を行使した株主に交付した金銭の総額，㋩基準未満株式の株主に支払った金銭の総額，以上の合計額（同条6号）。

⑦　その他会社計算規則150条所定の額（会446条7号）。

㈡　以上のようにして算出された剰余金の額（＝⑧とする）を前提として，つぎに剰余金の分配可能額が算出される（会461条2項）。

　　　剰余金の分配可能額＝（⑧＋⑨）－（⑩＋⑪＋⑫＋⑬）

⑧　剰余金の額。

⑨　臨時計算書類につき株主総会の承認（会441条4項，同項但書に規定する場合にあっては取締役会の承認〔同条3項〕）を受けた場合における次に掲げる額の合計額。

　　イ　臨時損益計算書の当期純損益金額（0以上の額に限る）（計算則156条）

　　ロ　臨時計算書類に係る期間内に自己株式を処分した場合の当該自己株式の対価の額

⑩　自己株式の帳簿価額。

⑪　最終事業年度の末日後に自己株式を処分した場合における当該自己株式の対価の額。

⑫　臨時損益計算書の当期純損益金額（0 未満の額に限る）（計算則 157 条）。

⑬　⑩〜⑫のほか，会社計算規則 158 条所定の額。

(エ)　なお，株式会社の純資産額が 300 万円を下回る場合には剰余金を配当することができない（会 458 条）。

⑽　分配可能額を超えた剰余金の配当

分配可能額を超えた剰余金の配当は無効である。分配可能額を超えて株式会社が剰余金の配当等を行った場合には，分配可能額を超えた配当等により金銭等の交付を受けた者（＝株主または元株主）ならびに当該行為に関する職務を行った業務執行取締役や委員会設置会社における執行役などの**業務執行者**および 462 条 1 項各号に定められた者は，会社に対し連帯して，交付した金銭等の帳簿価額に相当する金銭を支払う義務を負う（会 462 条 1 項）。ただし，業務執行者等がその職務を行うにつき過失がなかったことを証明したときは上記義務を負わない（過失責任。同条 2 項）。個々の株主の上記責任は不当利得の責任（民 703 条・704 条）と解されている。

462 条 1 項各号は，自己株式取得に関する株主総会の決議もしくは取締役会決議，剰余金の配当に係る株主総会決議もしくは取締役会決議などにおいて，剰余金の分配可能額を超えて剰余金の分配を行ったことについて特に責任を負うべき者とその弁済義務を定めている。たとえば，剰余金の分配可能額を超えて剰余金の配当が行われた場合については，その決定が株主総会の決議により行われたときは株主総会にその議案を提案した取締役，また，その決定が取締役会の決議により行われたときは取締役会にその議案を提案した取締役もまた剰余金の配当を受けた者および業務執行取締役と連帯し

て弁済する責任を負う（同項6号）。

　なお，分配可能額を超えた剰余金の配当等に関する上記の義務は
原則として免除することができない（同条3項）が，例外として，総
株主の同意がある場合には分配可能額を限度として業務執行者等の
義務を免除することができる（同項但書）。

**(11)　債権者等による
　　　請求**

分配可能額を超えた剰余金の配当等を行っ
た場合，会社が株主に対して交付した金銭
等の帳簿価額の総額がその効力を生じた日
における分配可能額を超えることについて善意の株主は，その株主
が交付を受けた金銭等について，業務執行者等からの求償の請求に
応ずる義務を負わない（会463条1項）。悪意の株主は求償の請求に
応ずる義務を負う。なお，会社の債権者は，分配可能額を超えた剰
余金の配当等について462条1項の義務を負う株主に対し，その交
付を受けた金銭等の帳簿価額（ただし，その額が債権者の株式会社に対し
て有する債権額を超える場合にあっては債権額）に相当する金銭の支払い
を請求することができる（会463条2項）。

(12)　欠損塡補責任

剰余金の分配可能額に関する定めを遵守し
ていても，期末に欠損が生じることがある。
そのような場合，その事業年度において465条1項所定の自己株式
取得または剰余金の配当を行っているときは，当該業務執行者は会
社に対し連帯して剰余金の額を超過した額等を支払う義務を負う
（会465条1項）。ただし，その職務を行うについて注意を怠らなかっ
たことを証明した場合は義務を負わない。なお，定時株主総会また
は取締役会の決議（459条1項・436条3項）により剰余金の配当が決

定された場合等については，業務執行者に欠損填補の責任は生じない（465条1項10号）。

9 定款変更・資本金額等の変更

かつては資本額は定款の記載事項であったので，その増加・減少は定款変更の1つと考えられた。しかし，現在では，発行可能株式総数の増加の場合を除き，資本金額は定款記載事項ではないので，その増加・減少は定款変更とは別の手続になる。

(1) 定 款 変 更 定款の定めを変更するには，株主総会において特別決議が必要となる（会466条・309条2項11号）。特別決議は，議決権を行使できる株主の議決権の過半数（3分の1以上の割合を定款で定めることができる）を有する株主が出席し，出席した株主の議決権の3分の2以上（これを上回る割合を定款で定めることができる）の賛成により成立する。

なお，公開会社が発行可能株式総数（授権株式数）についての定款の定めを変更するときは，変更時の発行済株式総数の4倍を超えて増加することは許されない（会113条3項1号）が，公開会社でない会社では4倍を超えて増加することも許される。

また，定款変更により新たに発行する全部の株式の内容として譲渡制限の定めを設けるときは，議決権を行使できる株主の半数以上（これを上回る割合を定款で定めることができる）の賛成，かつ，議決権を行使できる株主の議決権の3分の2以上（これを上回る割合を定款で定めることができる）の賛成が必要となる（会309条3項1号）。

(2) 資本金の額の減少

資本金額の減少には，会社財産の減少を伴う実質上の資本金額の減少と，会社財産の減少を伴わない名目上の資本金額の減少がある。前者は，事業規模の縮小等により余剰の財産が生じたときに，その余剰財産を株主に返還するために行われる。この場合は，資本金額の減少の手続と剰余金の配当を同時に行うことになり，貸借対照表上の資本金額が減少し同時に資産額も減少する。後者は，会社が多大な損失を被ったなどの理由により貸借対照表上の資産額が激減するかまたは負債額が激増し，そのままでは長期間，剰余金の配当が行えないという場合に，会社財産の株主への返還は行わず資本金額だけを減少し，将来の剰余金の配当を可能にするために行われる。この場合，貸借対照表上の資本金額は減少するが資産額は減少しない。

会社は，①減少する資本金の額，②減少する資本金額の全部または一部を資本準備金とするときはその旨および資本準備金とする額，③資本金額の減少の効力発生日，以上について株主総会の特別決議で決議することにより資本金額の減少を行うことができる（会447条1項・309条2項9号）。減少する資本金額から資本準備金とする額を減じて得た額は「その他資本剰余金」の増加額とする（計算則27条1項1号）。定時株主総会において上記①②③を決定し，かつ，減少する資本金の額が欠損額を超えないときは，普通決議でよい（会309条2項9号括弧書）。資本金額の減少と株式の発行を同時に行うことにより，資本金額の減少の効力発生日後における資本金額が，従前の資本金額を下回らない場合には，株主総会の決議は必要なく，取締役の決定（取締役会設置会社では取締役会の決議）で足りる（会447条3項）。

資本金額の減少は，会社債権者の利害に影響を及ぼすため，厳格

な債権者保護手続を必要とする（会449条）。会社は，①資本金額の減少の内容，②貸借対照表等，③会社債権者に対し資本金額の減少について一定の期間内に異議を申述できる旨，以上を官報で公告し，かつ知れたる会社債権者には各別に催告をしなければならない（同条2項3項，計算則152条）。この債権者保護の手続は基本的には合併における債権者保護の手続と同一なので，詳細は合併を説明する箇所に譲る。なお，資本金額の減少の内容ないし手続の瑕疵を理由としてその無効を主張するには，資本金額減少無効の訴えによらなければならない（会828条1項5号）。

(3) 準備金の額の減少

会社は，①減少する準備金（＝資本準備金および利益準備金）の額，②減少する準備金の額の全部または一部を資本金とするときはその旨および資本金とする額，③準備金の額の減少の効力発生日，以上を株主総会の普通決議で決議することにより，資本準備金または利益準備金の額の減少を行うことができる（会448条1項）。減少する資本準備金の額から資本金とする額を減じて得た額は「その他資本剰余金」の増加額とする（計算則27条1項2号）。減少する利益準備金の額から資本金とする額を減じて得た額は「その他利益剰余金」の増加額とする（計算則29条1項1号）。準備金の額の減少は，会社債権者の利害に影響を及ぼすため，資本金額の減少の場合と同様の債権者保護手続を必要とする（会449条）。ただし，欠損額を塡補するために，定時株主総会の決議により準備金の額を減少するときは，債権者保護手続が不要となる（同条1項但書）。

なお，準備金の額の減少の内容ないし手続の瑕疵を理由としてその無効を主張するには，特に準備金額減少無効の訴えは定められて

いないから，通常の株主総会決議無効の訴えによることになる（会830条2項，参照・改正前商法289条4項・380条）。

（4） 資本金の額の増加

会社は，剰余金の額を減少して資本金の額を増加することができる。平成17年改正前商法下に利益の資本組入れと呼ばれたものである。株主総会の普通決議により，減少する剰余金の額，および，資本金額の増加の効力発生日を定めなければならない（会450条）。

（5） 準備金の額の増加

会社は，剰余金の額を減少して準備金の額を増加することができる。平成17年改正前商法下にはなかった制度である。株主総会の普通決議により，減少する剰余金の額，および，準備金の額の増加の効力発生日を定めなければならない（会451条）。

10 会社の結合と分割

企業結合は，会社または企業が現金，社債，株式，新株予約権および金銭その他の財産を対価として，既存の会社，企業または事業を取得することであり，企業分割は，既存の一企業が2つ以上の企業に分かれることである。企業結合のうち，合併は会社と会社が1つの会社になることであり，事業譲渡は企業主体（会社，個人商人）が別の企業主体に客体としての事業を譲渡することである。

| (1) 合　　併 |

合併自由の原則（会 748 条）がある。これは，株式会社と株式会社，合名会社と合名会社，といった同種の会社どうしの合併のみならず，株式会社と合名会社の合併や株式会社と合同会社の合併，合名会社と合資会社の合併も認めるということである（同条）。歴史的には，国や議会等の承認を必要とせずに，合併を行えることも意味する。なお，その重要性を考慮して，以下では株式会社どうしの合併について説明する。

| (2) 吸収合併と新設合併 |

合併には吸収合併と新設合併がある。**吸収合併**は合併後に存続する会社と合併後に消滅する会社とが行う合併である（会 2 条 27 号）。前者を存続会社，後者を消滅会社と言う。消滅会社は 2 社以上でもよい。**新設合併**は，合併を行う当事会社がすべて合併により消滅する合併である（同条 28 号）。この合併により新しい会社（1 社）が成立する。これを設立会社という。実際には，以下に述べる 3 つの理由により，新設合併はほとんど利用されていない。第 1 に，吸収合併の場合に比較し，新設合併では発行する新株式・新株券の数が多くなり，その分，手間と費用がかさむ。第 2 に，吸収合併の場合には，登録免許税が資本の増加額について課されるが，新設合併の場合には設立会社の資本額について課され，同じ会社どうしの合併の場合，新設合併の方が税額が高くなる。第 3 に，多くの場合，事業等について与えられていた各種の許認可が，吸収合併の場合には消滅会社についてのみ消滅するが，新設合併では全当事会社について消滅する。

　したがって，以下ではもっぱら吸収合併について説明する。

(3) 吸収合併の手続

（ア）　取締役会設置会社であれば取締役会の決議に基づき，取締役会非設置会社であれば取締役の決定に基づき，存続会社と消滅会社は合併契約を作成し締結しなければならない（会748条後段）。合併契約は，通常は書面または電磁的記録に作成される。合併契約には，絶対的記載事項（会749条1項）が記載または記録されなければならない。

（イ）　各合併当事会社は，吸収合併契約等備置開始日から合併の効力発生日後6ヵ月を経過する日（消滅会社は会社の消滅する日）まで，合併契約の内容，合併対価の相当性に関する事項，合併対価について参考となるべき事項，計算書類等に関する事項，合併の効力発生日以後における存続会社の債務の履行の見込みに関する事項などを記載した書面または記録した電磁的記録を本店に備え置き，これを株主および債権者の閲覧に供し，株主および債権者からの謄本・抄本交付請求に応じなければならない（会782条1項，会社則182条，会794条1項，会社則191条）。上記の書類等の備置は会社債権者の保護および株主の保護を目的としたものである。各当事会社の株主総会において合併契約が承認され，はじめて合併契約は成立する（会783条1項・795条1項）。合併契約の承認は特別決議を必要とする（会309条2項12号）。なお，合併に反対する少数株主のために**株式買取請求権**が認められている。この場合，株主と会社との間で株主が有する株式について売買契約が成立したと同一の効果が生ずる。その売買価格は，当事者の協議によって決められるが，協議が調わないときには裁判所により株式の「公正な価格」が決定される（会785条1項・786条・797条1項・798条）。また，消滅会社の新株予約権者のために新株予約権買取請求権が認められている（会787条）。

（ウ）　各合併当事会社は，会社債権者に対して，当該合併の概要お

よび合併に異議があるときには一定期間（最短1ヵ月）内に異議を申述できる旨の内容の公告を官報により行い，かつ，会社に知れている債権者に対しては各別に同じ内容の催告をしなければならない（会789条・799条）。なお，公告を官報のほか，公告をする方法として定款に定める日刊新聞紙もしくは電子公告により行うときは，各別の催告は不要となる（会789条3項・799条3項）。債権者が異議を申述したときは，会社はその債務について弁済するか相当の担保を供するか，または，債権者への弁済を目的として信託会社に相当の財産の信託を行わなければならない（会789条5項・799条5項）。株主保護の制度と債権者保護の制度を実効あらしめるための担保手段として，株主および異議を申述した債権者に合併無効の訴えの提訴資格が認められる（会828条2項7号）。

　(エ)　各合併当事会社の株主は，以下の①②のいずれかに該当し，かつ，株主が不利益を受けるおそれがあるときは，自己の当事会社に対し合併の差止めを請求することができる（会784条の2・796条の2）。①吸収合併が法令または定款に違反するとき，または，②略式合併のため自己の当事会社においては合併契約承認の株主総会が開催されないときに（会784条1項・796条1項），合併対価の総価値ないしは合併比率が各合併当事会社の財産の状況その他の事情に照らして著しく不当であるとき。

　(オ)　債権者保護手続の終了後における合併契約所定の合併の効力発生日に合併の効果が生ずる（会750条1項6項）。消滅会社の全財産は合併契約所定の合併の効力発生日に存続会社に包括承継され，これにより当事会社は合体する。

　(カ)　存続会社の取締役は，合併の効力が生じた日後，遅滞なく，合併により消滅会社から承継した消滅会社の権利義務その他合併に

関する事項（会社則200条）を記載した書面または記録した電磁的記録を作成し，6ヵ月間，本店に備え置かなければならない（会801条1項3号）。株主および会社債権者は上記の書面または電磁的記録について閲覧請求権および謄本抄本交付請求権を有する（同条4項）。

(4) 吸収合併の効果

債権者保護手続が終了していれば，合併契約所定の効力発生日に以下のような合併の効果が生ずる（会750条6項）。①合併当事会社のうち消滅会社は解散する（会471条4号）。②消滅会社は清算手続を経ずに消滅する（会475条1号括弧書）。③消滅会社のすべての権利義務が包括的に存続会社に承継される（包括承継。会750条1項）。④消滅会社の株主は，合併の効力発生日に，存続会社から合併対価の交付を受ける（同条3項）。合併対価の全部もしくは一部が存続会社の株式のときは，消滅会社の株主は存続会社の株主となる（同項1号）。⑤消滅会社が発行していたすべての新株予約権が消滅する（同条4項）。

(5) 簡 易 合 併

吸収合併において，存続会社が消滅会社の株主に交付する合併対価全部の額（交付する存続会社株式全部の純資産価値とそれ以外の財産の帳簿価額の合計額）が存続会社の純資産額の5分の1以下である場合には，存続会社において，取締役会設置会社であれば取締役会の決議のみにより，取締役会非設置会社であれば取締役の決定により，合併を行うことができる（会796条2項）。これを**簡易合併**という。簡易合併は，存続会社における合併契約承認の株主総会決議のみを不要としたものであり，原則として，その他の手続は必要である。消滅会社においては株主総会決議をはじめ通常の手続が必要である。

(ア)　合併当事会社間における合併契約の締結が必要である。取締役会設置会社であれば取締役会の決議に基づき，取締役会非設置会社であれば取締役の決定に基づき締結される。

(イ)　存続会社においては，合併の効力発生日の 20 日前までに，合併を行う旨，消滅会社の商号・住所，合併契約の承認総会を開催しないことなどを株主に通知する（会 797 条 3 項）。存続会社が公開会社の場合には通知に代えて公告でもよい（同条 4 項）。存続会社の株主は，上記の情報を得て，簡易合併に反対する（会 796 条 3 項）か否か，株式買取請求権を行使するか否かを検討することになる。存続会社は債権者保護のための公告および催告を行わなければならない（会 799 条）。

(ウ)　存続会社において合併承認決議につき議決権を備える株式の総数の 6 分の 1 超を有する株主が簡易合併に反対する意思を会社に通知したときは，簡易合併は実行できない（会 796 条 3 項，会社則 197条）。この場合，通常の合併手続に従って合併を行うことは可能である。

---

(6)　略 式 合 併

略式合併は，アメリカ会社法にある short form merger を範としたものであり，会社法の制定に伴い新設された。

(ア)　消滅会社について　　存続会社が消滅会社の特別支配会社である場合（存続会社が消滅会社の総株主の議決権の 10 分の 9 以上を有する場合〔会 468 条 1 項〕）には，消滅会社の株主総会における合併契約承認決議は必要とされない（会 784 条 1 項）。ただし，合併対価の全部または一部が譲渡制限株式等（会社則 186 条所定の取得条項付株式など）であり，消滅会社が公開会社であり，かつ，種類株式発行会社でない

場合には，消滅会社における株主総会の承認決議が必要となる（会784条1項但書）。この決議は特殊決議となる（会309条3項2号）。

　(イ)　存続会社について　　同様に，消滅会社が存続会社の特別支配会社である場合には，存続会社の株主総会における合併契約承認決議は必要とされない（会796条1項）。ただし，合併対価の全部または一部が譲渡制限株式であり，存続会社が公開会社でない場合には，原則に戻り，存続会社における株主総会の承認決議が必要となる（同項但書）。

(7)　対価の柔軟化

会社法制定以前には，存続会社が消滅会社の株主に交付する合併対価としては，存続会社の株式が原則であり，合併比率の調整などのために限定された範囲でのみ合併交付金が認められていた。合併においては，原則として，存続会社は消滅会社の株主を収容しなければならないとか，消滅会社の株主は存続会社の株主にならなければならないと考えられていたため，存続会社が消滅会社の株主に存続会社の株式を交付することは必然と考えられていた。ドイツ会社法やフランス会社法の考え方であり，このような考え方を合併対価株式限定説という。これに対して，会社法は，消滅会社の株主は，それまで有していた消滅会社株式を失うことの補償として存続会社から合併対価の交付を受けるとするアメリカ会社法の合併理論を採用した。これを合併対価株式非限定説という。このような考え方によるので，消滅会社の株主が受け取るものは，株式，社債，金銭，存続会社以外の会社の株式等，国債，貴金属など経済的に価値のある財産ならよいことになった。合併対価に関する考え方の変更に伴い，いわゆる分割対価，株式交換対価，および，株式移転対価に関する考え方も変更さ

れ，株式，社債，金銭等の経済的に価値のある財産であればいずれもよいことになった。このような考え方の変更を「対価の柔軟化」と呼んでいる。なお，新設合併，新設分割および株式移転において，株式会社が新設されるときには，必然的に交付される対価の中に設立会社の株式が含まれることになる。

---

(8) 事業譲渡　　株式会社は，その事業の全部または重要な一部を他の会社等に譲渡することができ，また他の会社の事業の全部を譲り受けることができる（467条1項1号2号3号）。**事業譲渡**は，会社法制定以前において営業譲渡と言われていたものである。事業譲渡に関しては，競業避止義務等を定める21条ないし24条，また，譲渡会社の債権者を詐害するような事業譲渡における同債権者の保護を定める23条の2も重要である。467条は事業譲渡とは何かを規定するものではなく，株式会社が事業譲渡人または事業譲受人になる場合について，株主総会の特別決議が必要なこと，および，反対する株主のための株式買取請求権を規定する。なお，事業とは，現に存在する事業体を構成している人的資源および物的資材からなる有機的統一体のことと考えられる（最大判昭40・9・22〈会社百選85〉）。

　事業譲渡の効果を合併の効果と比較すると以下のようになる。①譲渡会社は当然には解散しない。②譲渡会社が解散するときは，清算手続を必要とする。③譲渡会社のすべての債権債務ないし権利義務は個々の手続により譲受会社に移転される（包括承継の効果が生じない）。④譲渡会社の株主は，譲受会社から直接に事業譲渡の対価の交付を受けない。株主ではなく，譲渡会社が，事業譲渡の対価として譲受会社から現金等の交付を受ける。事業譲渡の対価に関しては

制約がないので，現金，社債，株式，貴金属，不動産，動産，知的財産権等が考えられる。

このほか，株式会社が，有していたところの子会社の株式または持分の全部または一部を譲渡し，譲渡後において当該子会社の議決権総数の過半数の議決権を有さないことになる場合であって，譲渡する株式または持分の帳簿価額が株式会社の総資産額の5分の1を超えるときは，株主総会の特別決議による承認を受けなければならない（会467条1項2号の2）。

---

(9) 会社分割制度の意義

会社分割には，新設分割と吸収分割がある。新設分割とは，会社分割をしようとする株式会社（これを**分割会社**という）が株主総会の特別決議により承認された新設分割計画を実行することにより，分割会社の事業に関して有する権利義務の全部もしくは一部を分離独立させ，新設する株式会社（これを**設立会社**という）に承継させることである（会2条30号）。設立会社が設立に際し発行する株式は，分割計画に従い，原則として，その全部を分割会社に交付することになる。これを**分社型**分割もしくは物的分割と言う。ただし，設立会社から交付を受けた株式を，分割会社が分割の効力発生と同時に，①分割会社の全部取得条項付種類株式の取得対価としてその株主に交付する場合，または②剰余金の配当として株主に配当する場合がある。これを，講学上，**分割型**分割類似型もしくは人的分割類似型と言う。

吸収分割とは，2社以上の株式会社が，株主総会の特別決議による承認を経て分割契約を締結し実行することにより，分割会社の事業に関して有する権利義務の全部または一部を他方の株式会社（こ

れを**承継会社**という）に承継させることである（会2条29号）。承継会社が交付する金銭等のいわゆる分割対価は，分割契約に従い，原則として，その全部を分割会社に交付することになる。これを分社型分割もしくは物的分割と言う。ただし，承継会社から交付を受けた承継会社の株式を，分割会社が分割の効力発生と同時に，①分割会社の全部取得条項付種類株式の取得対価としてその株主に交付する場合，または②剰余金の配当として株主に配当する場合がある。これを，講学上，分割型分割類似型もしくは人的分割類似型と言う。

なお，略式合併や簡易合併と同様に略式吸収分割（会784条1項・796条1項），簡易吸収分割（会784条2項・796条2項），簡易新設分割（会805条）が認められる。

| (10) 新 設 分 割 |

新設分割の手続の概要を説明する。

(ア)　分割会社が取締役会設置会社であれば取締役会の決議により，取締役会非設置会社であれば取締役の決定により，**新設分割計画**を作成する（会762条1項）。

(イ)　分割会社は，株主および債権者への情報開示として，「新設合併契約等備置開始日」から，新設分割計画，分割対価の相当性に関する事項，分割会社および設立会社のそれぞれにおける債務の履行の見込みに関する事項を記載した書面または記録した電磁的記録を本店に備え置かなければならない（会803条1項2号，会社則205条）。分割会社の株主および債権者には，備え置かれた書面または電磁的記録についての閲覧請求権および謄本抄本交付請求権が認められる（会803条3項）。会社分割においては，特に債権者保護が重要であると考えられている。

(ウ)　分割会社の株主総会において，特別決議により新設分割計画

の承認を行う（会804条1項）。新設分割に反対する少数株主のために株式買取請求権が認められている（会806条）。また，新株予約権者のために，新株予約権買取請求権が認められている（会808条）。

(エ)　分割会社の個々の債権者は，効力発生日後は，新設分割計画の定めに従い，分割会社のみもしくは設立会社のみ，または，両会社を債務者とすることになる。分割会社は，設立会社のみを債務者とすることになる債権者に対して債権者保護手続を行わなければならない（会810条）。

(オ)　分割会社の株主は，新設分割が法令または定款に違反するときであって，かつ，株主が不利益を受けるおそれがあるときは，分割会社に対し新設分割の差止めを請求することができる（会805条の2）。

(カ)　設立会社の本店所在地において設立の登記がなされたときに，新設分割の効力が生じる（会764条1項）。

(キ)　分割会社および設立会社は，新設分割の効力発生日後遅滞なく，設立会社が承継した権利義務およびその他の重要な事項を記載した書面または記録した電磁的記録を作成し，効力発生日後6ヵ月間，本店に備え置かなければならない（会811条1項2項・815条2項3項）。株主，債権者およびその他の利害関係人は，備え置かれた書面または電磁的記録についての閲覧請求権，謄本抄本交付請求権を有する（会811条3項・815条5項）。

(11) 新設分割の効果　新設分割の効果は，分社型と分割類似型を分けて述べなければならない。いずれも設立会社の設立の登記により効力が生じ，分割会社の事業に関して有する権利義務の全部または一部を財産とする設立会社が設立される

（会764条1項）。分社型では，設立に際し発行される株式のすべては分割会社に割り当てられ，設立会社は分割会社の完全子会社となる。分割類似型では，設立会社の設立に際し発行される株式は分割会社に交付され，同時に，分割会社において分割会社の株主に配当もしくは全部取得条項付種類株式の取得対価として交付される。したがって，分割会社の株主は，従来から有する分割会社の株式に加えて，設立会社の株式も有することになる。分割会社から設立会社へ承継される事業に関して有する権利義務の全部または一部は，分割計画の記載もしくは記録に従い，包括承継により，設立会社に承継される（会764条1項）。分割会社の債権者であって各別の催告を受けなかった者は，新設分割計画において分割後に分割会社に債務の履行を請求できないと定められているときであっても，分割会社に対して分割会社が新設分割効力発生日に有していた財産の価額を限度として債務の履行を請求できる（同条2項）。同様に，分割会社の債権者であって各別の催告を受けなかった者は，新設分割計画において分割後に設立会社に債務の履行を請求できないと定められているときであっても，設立会社に対して承継した財産の価額を限度として債務の履行を請求できる（同条3項）。

　分割類似型の場合を除き（会764条5項），新設分割会社が設立会社に承継されない債務の債権者（これを残存債権者という）を害することを知って新設分割をした場合，残存債権者は，設立会社に対して，承継した財産の価額を限度として，当該債務の履行を請求することができる（同条4項）。

---

(12) 吸収分割

吸収分割の手続の概要を説明する。

(ア)　分割会社・承継会社が取締役会設置会

社であれば取締役会の決議により，取締役会非設置会社であれば取締役の決定により，**吸収分割契約**を作成する（会757条）。

(イ)　各当事会社は，株主および債権者への情報開示として，「吸収合併契約等備置開始日」から，吸収分割契約の内容，いわゆる分割対価の相当性に関する事項，分割会社および承継会社のそれぞれにおける債務の履行の見込みに関する事項，相手方会社の計算書類等を記載した書面または記録した電磁的記録を本店に備え置かなければならない（会782条1項2号，会社則183条，会794条1項，会社則192条）。各当事会社の株主および債権者には，備え置かれた書面・記録についての閲覧請求権および謄本抄本交付請求権が認められる（会782条3項・794条3項）。吸収分割においては，分割会社と承継会社の双方の債権者の保護が特に重要と考えられている。

(ウ)　各当事会社の株主総会において，特別決議により吸収分割契約の承認を行う（会783条1項・795条1項）。吸収分割に反対する各当事会社の少数株主のために，株式買取請求権が認められている（会785条・797条）。分割会社の新株予約権者のために新株予約権買取請求権が認められている（会787条）。

(エ)　分割会社の個々の債権者は，効力発生日後は，吸収分割契約の定めに従い，分割会社のみもしくは承継会社のみ，または，両会社を債務者とすることになる。各当事会社は債権者保護手続を行わなければならない（会789条・799条）。

(オ)　各当事会社の株主は，吸収合併におけるのと同様に，株主が不利益を受けるおそれがあるときは，自己の当事会社に対し吸収分割の差止めを請求することができる（会784条の2・796条の2）。ただし，簡易吸収分割のため吸収分割契約が当事会社の株主総会で承認されない場合には，当該当事会社の株主に差止請求権は認められな

い（会784条の2但書・796条の2但書）。

　㈥　吸収分割契約所定の吸収分割の効力発生日に吸収分割の効力が生じる（会759条1項）。

　㈦　分割会社および承継会社は，吸収分割の効力発生日後遅滞なく，承継会社が承継した権利義務およびその他の重要な事項を記載した書面または記録した電磁的記録を作成し，効力発生日後6ヵ月間，本店に備え置かなければならない（会791条1項2号・801条2項3項）。株主，債権者およびその他の利害関係人は，備え置かれた書面または電磁的記録についての閲覧請求権，謄本抄本交付請求権を有する（会791条3項・801条4項5項）。

⒀　吸収分割の効果

　吸収分割の効果も，分社型と分割類似型とを分けて述べなければならない。分社型では，吸収分割契約の効力発生日に，分割会社の事業に関して有する権利義務の全部または一部が承継会社に承継され，いわゆる分割対価が分割会社に交付される。承継会社が株式を発行するときはその株式のすべてが分割会社に割り当てられる。

　分割類似型では，吸収分割の効力発生日に事業に関して有する権利義務の全部または一部が承継会社に承継され，いわゆる分割対価が分割会社に交付され，同時に，分割会社において分割会社の株主に，分割会社の全部取得条項付種類株式の取得対価もしくは剰余金の配当として承継会社の株式が交付されることになる。この場合，分割会社の株主は，従来から有する分割会社の株式に加えて，承継会社の株式も有することになる。

　分割会社から承継会社へ承継される事業に関して有する権利義務の全部または一部は，分割契約の記載もしくは記録に従い，包括承

継により，承継会社に承継される（会759条1項）。なお，吸収分割の場合，吸収分割に異議申述権のある各当事会社の債権者が異議を述べたときは，それぞれの会社が弁済または担保の設定もしくは信託の設定をしなければならない（会789条5項・799条5項）。また，分割会社の債権者であって各別の催告を受けなかった者は，吸収分割契約において吸収分割後に分割会社に債務の履行を請求できないと定められていても，分割会社に対して分割会社が吸収分割の効力発生日に有していた財産の価額を限度として債務の履行を請求できる（会759条2項）。同様に，分割会社の債権者であって各別の催告を受けなかった者は，吸収分割契約において吸収分割後に承継会社に債務の履行を請求できないと定められていても，承継会社に対して承継した財産の価額を限度として債務の履行を請求できる（同条3項）。

分割類似型の場合を除き（会759条5項），分割会社が，承継会社に承継されない債務の債権者（これを残存債権者という）を害することを知って吸収分割をした場合，残存債権者は，承継会社に対して，承継した財産の価額を限度として，当該債務の履行を請求することができる（同条4項本文）。ただし，吸収分割の効力が生じた時に，承継会社が残存債権者を害すべき事実を知らなかったときは，上記の請求は認められない（同項但書）。

---

(14) 株式交換の意義

本来の**株式交換**は，すでに存在する2つの株式会社間において株式交換契約を締結し，それぞれの株主総会の特別決議による承認を経て，これを実行することにより，一方の株式会社（＝A会社，株式交換完全子会社）の株主およびA会社自身が有するすべてのA会社株式を他方の株式会社

（＝B会社，株式交換完全親会社）の株式（B会社株式）と交換することである（会2条31号）。A会社株式を有する個々の株主が株式交換に反対であっても，強制的にB会社の株式と交換させられるところに，株式交換制度の特色がある。したがって，「強制的株式交換制度」と考えると理解しやすい。なお，会社法の制定時における対価柔軟化の考えにより，株式以外の株式交換対価が認められることとなった。また，会社法では完全親会社となる会社として，株式会社のほか合同会社も認められるが，ここでは株式会社について説明する。

　なお，略式合併や簡易合併と同様に略式株式交換（会784条1項・796条1項），簡易株式交換（会796条2項）も認められる。

（15）　株式交換の手続

株式交換の手続の概要を説明する。

　⑺　株式交換完全子会社（A会社）と株式交換完全親会社（B会社）において株式交換契約の締結が必要である。株式交換契約は，取締役会設置会社であれば取締役会の決議に基づき，取締役会非設置会社であれば取締役の決定に基づき締結される（会767条）。

　⑷　各当事会社は，「吸収合併契約等備置開始日」から，株式交換契約の内容，株式交換対価の相当性に関する事項，株式交換対価について参考となるべき事項，相手方会社の計算書類等に関する事項等を記載した書面または記録した電磁的記録を本店に備え置かなければならない（会782条1項3号，会社則184条，会794条1項，会社則193条）。各当事会社の株主および株式交換完全子会社の新株予約権者には，備え置かれた書面・電磁的記録についての閲覧請求権および謄本抄本交付請求権が認められる（会782条3項・794条3項括弧書）。合併や会社分割と異なり，株式交換においては原則として債権者に

は閲覧請求権も謄本抄本交付請求権も認められていない。株式交換を行うことにより当事会社の債権者に不利益の生ずることはないと考えられたからである。ただし，株式交換対価に社債や金銭等が含まれる場合には，株式交換完全親会社において債権者保護の手続が必要になる（会794条3項・799条1項3号）。

　(ウ)　各当事会社の株主総会において，特別決議により株式交換契約の承認を行う（会783条1項・795条1項・309条2項12号）。株式交換に反対する各当事会社の少数株主の保護のために，合併や会社分割におけるのと同様に，株式買取請求権が認められている（会785条・797条）。各当事会社の株主は，吸収合併におけるのと同様に，株主が不利益を受けるおそれがあるときは，自己の当事会社に対し株式交換の差止めを請求することができる（会784条の2・796条の2）。また，株式交換完全子会社の新株予約権者の保護のために新株予約権買取請求権が認められる（会787条1項）。

　(エ)　株式交換契約所定の効力発生日に株式交換の効力が生じる（会769条1項）。

　(オ)　各当事会社は，株式交換の効力が生じた日後遅滞なく，株式交換完全親会社が取得した株式交換完全子会社の株式の数およびその他の重要な事項を記載した書面または記録した電磁的記録を共同して作成し，効力発生日後6ヵ月間，本店に備え置かなければならない（会791条1項2項・801条3項）。効力が生じた日に株式交換完全子会社の株主もしくは新株予約権者であった者，または，株式交換完全親会社の株主もしくは交換対価に社債や金銭等が含まれるときの債権者は，備え置かれた書面または電磁的記録についての閲覧請求権，謄本抄本交付請求権を有する（会791条4項・801条6項）。

（16） 株式交換の効果　株式交換の効果であるが，その実行により，株式交換完全子会社（A会社）の発行済株式のすべてが，株式交換完全親会社（B会社）の有するところとなり，A会社はB会社の100％子会社となる。また，A会社の株主は，有していたA会社株式の代わりに株式交換対価の交付を受ける。株式交換対価としてB会社株式の交付を受けるときは，B会社の株主となる。

　A会社に多数の株主が存在する場合，株式交換制度を用いずに，すべての株主の合意を取りつけて，B会社がA会社の発行済株式のすべてを取得しA会社をB会社の完全子会社とすることは極めて困難であるが，株式交換制度を用いることにより，これが容易に達成できることになる。

（17） 株式移転の意義　先に説明した抹式交換制度では，完全親会社になる会社と完全子会社になる会社の両者がすでに存在していることが前提であった。これに対し，完全子会社となることを望むA会社は存在するが，完全親会社となるべきB会社が存在していない場合に，1回の手続により，B会社を設立し，同時に，A会社を設立されるB会社の完全子会社にするという法制度が**株式移転**である。

（18） 株式移転の手続　株式移転の手続の概要を説明する。
　A会社（株式移転完全子会社）は，完全親会社になるB会社（株式移転設立完全親会社）の設立に関する手続と，新設されるB会社とA会社との間での株式交換に関する手続とを同時に進めなければならない。

(ア)　A会社が取締役会設置会社であれば取締役会の決議により，取締役会非設置会社であれば取締役の決定により，B会社の設立およびB会社とA会社との株式交換を内容とする株式移転計画を作成する（会772条1項）。株式移転計画においては，設立されるB会社は発行する株式をA会社の株主に交付しなければならない（会773条1項5号）。

　(イ)　A会社は，株主および新株予約権者への情報開示として，「新設合併契約等備置開始日」から，株式移転計画，株式移転対価の相当性に関する事項，完全子会社の財産の状況に重要な影響を与える事象などを記載した書面または記録した電磁的記録を本店に備え置かなければならない（会803条1項3号，会社則206条）。株主および新株予約権者には，備え置かれた書面・電磁的記録についての閲覧請求権および謄本抄本交付請求権が認められる（会803条3項）。A会社の債権者には閲覧請求権も謄本抄本交付請求権も認められていない。立法者が，株式移転を行うことによりA会社の債権者に不利益は生じないと考えていたからである。

　(ウ)　A会社の株主総会において，特別決議により株式移転計画の承認決議を行う（会804条1項・309条2項12号）。株式移転に反対するA会社の少数株主の保護のために，合併や株式交換におけるのと同様に，株式買取請求権が認められている（会806条）。株式移転完全子会社の株主は，株式移転が法令または定款に違反するときであって，かつ，株主が不利益を受けるおそれがあるときは，同完全子会社に対し株式移転の差止めを請求することができる（会805条の2）。また，A会社の新株予約権者の保護のために新株予約権買取請求権が認められる（会808条1項）。

　(エ)　株式移転では，B会社の設立手続が進行するため株式移転を

理由とするＢ会社の設立登記が必要となり，株式移転の効力はこの登記の時に発生する（会774条1項）。

　(オ)　Ａ会社およびＢ会社は，株式移転の効力が生じた日後遅滞なく，Ｂ会社（株式移転設立完全親会社）が取得したＡ会社（株式移転完全子会社）の株式の数およびその他の株式移転に関する事項を記載した書面または記録した電磁的記録を共同して作成し，効力発生日後6ヵ月間，本店に備え置かなければならない（会811条1項2号・815条3項）。Ｂ会社（設立会社）の成立の日にＡ会社（完全子会社となる会社）の株主または新株予約権者であった者およびＢ会社の株主または新株予約権者は，備え置かれた書面または電磁的記録についての閲覧請求権，謄本抄本交付請求権を有する（会811条4項・815条6項4項）。

---

(19)　株式移転の効果

株式移転の効果であるが，まず完全親会社となるＢ会社が設立され，完全子会社となるＡ会社の発行済株式のすべてが完全親会社となるＢ会社の有するところとなり，Ａ会社はＢ会社の100％子会社（これを完全子会社という）となる（会774条1項）。また，Ａ会社の株主は，有していたＡ会社株式の代わりに株式移転対価の交付を受ける。株式移転対価の中にはＢ会社株式が含まれるので，Ａ会社の株主はＡ会社の株式を失うと同時にＢ会社の株主になる（同条2項）。

---

(20)　株式交付の意義

前述したように，株式交換が行われると，互いに無関係な株式会社どうしから完全親子会社関係が創設される。これに対し，株式交付が行われると，互いに無関係な株式会社どうしから親子会社関係が創設される。結果として完全親子会社関係が創設されることもありうるが，制度とし

ては，たんなる親子会社関係の創設が目的となる。すなわち，株式交付が実行された結果，一方の株式会社は他方の株式会社の議決権総数の過半数に足りる数の株式を取得することになる（会774条の3第2項）。親会社となる会社を株式交付親会社，発行済株式総数の過半数を取得される会社を株式交付子会社という（同条1項1号）。なお，株式交付においては，株式交付子会社の株主のなかから株式交付計画に従うことを望む株主のみが株式を譲渡し，代わりに株式交付親会社から株式交付計画所定の対価を受け取ることになる。したがって，株式交付計画に反対の株主は，株式交付が実行されてその効果が生じたとしても，株式交付子会社に株主として残り続けることができる。株式交付制度を株式交換制度との比較から表現するならば，「任意的株式交換」という名称が考えられる。

株式交付においては，株式交付子会社の株主および新株予約権者は，各自の自由意思によって手続きに参加するから，株式交付子会社の株主，新株予約権者を保護するための規定はない。また，株式交付子会社においてはその株主が有する株式および新株予約権者が有する新株予約権に変動が生じるのみであるから，株式交付子会社の債権者を保護する必要も生じない。これに対し，株式交付親会社の株主および債権者は保護が必要になる。

簡易合併と同様に簡易株式交付（会816条の4）が認められる。

(21) 株式交付の手続 株式交付の手続の概要を説明する。

(ア) 株式交付親会社は取締役会設置会社であれば取締役会の決議により，取締役会非設置会社であれば取締役の決定により，株式交付計画を作成する（会774条の2後段・362条4項柱書・348条）。

(イ)　株式交付親会社は，株式交付計画備置開始日から，株式交付計画の内容，交付対価の相当性に関する事項，株式交付に係る新株予約権の定めの相当性に関する事項，計算書類等の内容，異議申述権を有する債権者があるときは当該債務について株式交付親会社における債務の履行の見込みに関する事項等を記載した書面または記録した電磁的記録を本店に備え置かなければならない（会816条の2第1項，会社則213条の2）。株式交付親会社の株主および債権者には，備え置かれた書面・記録についての閲覧請求権および謄本抄本交付請求権が認められる（会816条の2第3項）。

(ウ)　株式交付親会社の株主総会において，特別決議により株式交付計画の承認を行う（会816条の3第1項・309条2項12号）。なお，株式交付親会社が株式および新株予約権等の譲渡人に交付する金銭等（株式交付親会社の株式等を除く）の帳簿価額が，譲り受ける株式及び新株予約権等の額として法務省令（会社則213条の4）で定める額を超える場合には，株式交付親会社の取締役は株式交付計画を承認する株主総会においてその旨を説明をしなければならない（会816条の3第2項）。株式交付親会社の少数株主の保護のために，株式交付差止請求権，および，株式買取請求権が認められている（会816条の5〜816条の7）。

(エ)　株式交付親会社は，株式交付子会社の株主の中で，株式交付計画に従い株式交付子会社の株式の譲渡しの申込みをしようとする者に，株式交付計画の内容等を通知する（会774条の4第1項）。その後，株式交付子会社の株式の譲渡しの申込みをする者は書面で申込みを行い（同条2項），会社は，申込者の中から株式を譲り受ける者および譲り受ける株式の数を決定し通知する（会774条の5）。

(オ)　株式交付親会社が，株式交付子会社の株式および新株予約権

等の譲渡人に対して交付する金銭等（株式交付親会社の株式を除く）が株式交付親会社の株式もしくはこれに準ずるもののみである場合以外の場合には，株式交付親会社の債権者に異議申述権が認められ，株式交付親会社はそのような債権者に対して債権者保護手続を行なわなければならない（会816条の8）。

(カ)　債権者保護手続の終了後（会774条の11第5項）における株式交付計画所定の効力発生日に株式交付の効力が生じる（同条1項〜4項）。ただし，申込者が譲渡の申込みをした株式交付子会社の株式の総数が会社法774条の3第1項2号所定の下限の数に満たないときは，効力発生日に株式の譲渡は成立せず，株式交付の効力は生じない（会774条の10）。

(キ)　株式交付親会社は，株式交付の効力が生じた日の後遅滞なく，株式交付親会社が譲り受けた株式交付子会社の株式の数およびその他の重要な事項を記載した書面または記録した電磁的記録を作成し，効力発生日後6ヵ月間，本店に備え置かなければならない（会816条の10第1項，会社則213条の9）。株式交付親会社の株主および異議申述権を有する債権者には，備え置かれた書面または電磁的記録についての閲覧請求権，謄本抄本交付請求権が認められる（会816条の10第3項）。

(22)　株式交付の効果

株式交付の効果として，株式交付子会社の株主が譲渡した株式および同新株予約権者が譲渡した新株予約権等が株式交付親会社の有するところとなり，株式交付子会社は株式交付親会社の子会社になる（会774条の11第1項）。また，株式交付子会社の株式および新株予約権の譲渡人は，それまで有していた同社株式および新株予約権の代わりに株式交付

計画で定められた金銭等の交付を受ける（同条2項〜4項）。

⑳ 組織再編行為についての無効の訴え

吸収合併，新設合併，吸収分割，新設分割，株式交換，株式移転，および，株式交付などの組織再編行為においては，ほぼ同様の形成訴訟としての無効の訴えが規定されている。たとえば，吸収合併については，吸収合併契約の内容または吸収合併の手続に吸収合併を無効とするような重大な瑕疵がある場合には，吸収合併の効力が発生した日から6ヵ月以内に，各当事会社の株主，取締役，監査役および合併を承認しなかった債権者等は吸収合併無効の訴えを提起することができる（会828条1項7号・2項7号）。他の組織再編行為についてもほぼ同様である（同条1項8号〜13号・2項8号〜13号）。

11 解散・清算

(1) 解　散

株式会社は，以下に述べる6つの解散事由のいずれかが生じたときに解散する。解散事由は，①定款で定めた会社の存続期間の満了（会471条1号），②定款で定めた会社の解散事由の発生（同条2号），③株主総会の特別決議による解散決議（同条3号・309条2項11号），④会社の合併（消滅会社に限る。会471条4号），⑤会社の破産手続開始の決定（同条5号），および，⑥解散を命ずる裁判（同条6号）である。解散を命ずる裁判とは，824条に定める解散命令および833条に定める少数株主の請求による裁判所の解散判決である。なお，会社は解散してもただちに消滅するわけではなく，清算株式会社として清算の目的の範囲内

で存続するものとみなされる（会476条）。

(2) 清算の開始

会社が解散すると，合併および破産手続開始決定の場合を除き，**清算**の手続が始まる（会475条）。**清算人**について，定款で定める者も株主総会の決議により選任された者もいないときは，それまでの取締役が清算人に就任する（会478条1項）。破産手続開始決定の場合は裁判所により破産管財人が選任され，破産手続が始まる。また，解散を命ずる裁判により解散した場合は，利害関係人もしくは法務大臣の請求により，または裁判所の職権により，清算人が選任される（同条3項）。

取締役が清算人に就任したときは解散の日から2週間以内に，清算人が選任されたときはその日から2週間以内に，清算人の住所・氏名等を本店所在地の商業登記簿に登記しなければならない（会928条）。

(3) 清算人の職務権限

清算人の職務は，現在の業務の結了，債権の取立て，債務の弁済および残余財産の分配であり，これらの職務を遂行するために訴えを提起することもできる（会481条・483条6項・349条4項）。清算人は，清算人となった後遅滞なく会社財産の現況を調査し，財産目録および貸借対照表（清算貸借対照表）を作成し，これらを株主総会に提出して承認を受けなければならない（会492条1項3項）。

(4) 清算手続

会社は，清算手続開始後遅滞なく，債権者に対し一定の申出期間（この期間は最短で2ヵ月）内に債権を申し出るよう官報で公告しなければならない（会

499条1項）。この公告には，債権者が期間内に債権を申し出ないときは，その債権が清算手続から除斥される旨を付記しなければならない（同条2項）。会社がその存在を知っている債権者に対しては，債権を申し出るよう各別に催告をしなければならない（同条1項）。知れたる債権者の債権については，申出がなくとも，清算手続から除斥できない（会503条1項）。清算人は，申出期間内に申出のあった債権を含めすべての債権に対し，原則として申出期間が経過するまでは弁済することができない（会500条1項）。ただし，とくに①少額の債権，②担保の備わる債権，③弁済しても他の債権者を害するおそれのない債権については裁判所の許可を得て弁済することができる（同条2項）。申出期間が経過した後，清算人はすべての債務について弁済する。清算手続においては弁済期の到来しない債務についても弁済することができる（会501条1項）。条件付きの債務，存続期間の不確定な債務および弁済額の不確定な債務については，裁判所の選任した鑑定人の評価により弁済額を定め弁済する（同条2項）。

　清算手続から除斥された債権は，除斥されなかった債権に対する弁済がなされた後に残った財産から弁済を求めることができる（会503条2項）。除斥された債権に対する弁済がなされた後の財産を残余財産という。残余財産は，株主に対し原則として株式数に比例して分配される（会504条2項3項）。ただし，不法行為を原因とする債務のように，その存否や債務額等について争いのある債務については，必要と認める額に相当する財産を清算会社に残しておき，これ以外の残余財産を株主に分配することができる（会502条但書）。

　清算事務が終了すると，清算人は遅滞なく決算報告を作成し，株主総会を招集し，株主総会に決算報告を提出してその承認を得なけ

ればならない（会507条1項3号）。株主総会で決算報告が承認されると清算は結了し，会社の法人格は消滅する。株主総会での承認の日から2週間以内に本店所在地の商業登記簿に**清算結了**の登記をする（会929条）。

| (5) 特 別 清 算 |

清算手続が開始した後，清算手続の遂行に著しい支障をきたす事情または債務超過の疑いのある場合には，債権者，清算人，監査役もしくは株主の申立てにより，裁判所は**特別清算**の開始を命令することができる（会511条・510条）。清算人は，債務超過の疑いのある場合には，特別清算開始の申立てをしなければならない（会511条2項）。

第**3**章 商 行 為

> 本章では，企業がその事業の展開として行う取引を中心に勉強する。
> 商法典は，代表的な企業取引の類型を「商行為」として規定し（ただ
> し，絶対的商行為については例外），それぞれの類型にふさわし
> い種々の規定を設けている。ここでは，それぞれの商行為が，企業
> 取引としてどのような特質をもっているのか，そして民法の原則と
> 照らしあわせて，特にどのような工夫がなされているのかを考察す
> る。また，商法典が必ずしも取り上げていない，企業取引の現代的
> な側面にも勉強の対象を広げて，考察してみる。

1 商法が規律しようとするもの

(1) 企業取引の特性

商法は，企業の取引の法律関係を規律する
ものとして，特に民法に優先して適用され
る。その意味で，商法は，私人間の法律関係全般を規律する「一般
法」である民法に対しては，「特別法」の地位に立つ。では，商法
が適用されることとの関係では，企業取引としてのどのような性質
が着目されるだろうか。

いま，大手電機製品メーカーであるＡが自社製品の系列の卸売
業者であるＢに，パソコンを売り渡す契約をする場合を考えてみ
よう。これは法律的には売買契約であり，基本的には，民法 555 条

以下の規定が適用される。しかし，その経済的な実質は個人どうし
が中古のパソコンを売り買いするような場合と大きく異なっている。
つまり，同じパソコンの売買契約といっても，その量は，1機や2
機といった単位ではなく，むしろ数百・数千の単位で取引されると
考えるのが適当であろう（大量性）。また，1回かぎりで両者の取引
関係が終わるということは通常考えられず（反復性），特に系列卸売
業者であるBは，主としてAの製品のみを引き受けて販売するの
であるから，Aのパソコン販売（マーケティング）政策に組み込まれ
て，高度の組織性，計画性の下に，継続的に取引されるはずである
（計画性・継続性）。そして，もちろん，企業取引の最も重要な特性と
して，売主であるAも，買主であるBも，営利を目的として，こ
の取引関係を結んでいるということが挙げられる（営利性）。すなわ
ち，メーカーであるAは，製品の販売価格が製造コストを超える
ように設定して，その差額を利潤として追求するし，卸売業者であ
るBは，たとえば小売販売店に転売する際の卸売価格を，Aから
の仕入価格よりも高く設定して，その差額を利潤として追求するの
である。

　さらに，企業取引は，その営利性からして，迅速に処理，決済さ
れることが要求されるし（迅速性），それとの関係で，同一当事者間
で大量に反復される同種の取引をできるかぎり一定の定形（雛形）
の下に合理化しようという工夫が加えられることになる（定形性）。

(2) 取引の安全保護

最後に，このように継続・反復される大量
の企業取引が迅速になされるためには，そ
れぞれに積み重ねられていく個々の取引の効果が，できるだけ後に
なってくつがえされないようにしなければならない。言い換えれば，

個々の取引に対する相手方当事者もしくはその取引に利害関係を有する者の信頼を保護することが要求される。ここに，商法を貫く一大原則である**取引の安全保護**が，民法の場合に比べて，特に強く要請されることになる。

　こうして，一般私人間の取引とは区別された企業の取引には，営利性・計画性・継続性・大量性・反復性・定形性といった諸特性が認められ，商法は，取引の安全保護を中核として，このような諸特性に対応しうる法的規整を用意しようとしているのである。

2 商行為の類型

　商法は，上で述べたような特性を持つ企業取引を**商行為**という概念でとらえ，これをいくつかの類型に分けて規定している。**基本的商行為**とよばれるものに，**絶対的商行為**と営業的商行為がある。この基本的商行為をベースにして商人概念が導かれ，さらに商人概念をベースにして**付属的商行為**が導かれる。

| (1)　絶対的商行為 |

501条は，1回かぎりの意思で行われても商行為となるべき行為類型を挙げる。その意味で，「絶対的」商行為とよばれ，営業として継続・反復する意思で行われてはじめて商行為となる502条の「営業的」商行為と区別される。その趣旨は，501条の掲げる行為はいずれも営利性・投機性の極めて強い類型のものだからであると説明される。しかし，これでいくと，ある個人が絶対的商行為を1回かぎり行った場合，彼は商人ではないけれども（4条1項は，「商行為をすることを業とする

者」を商人と定めている），この非商人の行為に商法が適用されるという事態を招くことになる。商行為法を企業の取引に関する法ととらえる立場からは，このような事態は例外と考えるほかなく，したがって立法論的には，絶対的商行為の概念を破棄するべきとの声も少なくない。

501条は絶対的商行為として次の行為を挙げている。

① 転売して利益を得る目的で，動産，不動産，有価証券を購入すること（**投機購買**），および購入した目的物を転売すること（**投機購買の実行行為**）（1号）。たとえば，Bが将来の値上がりを見越して，高値で転売する意思でAから土地を購入することは商行為となる（投機購買）。さらにその後実際にこの土地をCに売却するとそれもまた商行為となる（投機購買の実行行為）。農業や漁業によって原始取得された物を転売する行為は本号にはあたらないが，他人から取得した物を製造・加工したうえでこれを転売する場合には，原材料の購入は投機購買となり，その製品の売却は実行行為にあたる（大判昭4・9・28〈商百選27〉）。

② 将来購入する予定の動産・有価証券を他人に売却すること（**投機売却・先物売り**），およびその先物契約の義務の履行のためにする目的物の購入（**投機売却の実行行為**）（2号）。たとえば，Bが将来の値下がりを見越して，現在の価格で，将来取得する予定のパソコンをCに売却することは商行為となる（投機売却・先物売り）。さらにその後このパソコンをAから買い付けることもまた商行為となる（投機売却の実行行為）。

③ 取引所の取引（3号）。代表的には商品取引所や証券取引所（金融商品取引所）において行われるような，代替性のある動産や有価証券を対象に，一定時期に，一定の場所で，一定の方式に従って

大量になされる取引は商行為となる。もっとも，証券取引所（金融商品取引所）および商品取引所における取引については，それぞれ金融商品取引法，商品先物取引法が具体的に規律している。

④　手形その他の商業証券に関する行為（4号）。手形・小切手（支払証券），船荷証券・倉荷証券，または株券・社債券等（投資証券）のように広く有価証券一般を対象とした，振出し，裏書，保証，引受け等の証券上の行為は商行為となる。もっとも，これらを規律する法としては，手形法，小切手法，商法600条以下（倉荷証券），757条以下（船荷証券），会社法214条以下（株券），会社法687条以下および担保付社債信託法（社債券）があり，具体的な問題の処理はこれらの法律の規定によることになる。なお，これらの法律に矛盾しない範囲において，民法520条の2以下（有価証券）の規定が適用されることになる。

---

(2)　営業的商行為

502条は，それが営業として行われた場合に商行為となる行為類型を挙げる。「営業として」とは，該当する行為を「営利の目的」をもって「継続・反復する」ことを意味する。フランチャイズなどの現代的な企業取引のように本条に規定された行為以外でも，本条の拡張適用等によって営業的商行為とされる可能性があるかという問いについては，本条を限定的に列挙したものとする通説の立場からは，否定されることになる。商法の適用範囲を明確に画するという目的のためには，このように考えるほかはないだろう。

502条は営業的商行為として次の行為を挙げている。

①　他人に賃貸するための動産・不動産の購買・賃借（1号）。たとえば，Bが大家として賃料収入を得ることを期待して，Aから当

該家屋を購入もしくは賃借し，そしてそれを実際に借家人Cに貸す場合，AB間とBC間のいずれの段階の行為も商行為となる。このような家屋賃貸業のほかに，レンタル業，リース業等も，この類型の商行為にあたる。

② 他人のための製造・加工（2号）。他人の提供する原材料もしくは他人の計算（他人の出費）で購入された原材料に製造・加工するような事業がこの類型に属する。製造とは原材料に労力を加えて性質や用途の全く異なる物とすることをいい，紡績，醸造，機械器具製造などがこれにあたる。加工とは，物の同一性を失わない程度に材料に変更を加えることをいい，クリーニング，染色，鍛冶，精米，和洋服仕立，食料品の委託加工などがこれにあたる。なお，自己の原材料に製造・加工を行って売却するような場合は本号にはあたらない。

③ 電気またはガスの供給に関する行為（3号）。

④ 運送に関する行為（4号）。運送営業（569条）がこれにあたる。

⑤ 作業または労務の請負（5号）。2号が，動産を対象とする製造・加工を規定するのに対して，本号の「作業の請負」は，不動産または船舶に関する工事の請負契約を規定する。鉄道，道路，橋，船舶など，さらには家屋の建築・修繕（メンテナンス）を内容とする事業がこれにあたる。

「労務の請負」とは，労働者の派遣事業を意味し，今日では労働者派遣事業法（正確には，「労働者派遣事業の適正な運営の確保及び派遣労働者の保護等に関する法律」という長い名前の法律）の下で，厚生労働大臣の許可事業として規制されている。

⑥ 出版，印刷，または撮影に関する行為（6号）。

⑦ 客の来集を目的とする場屋の取引（7号）。たとえば，貸しホ

ールのように客の来集に適する設備を置いて，これを有償で利用させる契約をいう。料理屋，飲食店，旅館，ホテル，浴場，劇場，遊園地，野球場，ボウリング場，パチンコ店などのように来集する客に設備を利用させると同時に，その需要に応じる各種契約も本号に含まれると解されている。理髪店については，判例（大判昭12・11・26民集16巻1681頁。美容院についてもこれを消極に解するものとして，東京地判平2・6・14判時1378号85頁参照）はこれを場屋取引に含めていないが，今日では場屋取引であると考えるのが通説である。

⑧　両替その他の銀行取引（8号）。本号にいう「銀行取引」とは，金銭を媒介する行為，すなわち不特定多数の者から預金もしくは貯金により資金を受け入れる**受信行為**と，このようにして糾合した資金を貸付け等により需要者に融資する**与信行為**の両方を行うことを意味する。したがって，与信行為のみを行う貸金業者（いわゆるノン・バンク）の営業は，同号にいう銀行取引にはあたらない。

⑨　保険（9号）。今日，保険の法的形態としては，保険会社が保険契約者との間で，対価（保険料）を得て一定の保険事故の際に保険金を給付することを約束する**営利保険**と，保険契約者が保険の主体である相互保険会社の社員となる**相互保険**があるが，本条によって商行為となるのは，営利保険の方である。

⑩　寄託の引受け（10号）。他人のために物の保管を引き受ける行為を指し，倉庫営業（599条）がこの類型の典型例である。

⑪　仲立ちまたは取次ぎ（11号）。**仲立ち**とは他人間の法律行為の媒介を引き受ける行為を指す。仲立ちの場合，仲立ちをする者は契約当事者とはならない。媒介代理商（27条。第1章**6**参照）や仲立人（543条）がこれにあたる。宅地建物取引業者の営業も本号の仲立ちにあたる。宅建業者の媒介する個人間の居住用土地・家屋の売買そ

れ自体は商行為にはあたらないが，その媒介を業として引き受けることが本号により商行為とされるのである（民事仲立）。

取次ぎとは，自らの名前で，他人（委託者）の計算で取引することをいう。自己の法律行為によって他人（委託者）にその効果を帰属させる点で代理と類似するが，代理の場合はあくまで本人（委託者）と相手方との間に法律関係が成立するのに対し，取次ぎの場合は，法律関係はあくまで取次人と相手方との間に成立し，ただ経済的効果が委託者に帰属するにとどまる。取次ぎを営業とする商行為の類型として，物品の販売もしくは買入れを目的とする者は「問屋」（とい や）（551条）とよばれ，物品の運送を取次ぎの目的とする者は「運送取扱人」（559条）とよばれる。問屋の代表例は，証券会社である。証券会社は，顧客の委託に基づき，顧客の計算において，自らの名前で，証券取引所（金融商品取引所）において上場有価証券を売買する。

⑫　商行為の代理の引受け（12号）。委託者である本人のために商行為となる行為の代理を引き受けることを目的とする。締約代理商（27条。第1章*6*参照）の行為が，この類型の商行為の典型例である。

（3）付属的商行為

503条は，商人が，その本来の営業のためにする行為は，たとえそれ自体が営利性を持たず，また継続・反復してなされるものでないとしても，これに商行為としての法的効果を与えることによって，商取引に対する合理的かつ一貫した法的規整を備えようとしている。ここでいう商人には，501条および502条の基本的商行為を営業として行う固有の商人（4条1項）のみならず，擬制商人（同条2項。第1章*1*参照）も含まれる。

会社の場合は，会社が「その事業としてする行為」だけでなく，「その事業のためにする行為」が商行為とされ（会5条），商行為でない会社の行為というものは観念できないと解されてきた。しかし，最高裁は，会社の行為にも商法503条2項が適用されることを認め，会社の行為であっても，たとえば代表取締役による全く個人的な行為と考えられるような場合には，「その事業のためにする行為」ではないとして，商行為性を否定すべきことがあることを強く示唆した（最判平20・2・22〈商百選29〉）。自然人が商人である場合には，性質上，当然，その活動には，必ずしも営業のためにするわけではない個人としての行為も含まれるため，付属的商行為となるべき範囲を画定する必要がある。

　営業のためにする行為としては，たとえば物品の販売を業とする商人が，商品の運搬のために運送会社と締結する運送契約，営業所となる不動産を目的とする売買契約または賃貸借契約，営業資金を銀行から借り入れる消費貸借契約のほか，取引先の便宜のために金銭を貸し付ける行為や取引先が第三者に対して負う債務を保証する行為のように広く営業を有利に導くための行為もこれに含まれる。また，たとえば八百屋を営業する商人が，営業用兼住居用の家屋全体を改築するために銀行から資金を借り入れるような行為も，営業のためにする行為として付属的商行為となる。さらには，商人が営業のために従業員を雇い入れることを目的とする雇用契約も，付属的商行為に含めて考えるべきである（最判昭30・9・29民集9巻10号1484頁）。

　商人の行為は営業のためにするものと推定されるため（503条2項），営業のためになされたものではないことが証明されないかぎり，それは商行為として扱われることになる。

3 商法が適用されることによる効果

　商法は，本章 *1* で見たような企業取引の特性に鑑_{かんが}みて，次のような諸規定を設けている。

　(1)　営利性から説明されるもの――報酬請求権 (512条)・利息請求権 (513条)。

　(2)　迅速性から説明されるもの――商行為の代理 (504条)・商行為の委任の特則 (505条・506条)・諾否の通知義務 (509条)・物品保管義務 (510条)・債務の履行場所 (516条)。

　(3)　取引の安全保護から説明されるもの――連帯債務の原則 (511条)・契約による質物処分 (515条)・商人間の留置権 (521条)。

　以下，これらのうち，重要と思われる規定につき検討する。

---

(1)　営利性から説明されるもの

　(ア)　報酬請求権　512条は，商人が他人の利益のために自己の営業に属する行為をした場合に，その対価として報酬を請求できることが原則であることを規定する。たとえば，宅地建物取引業者が，依頼者である売主のために不動産の買主となるべき者を見つけて，両者の間に売買契約を成立させた場合，民法によれば売主と宅建業者との法律関係は委任契約 (民643条) であり，特に合意していないかぎり宅建業者は売主に成功報酬を請求できないことになるが (民648条1項)，宅建業者は商人であるから (民事仲立，502条11号・4条1項)，特に報酬をあらかじめ定めていなくても，512条によって，取引通念上合理的な報酬額を当然請求できることになる。で

は，宅建業者は，依頼主でない不動産の買主に対して，512条に基づき，報酬を請求することができるだろうか。この点，最高裁は，委託等による契約の成立を前提としなくても，当該商人に「他人（この場合，相手方）のためにする意思」があれば，512条による報酬請求を認めうることを判示した（最判昭44・6・26〈商百選34〉）。もっとも，当該相手方にとって不意打ちにならないために，「他人のためにする意思」は相手方において認識され，あるいは相手方において承認されるなど，「客観的」なものでなければならないと解される（最判昭50・12・26民集29巻11号1890頁）。

　(イ)　利息請求権　　513条1項は，商人間で金銭の消費貸借（貸付け）契約がなされた場合には，利息について特段の定めをしていなくても，貸主は法定利息（民404条）を当然請求できることを規定する。民法上の消費貸借契約が無償性を原則としていること（民589条1項）に対する特則である。

```
(2) 迅速性から説明
    されるもの
```

　(ア)　商行為の代理　　504条本文は，本人との関係において商行為を代理する者が，本人を代理する旨を相手方に対して表示しなかった場合であっても，原則として本人と相手方との間で法律上の効果が生じることを規定する（**非顕名主義**）。民法においては，代理人は相手方に対して，法律行為が本人のためになされるものであることを明らかにしなければ，原則として，その法的効果は本人に帰属しないとされるから（**顕名主義**，民99条），本条は，代理における民法上の原則の重要な例外となる。その理由としては，営業主が商業使用人（代理人）を使用して継続的かつ大量に取引をなすような場合には，いちいち本人（営業主）の名前を表示するのは煩雑で

あり，相手方においてもその取引が本人（営業主）のためになされたものであることを知っている場合が多いから，商取引の迅速性の要請によって認められた規定であると説明される。

この非顕名主義の原則に対して，504条但書は，相手方がこの取引が本人のためになされたことを知らないときには，代理人に対して履行の請求をすることを妨げないと規定する。但書の趣旨を，本文との関係でどのように理解するかについて，判例は，法律関係はまず本文によって本人－相手方間に成立するが，相手方が過失なく本人との取引であることを知らなかった場合には，但書により代理人－相手方間にも同じ法律関係が成立し，相手方はその選択にしたがって本人との関係を否定し，代理人との関係を主張することができるというように構成する（最大判昭43・4・24〈商百選30〉）。なお，この点の理解については争いがある（商争点II 111）。

(イ) 商行為の委任　　商行為の受任者は，特に委任を受けていない行為であっても，善管注意義務に従う限りにおいて，委任者のためにこれを行うことができる（505条，民644条）。また商行為の委任による代理権は本人の死亡によっても消滅しないと定められ（506条），民法111条1項1号の例外となる。その趣旨は商人（本人）による企業の継続性を重視したことによる。それゆえ非商人による絶対的商行為に係る委任には506条は適用されない（大判昭13・8・1民集17巻1597頁は，委任行為自体が委任者にとって商行為である場合に限られると判示した）。

(ウ) 申込みに対する諾否の通知義務　　承諾期間を定めない申込みに対する承諾が取引通念上合理的な期間内になされない場合，民法によれば申込者はこれを撤回しうる（民525条1項）が，商法は508条1項において申込者の撤回を待たずに当然に申込みの効力が

失効するものと定め，企業取引の迅速性の要請に応えようとしている。しかし，日常的に同種の取引が反復・継続されている商取引においては，たまたまある時点の注文（申込み）に対して注文請書（承諾）が出されなかったからといって，その取引が成立しないとするのは，かえって取引当事者の合理的な意思ないし期待に反することになろう。このような場合，申込者においては，従来どおり注文が通ったと考えるのが普通であるし，承諾者においてもこのような期待が申込者に生じることは当然考慮すべきことであるから，承諾する意思がないのに遅滞なく返答しなかった場合に，承諾したものとみなされてもあながち不当だとはいえない。そこで，509条2項は，商人が，継続的に取引関係にある相手方から，その取引に属する契約の申込みを受けた後，遅滞なく承諾するか否かの返答をしなかった場合には，これを承諾したものとみなすと規定する。このように509条2項は，商業的合理性の観点に立って，承諾の意思表示を積極的に擬制するものであり，民法525条1項，商法508条1項の特則としての位置に立つ。

（エ）　物品保管義務　　商人がその営業に関して受けた申込みに対して承諾をしないときでも，申込みとともに物品を受け取ったときは，申込者の費用をもってその物品を保管しなければならない（510条）。民法697条（事務管理）によらず，このような義務を買主（商人）に課す趣旨は，「商取引を迅速かつ円滑に進めるとともに，当該商人に対する相手方の信頼を保護するため」である（大阪地判昭63・3・24判時1320号146頁）。

⑺　連帯債務の原則　　511条1項は，複数の者が負担する債務が，商行為となる行為によって，1人または全員のためになされたものである場合には，全員がこの債務に対して連帯して責任を負うことを規定する。たとえば，A，B，Cの3人の友人が，共同出資してコーヒーショップを経営しているとしよう（この場合，3人の法律関係は原則として民法上の組合契約となると考えられる。民667条以下参照）。そこで代表者のAが営業に使うコーヒー豆を業者から購入する場合，その代金債務に対して各組合員はどのように負担することになるだろうか。民法の原則からすれば，3人の損益分担に従って，各人がそれぞれ債権者たるコーヒー豆の納入業者に対して部分的に（たとえば3分の1ずつ）債務を負担することになる（**分割債務**，民668条・674条。ただし，民675条）。しかし，このケースでは，コーヒーショップの営業（場屋営業，502条7号）を行うA，B，Cはそれぞれ商人となり（4条1項），Aが営業のためにしたコーヒー豆の売買契約は商行為となるから（付属的商行為，503条1項），511条1項によると3人は代金債務全額につき債権者に対し**連帯責任**を負うことになるのである。

　また，511条2項は，保証人の責任に関し，主たる債務者の債務が商行為に基づくものであるか，または保証それ自体が商行為にあたる場合（商人による保証に限らず，銀行が非商人に保証させるような場合も含まれる〔大判昭14・12・27民集18巻1681頁〕）には原則として**連帯保証**になると規定する。これは，特に連帯保証となるべき旨を明示的に合意しないかぎり単純保証と解されるという民法上の原則（民454条参照）に対する特則となる。上の例でいえば，コーヒー豆の代金債務のために，当該コーヒーショップの代表者Aの友人Dが保証

人となる場合，主たる債務が商行為に基づくものなので，Dの責任内容は連帯保証となる。連帯保証の場合には，単純保証の場合の保証人に認められるような催告・検索の抗弁権（民452条・453条）を，債権者に対抗することができなくなる（民454条）。

なお，建設工事共同企業体（ジョイント・ベンチャー）の債務に511条が適用された事例として，最判平10・4・14〈商百選33〉参照。

(イ)　商人間の留置権　　521条は，**商人間の留置権**について定める。留置権とは，担保権の一種である。たとえば，Aが海外旅行している間その所有する宝石を，対価を払う約束で友人Bに預かってもらったとする。このとき，民法657条の寄託契約が成立しており，Bは対価をAから支払ってもらうまではこの宝石をAに引き渡さないことができる（民295条）。これは民法上一般的に発生する留置権（**民事留置権**）である。しかし，たとえばAが貴金属店を営む商人で（501条1号・4条1項），あらたな取引先を開拓するために海外に出かけ，その間，高価品預り業者であるBに商品である宝石を預けておくというような場合には（Bは502条10号・4条1項により商人となる），宝石の保管料の請求権は，商人間において双方にとって商行為となるべき行為（Aにとってはこの寄託契約は503条によって付属的商行為となる）によって生じたものとなり，よって521条によりBはこの商品の上に特に商人間の留置権を取得することになる。

では，この商人間の留置権は民事留置権とはどこが違うのか。たとえば，上の例で，BがAから別途依頼された時計を保管しているとしよう。この場合，もしAが個人消費者（非商人）であるときは，保管料は宝石と時計のそれぞれにおいて生じるから，Aが宝石の分の保管料を滞納しているからといって，Bが別に保管してい

る時計を引き渡さないということは認められない。しかし，Aが貴金属販売業者（商人）で，商人間の留置権が問題になる場合には，時計が，その債務者（A）との間の商行為によって自分（B）の占有するところとなった債務者（A）所有の物である以上，宝石の保管料の支払いのために，Bはこの時計の上にも留置権を行使できることになる。

また商人間の留置権によって担保される債権も，この場合，保管料にかぎらず，たとえばBがAに営業資金として1000万円を貸し付けている場合，この消費貸借契約はAB双方にとって付属的商行為となると考えられるから，BがAに対して有する貸金債権も，双方にとって商行為となるべき行為によって生じた債権にあたり，Bはこの債権のために，自己が占有する受寄物（宝石や時計）の上に留置権を行使できることになる。こうして，商法は商人間の取引から生じる債権の保護を強化することによって，商取引のより活発な展開を法制度の面から保証しようとしている。

商人間の留置権が実務上重要な意味を帯びてくるのは，債務者が破産，倒産した場合であり，他に有力な担保手段を持たない債権者にとっては，この留置権が絶大な効果を発揮する。建築請負契約における注文主の倒産ケースで，請負人が当該敷地についてこの留置権を行使しうるか，という問題につき，東京高決平11・7・23〈商百選36〉（近時の判例として，東京高決平22・9・9判タ1338号266頁，大阪高決平23・6・7金法1931号93頁）を参照。請負人の敷地に対する占有は「自己のためにする占有」または「独立の占有」とはいえないとして商人間留置権の成立を否定する見解のほか，権利の成立を認めつつ，当該敷地上に先に成立していた抵当権には対抗できないと考える見解がある。

また，手形の割引や取立委任等を原因として，当該手形につき，商人間留置権を取得した銀行が，委任者が破産した場合に，当該委任者に対して有する債権につき，当該手形に対する留置権の実行として，手形取立金から弁済の充当を受けることを認めた判例として，最判平10・7・14〈商百選37〉を参照（同様のケースで，取立委任者につき民事再生手続が開始された場合にも，銀行は銀行取引約定にもとづいて実行した当該手形の取立金から，当該委任者に対して有する債権につき，弁済の充当を受けることができると判断された〔最判平23・12・15〈商百選38〉〕）。

4 約款の効力とその規制

現代の企業活動は，大量生産・大量消費とそれに伴う取引の画一化によって特徴づけられる。ここから，今日の企業取引の重要な部分が取引約款によって規律されるという現象がみられる（約款の意義については，序章 *2*(1)(ウ)参照）。

約款には，企業ないし企業団体がその優勢な交渉力によって自己に有利な規定を，あらかじめ盛り込んでおくことが少なくない。特に問題となるのは，顧客の側に発生した損害に対する企業の責任を大幅に免除するいわゆる**免責約款**，紛争が生じた場合の裁判管轄を，あらかじめ企業の側の本店所在地に定めておく裁判管轄条項や，企業側に偏向した仲裁人による仲裁判断を受容させる仲裁条項，約款作成者の側の一方的な判断で取引を終了できる任意解約条項などである。このような取引相手方に不当に不利な約款をどのようにコントロールするかということが，商行為法の観点からも重要な課題となる。

(1) 立法的規制　約款規制の方法としては，**立法的規制・行政的規制・司法的規制**の3つが挙げられる。立法的規制とは，特に一方的ないし不公正と思われる類型の約款条項を法律上当然に無効としたり，一定の合理的範囲内に修正されることとしたり，あるいは特に必要な事項については法律においてその規制の仕方を定め，これに反する約款を許さない（強行規定）こととするような，法律による約款規制のことである。**消費者契約法8条から10条**が定める契約条項の全部もしくは一部無効は，一般的な約款規制法として，この典型といえる。さらに，平成29年民法改正により，民法548条の2から548条の4まで，一般的な約款に対する法的規律が整備された。民法548条の2第1項は「定型約款」の意義を規定し，合意が擬制される場合を定め，同条2項は「不当条項」につき不同意が擬制されることを規定している。民法548条の4は定型約款の変更につき合意が擬制される要件を定める。このような民法の規律が設けられたのは，定型約款中の個別の条項の拘束力の有無や定型約款の変更の可否に関する紛争について適切な解決の枠組を示す点にある，とされる。この点で，消費者保護などの政策課題は，依然として消費者契約法などに委ねられていると解される。

(2) 行政的規制　行政的規制とは，業界を監督する**行政官庁による事前のチェック**を，約款使用の条件とする方法であり，最も一般的な手段である。代表的な例としては，保険会社が保険事業の免許を申請する場合，取引約款を添付書類として内閣総理大臣に提出して審査を受けなければならないし，約款を変更する場合にも認可が必要とされる（保険業4条2項3号・123条1項）。このように，約款が実際に使用される前に，行政官庁によっ

てその妥当性が審査されることになるのである。また，そのほかにも，約款を広く公衆に開示することを要求したり，約款を事前に行政官庁に届け出させるというような方法もとられている（届出の例として，倉庫寄託約款。倉庫8条）。

---

(3) 司法的規制 司法的規制とは，具体的に約款の特定の条項をめぐって争いが生じた場合，裁判所がその事件において，問題とされた約款の解釈を通じて，不当な約款の効力を否定したり，制限したりすることを指す。特に有名な約款解釈の法原則は，「疑わしきは約款作成者に不利に」というものである。また公序良俗（民90条）や信義誠実の原則（民1条2項）など一般規定が用いられることも少なくない。しかし，司法的規制は，個別的・事後的である点で，あくまで一般性・予防性に優れた立法・行政的規制の補充的な役割を担うにとどまるというべきである。

5 企業間の売買（商事売買）

　企業取引の中核を占めるのはいうまでもなく売買である。物（不動産・動産）や権利，さらにはサービスも含めて，売買の対象は広範囲にわたる。そして今日の企業取引の重要な部分の多くは継続的取引である。

　商法は，524条から528条まで「商人間の売買」に関する規定をおき，取引の迅速と円滑をはかるために，もっぱら売主の保護に重点をおく。しかし，これらはあくまで契約が1回かぎりで，しかも短期間に決済されてしまう取引のモデルを念頭においたものであり，

民法の売買規定の特則としての地位には立つものの，企業取引の現代的な特徴をとらえて，総合的にこれを規律しようというものではない。そこで，以下では，現代の企業取引の特徴をなす**継続的取引**にも踏み込んで検討する。

(1) 目的物の供託・競売

524 条は，商人間の売買において，買主が目的物を受け取らない，もしくは受け取ることができないときは，売主はこれを供託するか，相当の期間を定めて催告し，そのうえで，これを競売手続に付することによって，自己の売主としての義務を免れることを定める（**自助売却権**）。買主による目的物の受領拒絶等に対して，民法上認められる売主の対抗策は，原則として供託であり，ただ目的物が供託に適しないか，滅失・損傷等により価格の低落のおそれのあるとき，もしくはその物の保存について過分の費用を要する等，供託が困難な事情があるときにかぎって自助売却が認められるにとどまるから（民 494 条・497 条），売主の選択権を認める商法上の自助売却権は，民法の特則であるということができる。このことによって，商人である売主は，債務不履行に陥ることなく，しかも商品の迅速な換価を期待することができるのである。

(2) 確定期売買の解除

525 条は，**確定期売買**において期限内に履行がなされなかった場合で，買主がすぐ履行を請求しないときには，その売買契約は解除されたものとみなす。確定期売買とは，契約の性質上または当事者の意思表示によって一定の時期または期間内に目的物が引き渡されなければ，もはや契約の意味をなさなくなるような売買をいう。たとえば，クリスマス用

にケーキを注文したのに，12月25日を過ぎてもケーキが引き渡されない場合がこれにあたる。

　このような場合，民法542条1項4号によれば，買主は相当期間の催告をすることなく，即時にその売買契約を解除することができるが，それでも買主が解除の意思表示をしなければ，その効果は生じない。つまり買主に解除するか否かの選択権があることになる。しかし，それでは特に買主が商人であるようなときには，もはや当初の意義を失った物ではあっても，なおその商品の転売のメリットを計算し，たとえばその時点で市場価格が契約価格よりも高騰しているのをよいことに，その商品の引渡しを求めるという行動に出ることが考えられる。反面，売主は，自らの債務不履行によるものではあっても，当初の期日・期間が過ぎても，なお，買主の投機的な意図によって，解除されるのかどうかが定まらないまま，履行の準備を続けなければならないという不安定な地位におかれることになり不都合である。そこで，商法はこのような不安定な売主の地位を救済し，早期に法律関係を確定させるために，買主がただちに履行請求しない場合，契約を解除したものとみなすこととした。

(3) 目的物の検査・通知義務

526条は，民法において規定された**売主の担保責任**の特則である。たとえば，売買の目的物が，種類，品質，数量に関して契約の内容に適合しない場合で，そのことにつき買主に帰責事由がないときは，買主は売主に対して，履行の追完（目的物の修補，代替物の引渡し，不足数量分の引渡し）を請求することができる（民562条）。また，相当の期間の催告をもってしても履行の追完がなされないとき，あるいは一定の事由がある場合はただちに代金の減額を請求すること

ができる（代金減額請求権）（民563条）。ただし，目的物の契約不適合が「種類又は品質」について認められる場合には，それについて売主に悪意・重過失がないかぎり，買主は，当該不適合を「知った時から」1年以内に売主に通知しなければ，履行の追完請求，代金減額請求さらには債務不履行による損害賠償請求または契約の解除（民564条参照）（売主の担保責任）を保全することができない（民566条）。ところで民法は，目的物を受け取ったときに，買主がこれを注意深く検査する義務を規定していないから，売買の後しばらく経ってから目的物の種類または品質についての契約不適合を発見しても，その時点からさらに1年間，買主は売主の担保責任を保全できることになる。したがって，売主としては履行後も，長期間，責任を追及される可能性に備えなければならないという不安定な地位におかれることになる。これでは迅速性を旨とする商取引において，権利関係の安定性を著しく阻害することになり，不都合である（もっとも，判例によれば，民法上の担保責任に基づく損害賠償請求権は，買主が目的物の引渡しを受けたときから，10年の消滅時効〔平成29年改正前民167条1項・民166条1項2号〕に服するとされた〔最判平13・11・27民集55巻6号1311頁〕。

　そこで，526条は，商事売買の買主に，商品の受領後すぐに相当と思われる検査を行う義務を課し（1項），もし種類，品質，数量に関して契約不適合を発見したら，ただちに売主に通知し，売主に適当な善後策をとらせるようにしているのである（「受領」の意義が経済的な意味での検査可能性という観点から判断されることにつき，大阪地判昭61・12・24民集46巻7号1135頁〔最判平4・10・20〈総百選53〉の第一審〕参照）。もし，この作業を怠った場合には，たとえ後になって契約不適合が発見されても，もはや買主は売主の担保責任を追及できない。また，たとえ商品受取後の相当の検査によって契約不適合が発

見されなかったときでも，6ヵ月以内に発見した商品の種類または品質に係る契約不適合については，これをただちに売主に通知しなければ，やはり担保責任を追及することはできない（2項）（商品受領後，6ヵ月経過後は，もはや同条による権利行使はできないとするのが判例である〔最判昭47・1・25〈商百選41〉〕が，学説上は異論もある〔商百選42解説参照〕）。もっとも，この商品の契約不適合につき，売主が知っていた場合には，このような売主を保護する必要はないから，以上の規定は適用されない（3項）。

(4) 目的物の保管・供託義務

527条は，商事売買の買主が，526条1項に基づき，商品の契約不適合を通知し，当該売買契約を解除した場合には，売主の指示があるまで，当該目的物を売主の費用において保管もしくは供託しなければならないことを定める（527条1項）。本来，契約が解除された場合には，売主・買主にそれぞれ原状回復義務が課せられるから，買主としてはすでに引き渡された目的物を売主に返還すべきことになるが，迅速性を旨とする商取引にあっては，売主はいったん返還してもらうよりも，ただちに転売や適当な処分を買主にしてもらうことが便宜である。そこで，このような保管もしくは供託の義務を買主に課したのである。同様の理由で，目的物が滅失・損傷するおそれがある場合には，裁判所の許可を得て競売し，商品の価値を損なわないようにする義務を買主に課している（同条1項但書）。この場合，買主は代価を保管または供託し，競売したことを売主にすぐに通知しなければならない（同条3項）。もっとも，売主が当該商品の契約不適合を知っていた場合には，526条の場合と同様，このような売主を保護する必要はなく，買主は以上の義務から免れる。

なお，527 条の規律は，品違い商品が引き渡された場合の当該商品の返還や，数量オーバーの商品が引き渡された場合の超過分の返還について準用される（528 条）。

| (5) 継続的取引契約 |

企業間の取引は，多くは継続的取引契約においてなされる。それには，次のような理由が考えられる。もし，企業活動を個別的な契約によって展開しようとすれば，買主もしくは供給を受ける側の立場からすればその企業活動に必要な原材料・資源・部品等の供給先を，売主もしくは供給者の側から見れば商品の販路となる取引先を，そのつど探し出して，契約条件を交渉していかなければならず，さらに相手方の信用度が未知であることから種々の信用保全手段を備えなければならない。これらの取引交渉コストは決して小さいものではない。しかし，ここで継続的な取引契約を選択すれば，安定した取引先を確保できるし，しかも取引関係の深化に伴い信頼関係が醸成されることによって上で述べたような種々のコストを節約できるというメリットがある。また，このメリットを活かして，購入・生産・販売という企業活動全体において，比較的長期的な視点で企業計画を立てていくことが可能となる。

このような継続的取引契約の中心は売買であり，典型的な例としては，エネルギーや原材料を長期にわたってメーカー等需要者に供給する**資源・原材料供給契約**，メーカーが自社の完成商品に適合する部品等の製作を継続的に特定の下請メーカーに委託する**製作物供給契約**（売買と請負の混合契約），商品の流通過程においてメーカーと販売会社もしくは特定の卸売業者との間で結ばれる**特約店契約**や，それら特約店と 2 次卸売業者もしくは小売業者との間で結ばれる**卸**

売販売契約などが挙げられる。

　流通過程において，特に現代的な意味をもつものとして，コンビニエンス・ストアやファースト・フードに代表される**フランチャイズ契約**がある。もっとも，フランチャイズ契約における本部（フランチャイザー）と加盟店（フランチャイジー）との関係は，単に商品や原材料の売買契約にとどまらない。むしろフランチャイズ契約とは，フランチャイジーに対する，フランチャイザーの商号や商標，サービス・マークの使用ライセンスと，事業方式（ビジネス・フォーマット）に関する全般的なノウハウの提供を核とする総合的なパッケージ契約として理解される。フランチャイジーはフランチャイザーに対して，売上げの一定割合をライセンスのための手数料として支払うのが一般的である。

(6) 継続的取引契約の類型

このような種々の継続的取引契約を法律的に見ると，大きく分けて次の3通りに分析できる。第1は，1個の契約の下で，それぞれ独立した給付が何回にも分けて行われる結果，継続的な関係が形成される類型である（一般的に**継続的供給契約**とよばれる）。たとえば，石炭の供給会社が電力会社に1年間で最大○○トンの石炭を売買することを定め，これを買主の注文（要求）に応じて月ごとに分割して供給し，代金もそれぞれの供給に応じて月ごとに支払うような契約が，これにあたる。第2は，継続的な契約関係の基本的な枠組みがまず**基本契約**において規定され，その下で**個別契約**が積み重ねられていくような類型である。典型的には，メーカーがまず特定の販売会社との間に基本契約としての特約店契約を結び，その下で特約店の注文に応じてそのつど商品を供給するという場合がこれにあた

る。この場合，買主の注文ごとに個々の売買契約が成立するものと考えられる。第3は，特に法律的に継続性は保障されていないものの，個別の契約が何回も同一当事者の間で積み重ねられていく結果，事実上の継続的取引が形成される類型である。

この分類で意味のあるのは，継続的取引契約において買主がなした注文（申込み）に対して，売主はどこまで拘束されるのか，言い換えればその注文どおりの商品の供給を義務づけられるのか，という問題との関係においてである。第1の継続的供給契約では，売主は買主の注文に応じる義務がある。第2の基本契約－個別契約の類型では，基本契約に売主の受注義務が規定してあるかどうかが一応のポイントとなる。規定がなくても，特約店契約等において，売主以外の供給者からの商品の購入を禁止する排他的購入義務が買主に課せられている場合は，信義則上，売主は買主の注文を拒否することは許されないと考えられる。第3の事実上の継続的取引の場合には，原則として売主は受注義務を負うことはないが，具体的な当事者間の信頼関係が法的保護に値するまでに高められたといえるときには，信義則上，売主は買主の注文を拒否できないと考えられる。

(7) 継続的取引契約の終了

さらに，問題となってくるのは，上で述べたような基準で拘束力の認められた継続的取引契約を終了するための要件である。即時に継続的取引契約を解消したい当事者側の経営判断を尊重しつつ，同時にこの継続的取引契約に適合するように相当の資金を投資してきた相手方の信頼を保護する必要がある。そこで，自らの経営判断に基づいて継続的取引契約を終了しようとする当事者には，相手方が今までこの取引になしてきた投資を回収し，そして別の契約関係

を探すのに十分な合理的期間を定めて告知することが要求され，も
しこのような告知をしないのであれば（即時に解約するのであれば），
相手方がもはや回収できなくなる投資損失を補償する義務が課せら
れると考えるべきであろう。

　特約店契約の終了・解除に関する判例として，札幌高決昭62・
9・30〈商百選51〉参照。また，この論点が独禁法上の規制と密接な
関係を持つケースに関する判例として，最判平10・12・18〈商百選
50〉参照。

6 消費者取引

(1) 消費者取引の形態

本章 *5* では，企業間で行われる売買取引
企業間取引（B to B）を中心に考察したが，
企業の取引といっても常に相手方も企業で
あるとはかぎらない。商品の流通においては，その最終地点にもっ
ぱら財やサービスを消費する者としての消費者が位置し，この消費
者を相手方とする売買は小売取引（B to C）として知られている。
今日の大衆消費社会において，小売取引は，経済規模の面のみなら
ず，合理性を高めるための企業形態，消費者の利便性を高めるため
の取引形態の面でも，めざましい発展を遂げている。現代的な小売
企業の形態としては，大手スーパーに見られるようなチェーン・ス
トア，服飾や家電製品などの販売に顕著なディスカウント・ストア，
ファースト・フードやコンビニエンス・ストアに代表されるフラン
チャイズなどのほか，**訪問販売**や，**カタログ・ショッピング**に代表
される**通信販売**，それにインターネット等コンピューター通信ネッ

トワークを利用した**電子商取引**や電子メールを利用した広告・取引などが挙げられる。また，特に小売売買における消費者の支払いの便宜性を高めるための取引形態として，**割賦販売，ローン提携販売，クレジット取引，信用購入あっせん**等が挙げられる。さらに資金決済の簡便化，迅速化を図るため，プリペイドカードを発行して，これを消費者に利用させるキャッシュレス決済が急速に発展しており，電子マネーやギフトカードなどがこれに該当する（この領域を規律するのは主として資金決済法であるが，特に本書では扱わない）。

---

(2) 消費者保護のための法的ルール

このように消費者取引の発展は，一方において消費者の経済生活をより豊かにする反面，商品についての専門知識や取引の仕組みについての法的理解力に乏しくまた交渉力の弱い消費者が悪質な販売業者等の犠牲になるという問題を投げかけてきた。そこで，このような消費者を保護するために，消費者取引にあっては，民商法上の一般的なルールだけに任せるのではなく，強行法規としての特別な立法が必要である。消費者保護のための特別立法としては，**割賦販売法，特定商取引に関する法律**（平成12年改正前は**訪問販売法**）がまず挙げられる。しかし，いずれも，商品の販売方法，決済の方法の特殊性に着目して，特に立法されたものであり，必ずしも消費者取引一般における消費者保護を企図するものではない。

　そもそも，このような特殊な形態によらない場合であっても，消費者取引というのは，取引の対象となる財やサービスについての知識および取引形態に対する法的理解において，消費者と事業者の間に大きな格差を伴うものであり，その格差を是正し，取引を適正なものにするためには，事業者による商品および取引に関する十分な

説明ないし情報提供が不可欠である。この点，事業者の消費者に対する情報提供・説明義務は，民法415条における「債務の本旨」に含まれる付随義務として，多くの判例，学説によって承認されてきている。

そこで，消費者取引における消費者の救済をより確かなものとするために，平成12年に「**消費者契約法**」が成立した。そのねらいは，従来の，行政による救済にやや偏った消費者保護政策を，当事者間における私法的な救済システムに移行させるために，消費者取引における一般民事ルールを確立しようとすることにある。さらに時を同じくして，平成12年に「**金融商品の販売等に関する法律（金融商品販売法）**（令和2年改正により，金融サービスの提供に関する法律〔金融サービス提供法〕に改称）」が成立した。これは，消費者取引の中でも，特に商品や取引について高度な専門的理解と知識を要する金融商品の販売において，販売業者に，重要な取引事実についての説明義務を負わせ，さらに，同義務に反して消費者（顧客）に損害を与えた場合には，損害賠償義務を負うこととし，消費者の救済をより確かなものとすることを企図している。

このように，消費者契約法，金融サービス提供法は，いずれも，消費者取引における私法的ルールを包括的に定めるものとして，今日における消費者法制の重要な一翼を担っている。

（3） 電子商取引に関するルール　今日，インターネット等の普及に伴い，コンピューター・ネットワークを通じてなされる商取引（**電子商取引**）が急速に拡大してきているが，それに伴うトラブルもまた急増している。その多くは，インターネット上に「仮想店舗」を設けて顧客を勧誘する販売業者

による詐欺的な取引による被害であるが，中には顧客（消費者）が，取引の過程において，不慣れなためにコンピューターの操作を誤ったことによって生じるトラブルや，電子的なコミュニケーションであるがゆえに生じる特有の問題もまた少なくない。これらの問題に対しては，従来から，現在の法体系，とりわけ民法を中心とする私法ルールでは，十分に対応できないということが指摘されてきており，関係行政当局において，電子商取引の発展に十分に対応できるような法的ルールの立法化に向けた努力がなされてきた。

　すでに立法化されたものとして，「商業登記法等の一部を改正する法律」（平成12年4月公布）の施行に伴い運用が開始された「商業登記に基礎を置く電子認証制度」（商登12条の2），それに，平成13年4月より施行されている「**電子署名及び認証業務に関する法律**」（電子署名法），が挙げられる。前者は，「電子認証登記所」を通じて，従来の法人代表者の「印鑑証明」や「資格証明書」に代わる「電子証明書」を発行することを主眼とするものであり，後者は，電子商取引において，本人による一定の電子署名が行われているときは，当該電子文書の真正な成立を推定すること，およびこの電子署名の信頼性を担保するため，電子署名の認証業務を，一定の水準を満たすと国が認める「認定認証業者」に開放することを認めるものである。これらの制度により，電子商取引の安全性を高めることができる。

　さらに電子商取引における特別な契約ルールを定めるものとして，平成13年6月，「**電子消費者契約及び電子承諾通知に関する民法の特例に関する法律**」（電子消費者契約法）が成立した。同法は平成29年民法改正に伴い，「**電子消費者契約に関する民法の特例に関する法律**」として改正された。同法は3ヵ条から成り，もっぱら，消費者であ

る顧客が，電子商取引において，コンピューター操作を誤ったことによって生じる問題を扱っている。たとえば，顧客が，当該インターネット上の仮想店舗において，特定の物品等を購入する意思がないのに，購入ボタンを押したり，キャンセル・ボタンを押すつもりで，送信ボタンを押したような場合，さらには当該物品等を1個買うつもりが，購入ボタン操作を誤って複数回押してしまい，これが送信されてしまったような場合を想定してみよう。このような場合，顧客の意思表示に錯誤が生じていることは明らかであるが，もし民法95条をそのまま適用すると，同条3項において，表意者すなわち顧客に重大な過失がある場合として，当該申込みの意思表示が錯誤により取り消しうることを主張できなくなるおそれが大きい。そこで，同法は3条において，当該錯誤が民法95条1項1号にあたり（動機の錯誤は除かれる），かつ重要であると認められる場合には，民法95条3項は適用されないとする。ただし，当該事業者が消費者に意思の有無について確認を求める措置を講じた場合，または消費者がそのような措置を講じる必要がないことを表明していた場合には，原則どおり民法95条3項が適用される。なお，電子消費者契約において，承諾の発信主義（平成29年改正前民526条）を修正し，到達主義を採用していた同法4条は，平成29年改正前民法526条が削除され，民法において到達主義が採用されたため（民97条1項），もはや独自の意義を失ったものとして削除された。

(4) 電子メールによる広告規制

近時，携帯電話による電子メール通信の著しい普及に伴い，「**電子メールの一方的な送りつけ**」問題が，急速に社会問題化した。そこで，平成14年には，本人が望まない電子メールの一方的な送

りつけを規制するものとして（いわゆる「迷惑メール対策」），「**特定電子メールの送信の適正化等に関する法律**」（特定電子メール法）（平成14年7月1日施行）が制定された（平成20年法改正により，一定の例外を除き，原則として，あらかじめ同意した者に対してのみ広告宣伝メールの送信を認める「**オプトイン方式**」が採用されたほか，同法に違反した送信者等に対する罰則が強化された）。

(5) 消費者契約法

消費者契約法は，近時，大きな改正を経ている（以下，平成30年改正〔平成31年6月15日施行予定〕後の条文をもとに解説する）。消費者契約法の特質は，同法4条において消費者取消権を規定するとともに，同法8条から10条において一定の契約（約款）条項を全部または一部無効とすること，さらに同法12条においてこれらに該当する行為に対し，適格消費者団体（同法13条）による差止請求権を定めている点にある。

消費者取消権について，同法は，事業者が取引の重要事項について事実と異なることを告げ（消費契約4条1項1号〔重要事項の意義については同条5項1号～3号が定義を置く〕），将来における変動が不確実な事項について断定的判断を提供し（同条1項2号），または重要事項もしくは関連事項（同条5項1号2号参照）について利益となることのみを告げて，通常予想される不利益となる事実を故意または重大な過失により告知しないとき（消費契約4条2項），それらによって誤認をした消費者は，申込みまたは承諾の意思表示を取り消すことができると定める。同法4条1項の場合は，事業者に故意・過失が要求されておらず，無過失責任であると評価できるが，同法4条2項の場合は，不告知に故意または重大な過失が要求されている。また，同法4条3項は，不退去（消費契約4条3項1号），監禁（同項2号），

消費者の社会経験の乏しさや加齢その他心身の故障による判断力の低下などに乗じて不安をあおる行為（同項3号5号），恋愛感情に乗じて人間関係を濫用する行為（同項4号），霊感等特別な能力を誇示して不安をあおる行為（同項6号），契約締結前に債務の内容を実施して原状回復を困難にし，あるいは損失の補償を請求する旨を告げることにより消費者を心理的に追い込む行為（同項7号8号）などにより消費者が「困惑」して取引した場合にも，同様の取消権を消費者に与えている。さらに同法4条4項は，事業者が過量であることを知って勧誘したことで当該消費者によってなされた申込みまたは承諾につき，同様に取消権を付与している。なお，これらの消費者取消権の行使の効果は，善意・無過失の第三者には対抗できない（同法4条6項）。

契約条項の無効については，同法8条が免責約款につき，同法8条の2が解除権放棄約款につき，同法8条の3が消費者が後見・保佐・補助開始の審判を受けたことのみによる解除条項につき，同法9条が違約金約款につき，それぞれ定めを置き，同法10条が消費者の不作為をもって意思表示を擬制する条項その他法令中の公序に関しない規定を適用する場合と比較して信義則（民1条2項）に反し消費者の利益を一方的に害するような契約条項を無効とすると定めている。同法8条1項は，事業者の債務不履行責任の全部免責（1号）および一部免責（2号），不法行為責任の全部免責（3号）および一部免責（4号），さらにこれらの責任の有無・限度を決定する権限を事業者に付与する条項について，各々無効とする。ただし同項1号または2号の場合に，特にそれが売買や請負の目的物に係る種類または品質が契約不適合であることによって生じる事業者の損害賠償義務を免除するものである場合には，消費者の被る損害について

当該事業者による損害賠償以外の手当てが契約上なされているときには，例外として無効とはならない（同条2項）。また，同項2号・4号の場合には，事業者自身の軽過失による責任の一部免責規定は無効の対象とはならない。同法9条は，解除に伴う損害賠償額の予定が平均的な損害額を超え（1号），また遅延損害金の定めにつき，年利14.6％を超える（2号）限度において，これを無効としている。

　同法3条1項において，事業者は，契約内容について，これを明確かつ平易なものとすること（同項1号），および「必要な情報を提供すること」（同項2号）につき努めなければならないとされており，事業者による取引情報の提供を私法的義務としてではなく，単に努力規定としてしか捉えていない。しかし，判例においては，事業者による消費者取引における説明義務，情報提供義務は，私法的義務として承認され，これに反するとき，事業者に損害賠償責任が課せられてきている。なお，同法は，平成18年6月改正（平成19年6月7日より施行）を経て，内閣総理大臣による認定を受け，差止請求関係業務を行う適格消費者団体に係る規定を設けた（消費契約13条以下）。これは消費者団体訴訟制度を導入するものであり，これにより消費者被害の未然防止・拡大防止を一層図ろうとしたのである（この点，被害者救済の実効性を確保するために，消費者団体訴訟を損害賠償請求にまで拡充することを認める「消費者の財産的被害の集団的な回復のための民事の裁判手続の特例に関する法律（消費者裁判手続特例法）」が平成25年12月に成立し，すでに施行されている）。

（6）金融サービス提供法

金融サービス提供法は，同法3条1項に規定する金融商品の販売等を行う者であれば，その販売等の主体が銀行であれ，保険会社，

証券会社その他誰であれ，課せられるべき共通ルールとしての法的規制を設けた点に，重要な意義が認められる。また，令和2年改正によって金融サービス仲介業が創設され，預金等，保険，有価証券等，貸金業貸付のいずれの媒介を業とする者であっても，内閣総理大臣の登録を受ければ，特定の金融機関に所属することを要せず，金融サービス仲介業が行えることになった（同法11条・12条。ただし，顧客に対して高度に専門的な説明を要するものとして政令で指定される商品は除かれる）。金融サービス仲介業者には，保証金の供託義務（同法22条），情報の提供義務（同法25条），顧客財産の預託の禁止（同法27条）といった共通の規制が課せられるほか，取り扱う商品に従って，個別業法上の規制にも服することとなる。

同法4条1項は，金融商品の販売業者等に対して，これを購入した顧客に元本欠損を生じさせるか，当初元本を上回る損失を生じさせるおそれがあるとき，そのようなおそれの存在と，それをもたらすリスクの性質に関する重要事項の説明を義務づけている。すなわち，価格変動リスク（1号2号），販売業者等の信用不安リスク（3号4号），その他政令で定められるリスク要因（5号6号）について，このようなリスク要因に関係する「取引の仕組み」の重要な部分につき，説明義務を定める。同項7号は，権利行使期間や解約期間について制限が設けられているような金融商品について（たとえばワラント〔新株予約権付社債〕やデリバティブ〔金融派生商品〕など），その制限についての説明義務を規定している。もっともこれらの説明義務は，専門的知識・経験を有するものとされる「特定顧客」や，一定の場合に説明を要しない旨の顧客の意思表明があった場合における当該顧客に対する場合には課せられない（同4条7項）。また同法5条は金融商品販売業者による断定的判断の提供等を禁止している。これ

らの説明義務もしくは断定的判断提供等禁止義務に違反した場合，販売業者には，損害賠償責任が課せられる（同6条）。この責任は，実際に説明義務に反した者が誰であれ（たとえば，当該販売業者の従業員など），販売業者本体に直接課せられるものであり，かつ無過失責任であると解される。さらに，元本欠損額が顧客の損害であると推定され（同7条），顧客側の証明責任が軽減されており，これらにより，消費者保護の実効性が，相当程度，保障されていると評価することができる。

(7) 特定商取引法に
よる規制

特定商取引法（以下，本項において「特商法」という）が対象とするのは，訪問販売，通信販売，電話勧誘販売，連鎖販売取引，特定継続的役務提供取引，業務提供誘引販売取引および訪問購入である（特商法1条）。

同法のねらいは，特定商取引として規定されたこれらの取引類型においては，取引の形態が有する特徴から，特定商取引の当事者となる個人に，当該取引条件を良く理解し，また熟慮する機会が十分に与えられなかったり，威迫等不正な手段によって困惑したまま取引させてしまう危険が大きいことに鑑み，これらの危険から消費者を保護するとともに，取引条件の公正を図ろうとすることにある。

(ｱ) 規制類型と規制の概要

(a) 訪問販売　商品，役務，または特定権利について，販売業者または役務提供事業者が，営業所，代理店等以外の場所において，売買・役務提供契約の申込みを受けもしくは契約を締結する場合（特商法2条1項1号），または営業所等以外の場所で特定顧客を誘引してから営業所等で売買・役務提供契約の申込みを受け，もしくく

は契約を締結する場合（同項2号）のいずれかである取引類型を指す。特定権利については，特商法2条4項がこれを定めている。すなわち，施設利用権もしくはサービス（役務）の提供を受ける権利（同項1号）（同法施行令3条・別表1），社債その他の金銭債権（同項2号），株式その他会社や社団法人の社員権・持分権など（同項3号）である。

　規制の概要としては，氏名・名称・勧誘目的等の明示義務（特商法3条），再勧誘の禁止（同3条の2），書面の交付義務（同4条・5条），不当勧誘行為の禁止（同6条），クーリングオフ（同9条），過量販売解除権（同9条の2。なお，同条3項によりクーリングオフの規定が準用される），事業者による不実表示に基づく申込みまたは承諾の取消権（同9条の3。なお，同条4項が規定する同取消権の短期消滅時効は追認できる時点から1年間，契約締結時から5年となる），損害賠償額の制限（同10条）などが挙げられる。

　(b)　通信販売　　商品，役務，特定権利について，販売業者または役務提供事業者が，郵便等による申込みを受けて行う売買・役務の提供であって，電話勧誘販売に該当しない取引類型を指す（特商法2条2項）。いわゆるカタログ・ショッピングが代表的な取引例である。

　規制の概要としては，広告に記載すべき事項に関する規制（特商法11条），誇大広告の禁止（同12条），迷惑メール・FAX広告規制（同12条の3・12条の4・12条の5），前払式通信販売の承諾書の交付義務（同13条），法定返品権（同15条の3。ただし，広告において別段の特約を表示していた場合は適用が排除される）などが挙げられる。通信販売による取引においては，訪問販売や電話勧誘販売と比べると，契約条件の吟味や契約締結の当否に係る判断において熟慮の機会が保障されているといえるから，氏名・名称・勧誘目的等の明示義務，再勧

誘の禁止，書面の交付義務，不当勧誘行為の禁止などの規制は課されておらず，民事救済においても，クーリングオフ，過量販売解除権，事業者による不実表示に基づく申込みまたは承諾の取消権，損害賠償額の制限等の規律が適用されていない。

　(c)　電話勧誘販売　　商品，役務，特定権利について，販売業者または役務提供事業者が電話をかけ，または相手方（電話勧誘顧客）に電話をかけさせて，売買・役務提供契約の締結を勧誘し，その後顧客から郵便等によって申込みを受け，もしくは契約を締結する取引類型を指す（特商法2条3項）。

　規制の概要としては，氏名・名称・勧誘目的等の明示義務（特商法16条），再勧誘の禁止（同17条），書面の交付義務（同18条・19条），前払式電話勧誘販売の承諾書の交付義務（同20条），不当勧誘行為の禁止（同21条），クーリングオフ（同24条），過量販売解除権（同24条の2），事業者による不実表示に基づく申込みまたは承諾の取消権（同24条の3。なお，同条2項は，同9条の3第2項から5項までを準用している），損害賠償額の制限（同25条）などが挙げられる。

　なお，以上の3つの取引類型については，包括的な適用除外規定（特商法26条）が置かれている。

　(d)　連鎖販売取引　　いわゆるマルチ商法に代表される取引形態で，販売員組織を拡大することで利益が得られることを謳い文句にして商品を販売しようとするシステムであり，特商法33条1項の定義によれば，物品（施設を利用し，または役務の提供を受ける権利を含む）の販売もしくは有償の役務提供契約またはそのあっせんを行う事業者が，当該物品の再販売（買取形態），受託販売（委託形態）もしくは販売のあっせんを行う者または同種役務の提供もしくはそのあっせんを行う者を，特定利益が得られることをもって誘引し，これ

らの者と特定負担を伴う当該取引を行うことである。特定利益とは，自分より下位の者（連鎖販売加入者）を増やすことにより，その売上金や取引料金から受けるべき自己の取り分（マージン）を指し，特定負担とは，当該商品の購入や役務の対価の支払いまたは取引料の提供をいう（同条1項）。この点，形式いかんにかかわらず，当該取引が実質的に物品販売や役務提供契約を伴わず，単なる金銭配当の組織とみなされれば，無限連鎖講（ねずみ講）に該当し，無限連鎖講防止法により刑事責任が課せられる。取引条件を変更する行為も取引に当てはまる。

規制の概要としては，氏名・名称・勧誘目的等の明示義務（特商法33条の2），不当勧誘行為の禁止（同34条），広告に記載すべき事項に関する規制（同35条），誇大広告の禁止（同36条），迷惑メール規制（同36条の3・36条の4），書面の交付義務（同37条），クーリングオフ（同40条），将来に向けた中途解約権（同40条の2第1項），加入1年以内の場合の商品購入契約の解除（同条2項），損害賠償額の制限（同条3項4項），事業者による不実表示に基づく申込みまたは承諾の取消権（同40条の3。なお，同条2項は，同9条の3第2項から5項までを準用している）などが挙げられる。

(e) 特定継続的役務提供　　いわゆるエステサロンや，英会話ほか語学学校，家庭教師等，学習塾，パソコン教室，結婚相手紹介サービスのような，サービス（役務）の提供に1ヵ月以上の期間を要するような契約関係について，当初に高額の入会金等を支払いながら，当該サービスが自分にあわないことが途中でわかったり，事業者が倒産したような場合に，中途解約ができなかったり，返金が制限されたりすることで多発したトラブルに対処しようとするものである。特定継続的役務提供の定義は，上記サービスを提供するも

のであって，政令で定める一定以上の契約期間（契約の種類に応じて1ヵ月もしくは2ヵ月）と政令で定める一定額以上の金銭の支払い（一律5万円を超える）を内容とする役務提供契約および当該役務を受けることのできる権利の販売をいう（特商法41条1項）。

規制の概要としては，書面の交付義務（同42条），誇大広告の禁止（同43条），不当勧誘行為の禁止（同44条），前払い取引を行う際の業務財産状況に係る開示書類の備付け・閲覧等（同45条），クーリングオフ（同48条。なお，同条2項は関連商品購入契約のクーリングオフを規定する），将来に向けた中途解約（同49条1項〔継続的役務提供契約〕・3項〔特定権利販売契約〕），関連商品購入契約の中途解約（同条5項），損害賠償額の制限（同条2項〔継続的役務提供契約〕・4項〔特定権利販売契約〕・6項〔関連商品購入契約〕），事業者による不実表示に基づく申込みまたは承諾の取消権（同49条の2。なお，同条2項は，同9条の3第2項から5項までを準用している）などが挙げられる。なお，特商法50条は，特定継続的役務提供に係る規制について適用除外される場合を規定する。

　(f)　業務提供誘引販売取引　　いわゆる内職商法，モニター商法などのように，消費者が一定の仕事を提供することに対して対価を支払う（業務提供利益）ことを謳い文句に，事業者が仕事に必要な物品や役務を当該者に販売・提供もしくはあっせんする取引をいう。特商法51条1項によれば，物品（施設を利用し，または役務の提供を受ける権利を含む。同33条1項参照）の販売もしくは有償での役務の提供またはそのあっせんを行う事業者が，業務提供利益が得られることをもって相手方を誘引してなされる，当該物品・役務の販売・提供またはあっせんに係る取引（対価の支払いまたは取引料の提供〔特定負担〕を伴う）をいう。取引条件を変更する行為も取引に当てはまる。

規制の概要としては，氏名・名称・勧誘目的等の明示義務（特商法51条の2），不当勧誘行為の禁止（同52条），広告に記載すべき事項に関する規制（同53条），誇大広告の禁止（同54条），迷惑メール規制（同54条の3・54条の4），書面の交付義務（同55条），クーリングオフ（同58条），事業者による不実表示に基づく申込みまたは承諾の取消権（同58条の2。なお，同条2項は，同9条の3第2項から5項までを準用している），損害賠償額の制限（同58条の3）などが挙げられる。

(g) 訪問購入　　いわゆる「押し買い」といわれる取引類型で，特商法58条の4によると，物品購入業者が，営業所以外の場所で，売買契約の申込みを受け，または売買契約を締結して行う「物品」の購入をいう。ただし，相手方の利益を損なうおそれがないと認められるものまたは，この規定を適用すると流通が著しく害されるおそれがあると認められるもので政令が指定する物が除外される（たとえば，四輪自動車，家電製品，家具，書籍，有価証券，レコードやCDなどが除外物品にあたる）。

規制の概要としては，氏名・名称・勧誘目的等の明示義務（特商法58条の5），不招請勧誘の禁止（同58条の6），書面の交付義務（同58条の7・58条の8），物品の引渡しを拒絶できる旨の告知義務（同58条の9），不当勧誘行為の禁止（同58条の10），当該物品を第三者に引き渡す際の相手方への通知義務（同58条の11），当該物品を第三者に引き渡す際の第三者に対する解除もしくは解除可能性告知義務（同58条の11の2），クーリングオフ（同58条の14），クーリングオフ期間内の物品の引渡しの拒絶（同58条の15），損害賠償額の制限（同58条の16）などが挙げられる。なお，特商法58条の17は訪問購入について適用除外を規定する。

(h) ネガティブオプション　　販売業者が契約の申込みを受け

ていない者に突然商品を送り付けてその売買の申込みを行い，また
は既存の契約申込者に対してこれとは別の商品を送り付けてその売
買の申込みを行い，契約するかさもなければ当該商品を返送するか
のいずれかを迫るような行為を指す。このような場合には，当該商
品の送付があった日から14日もしくは販売業者に対して引取りを
請求してから7日のいずれか早い日までに送付を受けた者が承諾を
せず，かつ販売業者が商品を引き取らないときは，販売業者はもは
や当該商品の返還を請求することができなくなると規定されている
（特商法59条1項）。これにより，その反射的効果として，商品の送
付を受けた者は，当該商品を使用，収益，処分することができるよ
うになるし，販売業者はこれに対して損害賠償請求をなしえないこ
とになる。ただし，当該商品の送付によって申込みとされる売買契
約が，商品の送付を受けた者のために商行為となるとき（自営業者に
対して，その営業のために商品が送付される場合など）は，同項は適用され
ない（同条2項）。

　(イ)　主務大臣による監督規制　　すべての特定商取引の類型にお
いて，主務大臣による強力な行政上の監督権限が規定されている。
まず，主務大臣は，当該対象事業者について特商法が定める特定の
規制違反の疑いがあるときは，そのための合理的根拠を示す資料の
徴求を行うことができ，当該事業者が当該資料を提出しないときは，
当該規制違反があったものとみなすことができる（特商法6条の2・
12条の2・21条の2・34条の2・36条の2・43条の2・52条の2・54条の2）。
また，主務大臣は，取引の公正および顧客の利益を害するおそれが
ある場合には当該事業者に対して必要な措置をとるべきことを指示
することができる（同7条・14条・22条・38条・46条・56条・58条の12）。
さらには事業者による規制違反のゆえに消費者の利益が著しく害さ

れるおそれがあるとき，または事業者が主務大臣の指示に従わない
ときには，主務大臣は，当該事業者の全部または一部の業務の停止
を命令することができ（同8条・15条・23条・39条・47条・57条・58条
の13），また当該業務停止命令の実効性を確保するために，当該事
業者等の役員・使用人等に対して業務の禁止を命令することができ
る（同8条の2・15条の2・23条の2・39条の2・47条の2・57条の2・58条
の13の2）。

（ウ）　消費者団体訴訟　　消費者契約法2条4項に規定する適格消
費者団体は，特商法における各取引類型に応じて，勧誘過程におけ
る不当な行為や，クーリングオフの不利益変更特約もしくは損害賠
償制限規定に反する特約を含む契約の申込みまたは承諾が，現に行
われており，または行われるおそれがあるときには，これらを差し
止めるべきことを求めて訴えを提起できる（消費者団体訴訟。特商法
58条の18～58条の24）。なお，同58条の25は，各取引類型における
適用除外規定を，適格消費者団体による差止訴訟に準用する規定で
ある。

（8）　割賦販売法によ
る規制

割賦販売法は割賦販売，ローン提携販売，
包括信用購入あっせん，個別信用購入あっ
せん，前払式特定取引を対象とする。これ
らはいずれも代金支払いのシステムが複雑なことから消費者を保護
する必要性が認められるものである（以下の記述は，令和2年改正を前
提とする）。

（ア）　規制類型と規制の概要

（a）　割賦販売　　割賦販売事業者（役務提供事業者を含む）が購入
者（役務の提供を受ける者を含む）から代金を2ヵ月以上の期間にわた

り，かつ 3 回以上に分割して受領することを条件とする，指定商品・指定権利・指定役務（指定商品等）の販売および提供（販売等）であり，割賦販売事業者が指定する銀行等に 2 ヵ月以上の期間に 3 回以上預金させ，当該預金残高から対価を受領する場合も含まれる（割賦 2 条 1 項 1 号）。

　割賦販売事業者がカード等を利用者に交付しておき，そのカード等を利用して複数の商品の割賦購入が行われた場合，その代金の合計額を基礎としてあらかじめ定められた方法により算定される金額をあらかじめ定められた時期ごとに支払わせる条件で指定商品等を販売等する場合（リボルビング方式）もこれに含まれる（同項 2 号）。

　指定商品，指定権利，指定役務とは，同法 2 条 5 項に従い，政令の指定を受けたものをいう（割賦令 1 条・別表 1・1 の 2・1 の 3・2）。

　なお，割賦販売の特殊な形態として，前払式割賦販売（指定商品を引き渡すに先立って，購入者から 2 回以上にわたりその代金の全部または一部を受領する形態）があるが，これを業として行うためには，経済産業大臣の許可を要する（割賦 11 条）。

　規制の概要としては，表示義務・書面交付義務（割賦 3 条・4 条・4 条の 2〔IT の利用〕），過剰与信防止義務（同 38 条），解除および損害賠償の制限（同 5 条・6 条）が挙げられる。

　(b)　ローン提携販売　　購入者（役務の提供を受ける者を含む）が，カード等を提示もしくは通知して（またはこれと引換えに）購入しもしくは提供を受ける指定商品・指定権利・指定役務（指定商品等）の対価の支払いのために，販売業者（役務提供事業者を含む）と提携している与信機関から 2 ヵ月以上の期間にわたりかつ 3 回以上に分割して返済する条件もしくはリボルビング方式で返済する条件で金銭を借り入れ，これに販売業者（もしくは委託を受けた保証業者）が購入者の

当該借入債務を保証して指定商品等を販売または提供する形態をいう（割賦2条2項）。

規制の概要としては，表示義務・書面交付義務（割賦29条の2・29条の3・29条の4第1項による4条の2の準用），抗弁の接続・弁済の充当（同29条の4第2項3項による30条の4・30条の5の準用），過剰与信防止義務（同38条）が挙げられる。なお，解除および損害賠償の制限規制はローン提携販売には課せられていないが，ローン提携販売業者が与信業者に対して保証債務を履行したことに基づく顧客に対する求償債権の行使については同法6条が類推適用される，というのが判例の見解である（最判昭和51・11・4民集30巻10号915頁）。

(c) 包括信用購入あっせん　利用者が，カード等を提示もしくは通知して（またはこれと引換えに）特定の販売業者（役務提供事業者を含む〔いわゆる加盟店〕）から商品・権利・役務を購入しもしくは受けるときには，あっせん業者が当該対価相当額を販売業者に支払い，当該販売・提供契約締結後2ヵ月を超える一定の時期までに（もしくはリボルビング方式で）購入者（役務を受けた者を含む）から当該対価相当額を受領する形態をいう（割賦2条3項）。

この形態においては，販売または提供される商品・権利・役務に政令指定の制限はない。2ヵ月以内に一括払いによって決済される形式のクレジット取引は，これにはあたらない。

規制の概要としては，情報提供義務・書面交付義務（割賦30条・30条の2の3。電子メール等の書面交付も認められる〔割販法施行規則36条・37条・37条の2・50条・52条参照〕），抗弁の接続・弁済の充当（同30条の4・30条の5），支払可能見込額を算定するための調査義務（同30条の2），支払可能見込額を超える与信行為の禁止（同30条の2の2），解除および損害賠償額の制限（同30条の2の4・30条の3）が挙げられ

る。

　令和2年改正により，包括信用購入あっせん業者は，経済産業大臣の認定を受ければ，従来の包括支払可能見込額に代えて，より精度の高い審査手法によって利用者支払可能見込額を算定することができるようになった（包括支払可能見込額の調査等の特例・同30条の5の4～30条の5の7・30条の6）。また登録少額包括信用購入あっせん業者の制度が新たに設けられ，経済産業省の少額包括信用購入あっせん業者登録簿に登録した法人は，極度額が少額（10万円以下・割販法施行令24条）の包括信用購入あっせん事業を営むことができるようになった（同35条の2の3～35条の2の15・35条の3）。

　　(d)　個別信用購入あっせん　　購入者（役務の提供を受ける者を含む）が，カード等を利用することなく特定の販売業者（役務提供事業者を含む）から個別に商品・指定権利・役務を購入しもしくは受けるときに，あっせん業者が当該対価相当額を販売業者に支払い，当該販売・提供契約締結後2ヵ月を超える一定の時期までに購入者から当該対価相当額を受領する形態をいう（割賦2条4項）。

　この形態においては，販売または提供される商品・役務に政令指定の制限はないが，権利については政令指定が付されている。2ヵ月以内に一括払いによって決済される形式のクレジット取引はこれには当たらない。なお，個別信用購入あっせんでは，リボルビング方式による支払いは認められていない（割賦2条4項）。

　規制の概要としては，表示義務・書面交付義務（割賦35条の3の2・35条の3の8・35条の3の9・35条の3の22〔ITの利用〕），抗弁の接続（同35条の3の19），支払可能見込額を算定するための調査義務（同35条の3の3），支払可能見込額を超える与信行為の禁止（同35条の3の4），解除および損害賠償額の制限（同35条の3の17・35条の3の18）

が挙げられる。なお，個別クレジット取引を利用した，高齢者等を対象とする悪質な勧誘販売行為による被害が社会的に大きな問題となったことから，平成20年改正を契機として特に個別信用購入あっせん形態に対する次のような法的規律が課されている。すなわち，個別信用購入あっせん業者に対して課せられる，個別信用購入あっせん関係販売業者等（加盟店）による勧誘行為の調査義務（同35条の3の5～35条の3の7），申込者等（顧客）による個別信用購入あっせん関係受領契約（クレジット業者と顧客との間の与信契約）のクーリングオフおよびこれに伴う当該関係販売契約等のクーリングオフ（同35条の3の10・35条の3の11），申込者等（顧客）による過量販売契約に該当する訪問販売契約および電話勧誘販売（特定商取引9条の2・24条の2）に係る個別信用購入あっせん関係受領契約の解除（割賦35条の3の12），個別信用購入あっせん販売業者等による勧誘に際して不実表示がなされた場合における，購入者または役務の提供を受ける者（顧客）による個別信用購入あっせん関係受領契約の取消権（同35条の3の13～35条の3の16）である。

　(e)　前払式特定取引　　購入者（役務の提供を受ける者を含む）が，商品もしくは指定役務の引渡しもしくは提供に先立って，当該商品もしくは指定役務の取次を行う者に対して，当該対価を，2ヵ月以上の期間で3回以上の分割払いを行う形態をいう（割賦2条6項）。

　この形態においては，販売される商品には政令指定の制限はないが，提供される役務については政令指定が付されている。

　前払式特定取引を業として行うには，経済産業大臣の許可を要する（割賦35条の3の61）。

　(イ)　行政的規制　　包括・個別信用購入あっせん業は，経済産業省において登録を受けた法人でなければこれを行うことはできない

（割賦31条・35条の3の23）。また，包括・個別信用購入あっせん業者は，業務運営に関して適正な措置を講じる義務を負う（同30条の5の2・35条の3の20）。義務違反等があっせん業者に認められるときは，経済産業大臣は業務改善命令を発することができ（同30条の5の3・34条・35条の3の21・35条の3の31），また登録の取消しや業務停止を命じることができる（34条の2第2項・35条の3の32第2項）。なお，あっせん業者に一定の事由を認めるとき，経済産業大臣は，あっせん業者の登録を取り消さなければならない（同34条の2第1項・35条の3の32第1項）。

(ｳ) 適用除外　割賦販売については割賦販売法8条，包括・個別信用購入あっせんについては同法35条の3の60において包括的な適用除外が定められている。

(ｴ) クレジットカード番号等の適切な管理および不正使用対策に係る責任　クレジットカードを利用する取引形態においては，クレジットカードの偽造やインターネット上のなりすましなどによる不正使用被害が生じやすく，とりわけ近年はクレジットカードを扱う加盟店におけるクレジットカード番号等の漏洩事件や不正使用被害が増加していることなどに対応すべく，以下のような規律が置かれている。

クレジットカード番号等（クレジットカード等購入あっせん業者〔包括信用購入あっせん業者およびこれに該当しない二月払購入あっせん業者〕が業務上利用者に付与する番号等）を取り扱うクレジットカード番号等取扱業者は，クレジットカード番号等の漏洩，滅失または毀損の防止その他適切な管理のために必要な措置を講じる義務を負う（割賦35条の16，同法施行規則132条・133条）。なお経済産業大臣はクレジットカード番号等取扱業者に対し，必要と認めるときは，業務改善命令を発

することができる（同 35 条の 17）。クレジットカード番号等取扱業者とは，クレジットカード等購入あっせん業者（カード発行会社）（割賦 35 条の 16 第 1 項 1 号），クレジットカード等購入あっせん関係販売（役務提供を含む）事業者（加盟店）（同項 2 号），立替払取次業者（主として海外カード会社のために国内で加盟店契約を締結するアクワイアラー）（同項 3 号），決済代行業者（同項 4 号），クレジットカード番号等と紐付けられたコード等（決済用情報）による決済事業者等（同項 5 号）やその受託管理者（同項 6 号），特定の加盟店のためにクレジットカード番号等を特定の立替払取次業者に提供することを業とする者（同項 7 号，割販法施行規則 132 条の 2）をいう。

クレジットカード番号等取扱契約（加盟店契約）締結事業者は，経済産業省において登録を受けなければならない（割賦 35 条の 17 の 2）。クレジットカード番号等取扱契約締結事業者とは，自ら当該事業を行うクレジットカード等購入あっせん業者（カード発行会社）（同条 1 号）および特定のクレジットカード等購入あっせん業者のために加盟店契約締結事業を行う者（海外カード発行会社のためのアクワイアラーや決済代行業者などをいう）（同条 2 号）である。

加盟店は，クレジットカード番号等の不正利用を防止するのに必要な措置を講じる義務を負う（割賦 35 条の 17 の 15）。そして，クレジットカード番号等取扱契約締結事業者は，加盟店に対して，加盟店契約締結前および締結後において，クレジットカード番号等の適切な管理等に支障を及ぼすおそれの有無などについて調査し，当該調査結果に基づく必要な措置を行う義務を負う（同 35 条の 17 の 8）。なお，クレジットカード番号等取扱契約締結事業者は，クレジットカード番号等に関する情報の適切な管理のために必要な措置を講じる義務を負う（同 35 条の 17 の 9）。

クレジットカード番号等取扱契約締結事業者に対して，経済産業大臣は，業務改善命令や登録の取消しを行う権限を有する（割賦35条の17の10・35条の17の11）。

7 企業取引の補助者

(1) 代 理 商

企業間の取引においては，それぞれの市場の特質に応じて，その取引の成立に向けて専門的に努力することを営業の目的とする商人の活動が必要である。継続的に特定の商人のために取引の成立を目指して代理しまた媒介する者が代理商であり（27条），その対価として手数料を得る。代理商は独立の商人であり，本人である商人との間の代理商契約は性質上当然に継続的取引契約となる（なお，代理商については第1章**6**参照）。代理商と異なり，個々の企業取引にそのつど関与することが予定されているのが，仲立営業と問屋営業である。実際には，これらの多くは継続的取引契約を形成しているが，継続性は法律上当然の性質ではない。

(2) 仲 立 営 業

仲立ちとは，他人間の法律行為の成立を媒介すること（事実行為）であり，これを営業として行う者は商人となる（502条11号・4条1項）。仲立営業者は，自ら媒介する取引の当事者にはならない。その報酬は媒介手数料である。543条は，他人間の商行為を媒介することを業とするものを**仲立人**（**商事仲立人**）と定めている。商事仲立人は「商行為」を媒介することを営業とする者だから，すべての仲立営業者が商事仲立人

になるわけではなく，宅地建物取引業者のように，主に個人間の居住用宅地・建物の売買（商行為ではない）を媒介することを営業目的とする者は**民事仲立人**とよばれて区別されている。もっとも，商事仲立人に関する重要な規定は，できるかぎり民事仲立人にも類推適用される。

　仲立ちにおいて特に重要な規定は550条である。その1項によると仲立人は，媒介により契約が有効に成立し，結約書が交付されてからでなければ報酬である手数料を請求できないとされる。これを厳密に考えると，たとえば自己所有の宅地を売りたいと思ったAが，宅建業者Bに買手を探してくれるように委託してのち，適当な買手Cが紹介された時点で，故意に手数料の支払いを免れる目的で仲立契約を解除して，直接Cと売買契約を成立させたというケースでは，BはAに手数料を請求できないかに見える（550条1項類推適用）。しかし，判例は，AC間の売買契約の成立はBの媒介手数料請求権が発生する停止条件であり，条件成就により手数料支払いという不利益を受けるAが，この条件の成就を故意に妨害したものであるから，民法130条1項により「相手方」であるBはこの条件が成就したものとみなしてAに媒介手数料の支払いを請求できると判断した（最判昭45・10・22〈商百選66〉）。

　550条2項は，仲立人は手数料の支払いを仲立契約の委託者のみならず，自ら媒介した契約の相手方にもそれぞれ半額ずつ請求できると規定している。この規定から，商法は，仲立人は委託者のみならず相手方の利益をも公平にはからねばならないと考えていることがわかる。ただし，この規定に関しては民事仲立人には類推適用できないと考えるのが判例の立場である。

(3) 問屋営業

問屋とは，自己の名前によって委託者の計算で物品の購入，販売を行うことを業とする者をいい（551条），502条11号・4条1項により商人となる。商品の販売のために特に問屋を利用する場合に，**委託販売**とよばれる。たとえば，メーカーAは，商品の販売の取次ぎを問屋Bに委託し，Bはこれを大型小売店Cに売り渡すという場合，売買契約はあくまでBC間に成立し，Bは商品をCに引き渡す義務を負うと同時にCに対して代金の支払請求権を持つ（552条1項）。しかし，AB間においては，Aは，代金債権等契約上の利益は，債権譲渡などの手続をするまでもなく，当然自分に帰属すると主張することができる（552条2項）。BはAに対しては委任契約上の受託者として手数料を請求することができる。Bは売買契約の成立後，遅滞なくそのことをAに通知しなければならない（557条・27条。以下，委託販売を念頭において記述するが，基本的には買入委託の場合も同様に考えてよい）。

問屋Bは委託者Aに対して，**善良なる管理者の注意義務（善管注意義務）** をもって売買契約を締結し，実行する義務を負う（552条2項，民644条）。Aが販売の最低価格（指値）を指定したときは，これ未満の値段で販売してもその法的効果をAに帰属させることはできない。もっとも，Bが自ら指値との差額を負担すれば，売買契約の効果をAに帰することができる（554条）。問屋は，報酬として手数料を請求できるほか，委託者に対して取次ぎの実行に必要な費用を前払いするよう請求し，また自ら負担した場合はその償還を請求できる（民649条・650条）。これらの債権のためには，受託商品だけでなく，BがAのために占有するものであれば何でも留置権を行使できる（557条・31条）。

問屋は，委託を受けた商品の販売について，自らが買主となって

売買契約を成立させることができる。これを問屋の**介入権**という（555条）。これは，委託者の立場からは，迅速かつ安価に商品が販売できるので便宜である反面，一種の自己売買であり，たとえば買取価格を不当に安く設定して，委託者の損失の上に自ら利益を得ようとする利益相反の危険もある。そこで，商法は，取引所の相場のある物品の販売委託にかぎって，介入権を認める（同条1項）。それは，この場合には，商品の買取価格は市場によって決定され，価格形成に問屋の恣意的な判断が介在する余地はないからである。買取価格は，問屋が買主となったことを委託者に通知した時点の市場価格による。またこの時点で，問屋は委託者に報酬請求権を行使できる（同条2項）。委託販売の取次ぎによって成立した売買契約において，相手方である買主Ｃが，代金を支払わず，債務不履行に陥った場合，問屋Ｂは別段の合意もしくは慣習がないかぎり，自らその代価相当額を委託者Ａに支払う義務を負う（553条）。この場合，問屋Ｂは売主としての地位に基づいて，代金相当分の損害賠償の支払いを買主Ｃに対して求めることになる。

8 物または人の移動・管理にかかわる取引

① 運送営業

運送営業は，人の移動を目的とする**旅客運送**と，物の移動を目的とする**物品運送**に分けられる。運送に関する行為は営業的商行為であり（502条4号），**運送人**とは業として運送を引き受けるものであるから，運送人は商人となる（4条1項）。運送契約は，物または人の移動という仕事を完成させることを目的とするものであるから，

請負契約（民632条）の一種である。570条から588条は物品運送に関する規定であり，589条から594条には旅客運送に関する規定が置かれる。平成30年の商法改正により，運送人とは，陸上運送，海上運送，または航空運送の引受けを業とする者として包括的に定義されるに至った（569条1号）。海上運送とは「船舶」による物品・旅客の運送とされる（同条3号）。海上物品運送については，737条以下に特則規定が置かれるほか，国際海上物品運送については，特別法として「国際海上物品運送法」が適用される。航空運送とは，「航空機」による物品・旅客の運送とされる（569条4号）。国際航空運送については，ワルソー条約，モントリオール条約などが直接適用される。

(1) 物品運送契約　物品運送契約は，一定の物品の運送を依頼するものとしての**荷送人**と，これを引き受ける**運送人**との間に成立する（570条）。到達地において運送品の引渡しを受けるものは**荷受人**というが，荷受人は運送契約の当事者ではない。運送品が到達地に到着するまでは，荷送人がその運送品に対する契約上の権利を持つが，到達地に到着してより後は，荷受人も同一の契約上の権利を取得する（581条1項）。そして，荷受人が運送品の引渡しを請求したときは，荷送人はもはや契約上の権利を行使できない（同条2項）。また運送品が全部滅失した場合は荷送人，荷受人の双方が損害賠償請求権を有するが（同条1項），荷受人が損害賠償請求をしたときは，荷送人はもはや損害賠償請求権を行使することができない（同条2項）。荷受人は，運送品を受け取ったならば，荷送人とともに連帯して運送人に対する運送賃等の支払義務を負う（同条3項）。

　今日のように，取引の範囲が広範な地域に拡大し，商品運送距離が長距離化するなかにあっては，運送人が単独であるよりは，むしろ複数の運送人がかかわってくる場合が多い。たとえば，小樽にある水産品缶詰メーカーＡが，福岡の大規模小売店Ｂに商品を引き渡すために，小樽―福岡の全運送行程をトラック運送業者Ｍに依頼したとしよう。Ｍとしては，全行程を自ら運送することもできるが，小樽から東京までを運送した後，同一の契約の下で（1通の送り状〔571条〕で）同じトラック運送業者Ｎにこの商品を引き継いでもらって，東京から福岡まで届けるという方法も考えられる。このように数人の運送人が相次いで陸上運送する場合を**相次運送**という（579条1項）。この場合，Ｎの意思としては，ＡＭ間の運送契約を引き継いで，荷送人であるＡのために商品を運送するというものである。相次運送ということになると，もし，運送品が，滅失・損傷もしくは延着した場合，それが小樽―東京間（Ｍの責任範囲）で生じたのか，東京―福岡間（Ｎの責任範囲）で生じたのかを明らかにしなくても，荷送人Ａは，損害賠償をＭとＮのいずれに対しても請求できる（ＭとＮは連帯責任を負う）（同条3項）。なお，このような相次運送の規定は，海上運送および航空運送の場合に準用される（同条4項）。

　ところで，Ｍが，同じくＮに東京―福岡間の運送を依頼するのでも，これを下請契約としてなすこともできる（**下請運送**）。その場合，Ｎは下請運送人として，Ｍのためにする意思で行動するのであって，荷送人Ａとの間では何らの契約関係にも立たない。したがって，運送品の滅失・損傷・延着がＭの過失による場合は無論，たとえＮの過失によるのであっても，履行補助者（Ｎ）の過失は債務者（Ｍ）の過失と同じものと評価されるから，やはりＭが荷送人

Aに対して損害賠償の責任を負うことになる。この点で，相次運送の場合とは，法的効果が異なる。なお，この下請運送も579条の相次運送に含まれるという考え方もあるが，判例の立場は，下請運送には579条の適用はないというものである（大判明45・2・8民録18輯93頁）。この他にも，Aが小樽―東京，東京―福岡のそれぞれの区間における運送を，それぞれM，Nに独立して依頼する方法（**分割運送**），Aが小樽―福岡の全区間の運送をMとNに共同して引き受けてもらい，MとNが協議して内部的に運送分担を決める方法（**同一運送**）といった方法がある。運送品の滅失・損傷・延着に関する運送人の責任は，分割運送の場合には，MとNはそれぞれ独立して自己の過失に基づくかぎりにおいてAに賠償責任を負担するにとどまるのに対し，同一運送の場合には全区間の運送責任をM，N両者が共同で負担するのだから，いずれの過失によるのであっても，連帯してAに賠償責任を負う。

　1個の運送契約において陸上・海上・航空運送のうち2つ以上の運送を組み合わせて債務を履行することを「複合運送」という。複合運送において運送品が滅失・損傷・延着した場合の複合運送人の損害賠償責任は，その原因が生じた部分の運送に適用される法令または条約のルールに従って規律されることになる（578条1項）。また，陸上運送のみで引き受けられた運送契約であっても，途中，鉄道運送が組み合わされる場合，当該区間における運送人の責任は主として鉄道営業法および鉄道運輸規程による。このように区間ごとに異なる2以上の法令が適用される場合にも複合運送と同様の規律が及ぼされる（同条2項）。

(3) 運送人の損害賠償義務(原則)

まず，運送人は，本来の契約上の義務として，契約の目的にしたがって，運送品を滅失・損傷することなく，指定された期日に，荷受人に送り届ける債務を負う。もし，運送人が過失によってこれに違反すれば，民法415条に従い，債務不履行による損害賠償義務を負うことになるが，商法は特に575条で運送人の損害賠償責任を定める。それによると，運送人は，運送品の滅失・損傷・延着が，自己の過失によって生じたものでないことを証明しないかぎり，損害賠償責任を負うとされる。これは，民法の債務不履行の場合と同様，過失の証明責任が債務者に転嫁されていることを明らかにするものである。

損害額の算定については，576条がルールを提供する。まず，576条1項の趣旨は，大量かつ画一的な物品運送にあたる運送人を，個々の運送品をめぐるトラブルにおいて損害額の認定をいちいち争わねばならない煩わしさから解放し，ひいては紛争を予防するために，損害賠償額の範囲を一定限度に定型化しようというものである。すなわち，運送品の滅失・損傷の場合における損害賠償額は，運送品が荷受人に引き渡されるべき時点および地における運送品の市場価格，それがないときは正常価格 (同条1項) によって定められる。実際の損害額がこれより大きいか小さいかに関係なく，運送人はこの賠償額を支払えば足りる。もっとも荷送人，荷受人のいずれにもまったく損害が生じなかった場合にまで，運送人がこの法定額の損害賠償を支払わねばならないというものではない (最判昭53・4・20〈商百選74〉)。また，運送品の滅失・損傷によって荷受人もしくは荷送人が支払うはずだった運送賃その他の費用を免れた分については，運送人の損害賠償額から差し引かれる (同条2項)。以上は，運送人

に通常の過失があった場合の規定であるが，損害の発生について運送人に故意または重大な過失があった場合はどうか。このような場合にまで，576条1項の運送人保護の趣旨を貫く必要はないから，商法は運送人に，運送品の滅失・損傷によって実際に生じた損害額全体を支払う義務を負わせている（同条3項）。

　なお，運送人が過失により目的物を滅失・損傷・延着（滅失等〔578条1項〕）した場合は，運送契約違反に基づく債務不履行責任とは別に，不法行為（民709条）に基づく損害賠償責任を負うことが考えられる。この両者の責任はどのような関係に立つのだろうか。判例は，一貫して，契約責任と不法行為責任は別々の要件の下で独立に成立するのだから，債権者はそのいずれであっても任意に選択して追及できるという考え方に立つ（**請求権競合説**）。商法は，この見解に立脚しつつ，商法の運送契約に係る規律（576条・577条・584条・585条）が原則として運送人の不法行為責任にも及ぶことを明らかにしている（587条）。もっとも荷受人があらかじめ当該運送によることを拒んでいた場合には，契約責任の規律を当該荷受人に及ぼすことは正当性を欠くので，当該荷受人による運送人に対する不法行為責任には，商法の規定は準用されない（同条但書）。

　また，運送人の不法行為責任が，運送人の被用者の過失によるものであって，運送人の責任が587条によって免除，軽減される場合には，当該被用者の不法行為責任も運送人と同じ限度において免除，軽減される（588条1項・いわゆるヒマラヤ条項）。しかし，当該被用者に故意または重過失があるときは，同条1項の適用はない（同条2項）。

上に述べたのは，運送人の損害賠償に関する原則であるが，運送品が高価品である場合には，商法は特に 577 条を設けて，荷送人が運送品の種類および価額を委託の時点で運送人に通知しなかったときには，その滅失・損傷・延着により損害が発生しても，運送人は損害賠償責任を負わないと規定する（同条 1 項）。高価品は普通品よりも，滅失等によって生じる損害額が巨額に上る。したがって，その種類・価額が告げられたならば，運送人は保険をかけたり，割増運送賃を請求するとともに，相応の注意をして運送品の滅失・損傷・延着を防止しえたはずである。にもかかわらず，通知がなく，十分な措置をとる機会を与えられなかった以上，結果的に高額の損害賠償を運送人に課すのは不意打ちにあたり，不公平であるという趣旨から，本条のような規定が設けられた。同条にいう高価品とは，容積・重量から見て，運送人が通常予測する価値よりも著しく高価な物品をいう（最判昭 45・4・21〈商百選 75〉）。

さて，高価品の通知がなく，かつ運送人の過失によって，運送品が滅失・損傷・延着したとしよう。同条 1 項によれば，高価品として実際に生じた高額の損害賠償に運送人は応じる必要がないことには異論がない。しかし，運送人は運送品が高価品であるとは知らなかったかもしれないが，通常の運送品としての注意を怠ったことによって損害が生じたのだから，通常の運送品としての損害賠償義務は負担させるのが公平であるように思われる。しかし，一般的には普通品としての価格の決定は困難であることから，結局，運送人は一切損害賠償責任を負わないと考えられている。では，通知はなかったけれども，運送人が高価品であることを知っていた場合にはどうか。この場合は運送人において明告を求めるか，またはそもそも

契約を締結しないこともできたのであり，にもかかわらずあえて運送を引き受けたのだから，運送人は576条の原則に従って高価品としての賠償額を支払うべきである。この場合，577条1項は適用されない（同条2項1号）。当該高価品の滅失・損傷・延着について，運送人に故意または重過失がある場合にも，同様に同条1項は適用されない（同条2項2号）。

577条は，運送契約に基づく運送人の契約責任（575条）を制限しようとする特則である。だとすると，運送人の過失によって高価品である運送品に損害が生じた場合，荷送人は，たとえ明告しなかったことによって，575条による契約責任を追及できなくても，民法709条により所有権侵害に基づく不法行為責任として損害賠償を請求できるとするのが判例の立場である（請求権競合説）。もっとも先に述べたとおり，577条の規律は，運送人の不法行為責任にも及ぼされるので（587条），結論において相違は生じないものと解される。

なお，最高裁判所は，高価品の運送を引き受けない旨，および一定額以上の損害賠償責任を負わない旨を定めた宅配便約款と不法行為に基づく損害賠償請求との関係につき，請求権競合説に立ちつつ，当該約款の効力を不法行為に基づく請求に及ぼすことを認める修正的な見解に立つことを示している（最判平10・4・30〈商百選77〉）。これは587条の規定が立法化される際の基礎となった判例として，同条と同じ判断に立つものである。

| (5) 運送人の損害賠償義務の消滅事由 |

運送品に損傷・一部滅失があった場合に，これを受け取った荷受人が異議をとどめることなく，運送人に運送賃を払った場合には，運送人の損害賠償義務は消滅する（584条1項本文）。運送品にす

ぐに発見することのできない損傷や一部滅失があった場合には，運送品受取りの日から2週間以内に当該損傷・一部滅失を運送人に通知すれば，運送人の責任を追及する権利を留保することができる（同項但書）。もっとも，引渡しの当時，運送人がそれを知っていた場合には，運送人の賠償義務は消滅しない（同条2項）（最判昭41・12・20民集20巻10号2106頁参照）。

下請運送がなされた場合において，下請運送人の運送人に対する同条1項に係る損害賠償責任については，荷受人が同条1項但書の通知をなし，運送人がそれを受けてから2週間以内に下請運送人に対して通知することで，保全される（同条3項）。

運送人の賠償義務は，荷受人が運送品を受け取った日（全部滅失のときは受け取るはずであった日）から1年以内に裁判上の請求をしないときに消滅する（585条1項）。同項の期間は，損害発生後であれば，合意により延長できることとされる（同条2項）。このことから，同条1項の規定は，短期消滅時効を定めたものではなく，1年間の除斥期間を定めたものと考える見解が有力である。なお，下請運送における下請運送人の運送人に対する損害賠償責任については，運送人が荷受人から裁判上の請求をされ，または損害賠償の支払いをした日から3ヵ月が経過するまで，除斥期間は延長される（同条3項）。

(6) その他

荷送人は，運送品が危険性を有するものであるときは，その引渡しの前に，運送人に対し，当該運送品の安全な運送に必要な情報を通知しなければならない（572条）。

荷送人は，運送人の請求により，「送り状」を交付しなければならない（571条）。

送り状は運送契約の内容を証明する証拠として有益である。運送人は送り状の記載に従って運送品を扱えば足り，送り状に記載されていないことについては責任を負わない旨主張できる。

運送人は，荷送人が運送の中止，荷受人の変更その他の処分を請求した場合には，これに応じなければならない（580条）。経済情勢の変動などが生じた場合に，荷送人の柔軟な経済判断を可能にしようとする趣旨である。ただし，この場合には，運送人はすでに運送した割合に応じて荷送人に運送賃を請求でき，またその他処分にかかった費用の弁済を請求できる。

運送契約は運送という仕事の完成を目的とする請負契約（民632条）であり，報酬としての運送賃の支払いは到達地における運送品の引渡しと同時履行の関係に立つ（573条1項。なお民法633条参照）。**運送賃の請求**は，運送人が商人として当然請求しうる報酬である（512条）。たとえ，運送品が滅失・損傷しても，それが運送品の性質もしくは瑕疵によった場合には，荷送人は運送賃の支払いを拒むことができない（573条2項）。

運送人は，運送賃その他立替払いした費用につき，その弁済を受けるまで運送品に対して留置権を行使することができる（574条）。また，荷受人が不明の場合や，荷受人が運送品の受取りを拒み，または受け取ることができない場合には，運送人は運送品を供託することができる（582条1項・583条）。さらに，荷受人不明の場合，運送人は荷送人に対して相当の期間を定めて運送品の処分を指図してくれるように催告し，それでも荷送人が指図をしない場合，運送人は運送品を競売に付することができることとされ（582条2項），さらに運送品につき損傷等の事由により価格低落のおそれがあるときは，そのような催告なしに競売に付することができる（同条3項）。

荷受人が運送品の受取りを拒み，また受け取ることができない場合には，運送人は荷受人に相当の期間を定めて受取りを催告し，その期間経過後さらに荷送人に運送品処分の指図を催告して，その後に運送品を競売に付することができる（583条）。運送人が運送品を競売に付した場合，遅滞なく，荷送人（583条の場合は荷送人および荷受人）に対してその旨の通知を発しなければならない（582条5項）。運送人は競売の代価を供託するか，その全部または一部を運送賃に充当することができる（同条4項）。

なお，運送人の荷送人または荷受人に対する債権は，これを行使できる時から1年間行使しないとき，時効によって消滅する（586条）。権利義務関係の早期確定の要請による規定である。

| (7) 旅客運送契約 | 旅客運送契約（589条）も，物品運送と同じ |

旅客運送契約（589条）も，物品運送と同じく請負契約としての性質をもち，一般的には利用者が交通機関に現実に乗車した段階で成立するものと考えられる。その際，通常発行される**無記名の乗車券**は，集団的関係の処理上利用される運送賃の支払いを証明する金銭代用証券にすぎない。**無記名回数券**の法的性質につき，判例は，これを他日成立すべき運送契約を予想し，その乗車賃の前払いがあったことを証明する乗車賃に代用される一種の票券であって，運送契約上の権利を表章するものではないと考えている。この考え方によれば，回数券発行後運賃が値上がりした場合には，以前に発行された回数券を利用しようとする者は，乗車するたびにあらためて追加運賃を支払わなければならないことになる。

旅客運送契約において，旅客の生命・身体の侵害による運送人の損害賠償責任を免除・軽減する特約を約款に定めても，非常事態に

おける危険な運送であることを旅客が合意しているような場合における
けるものでない限り無効となる（591条）。

　旅客運送人は，旅客が運送のために被った損害に対し，自己の側
に運送に関し過失がなかったことを証明しないかぎり，賠償責任を
負う（590条）。この規定は，物品運送における運送人の賠償責任
（575条）と同じ構造である。

　旅客運送人は，旅客の手荷物の引渡しを受けたときは，そのため
に特に運送賃を請求しない場合でも，その手荷物に関しては，物品
運送人と同じ責任を負う（592条1項）。つまり，576条，584条，
585条，587条などが適用される。また運送人の被用者は，物品運
送契約における運送人の被用者と同一の責任を負う（592条2項）。
つまり，588条が適用される。さらに，引き受けた旅客の手荷物が
到達地に到着した日から1週間以内に旅客がその引渡しを請求しな
い場合の措置として，運送人にはその手荷物を供託し，または相当
期間を定めて催告した後に競売する権利が認められている（592条3
項）。もっとも当該手荷物につき価格低落のおそれがあるときは，
催告せずに競売に付することができる（同条4項）。手荷物を供託し，
または競売に付したときは旅客に通知しなければならない（同条3
項）。旅客の住所・居所が知れないときは，同条3項に係る催告・
通知は不要とされる（同条6項）。なお，当該競売代価について，運
送人は供託するか，その全部または一部を運送賃に充当することが
できる（同条5項）。以上に対して，旅客が自ら管理し，運送人が引
渡しを受けなかった手荷物が運送のために滅失・損傷した場合は，
575条の場合とは異なり，旅客の側でそれが運送人の故意・過失に
よって生じたものであることを証明しないかぎり，運送人は責任を
負わない（593条1項）。つまり，故意・過失の証明責任が運送人か

ら旅客に転嫁されており，この点で運送人の責任が軽減されている。なお，この場合の運送人の責任については，物品運送に係る規定の多くが準用される（同条2項）。旅客運送における運送人の債権には1年間の消滅時効が及ぶ（594条による586条の準用）。

② 運送取扱営業

(1) 運送取扱人

たとえば，個人が貿易取引をしようとする場合，自ら荷送人となって運送契約を結ぼうとすると，送り状や船荷証券，その他通関手続に必要な書類等を作成しなければならず，またどういうルートでそれを運送するかという運送経路や方法（複合運送・相次運送・下請運送などの運送形態を含む）をも自分で決定しなければならないが，十分な経験と知識のない者には，これはかなり困難な作業である。そこで，荷物を送ろうとする者は，このような運送契約を自分に代わって適切に締結してくれる者に委託することが考えられる。委託の形態として，代理方式も考えられるが，商法は，営業として運送契約の取次ぎを行う者，つまり実際に荷物を送ろうとする委託者のために自己の名前で運送人と運送契約を締結することを行う者を運送取扱人として規定する（559条1項）。取次ぎという行為は営業的商行為であり（502条11号），これを業とする運送取扱人は商人である（4条1項）。

運送取扱人には，問屋の規定が準用される（559条2項）。それは，問屋は物品の売買の取次ぎを営業として行うものであり，対象は異なるが取次ぎという行為を行う点においては運送取扱人も同じだからである。いわゆる通運業者は，この運送取扱人にあたるが，実際の通運業者の事業の範囲はそれにとどまらず，物品運送の代理（荷

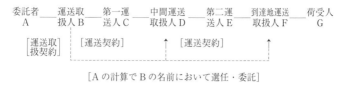

〈中継運送取扱い〉

[Aの計算でBの名前において選任・委託]

送人の名前において運送契約を締結する）や媒介（荷送人と運送人との契約を
仲介する），運送品の積込み・荷揚げ・配達等も含んでいる。

(2) 運送取扱人の損害賠償義務

運送取扱契約の法的性質は委任契約であり，善良なる管理者の注意をもって委託者のために事務を行わなければならない（善管注意義務，民 644 条）。その範囲は運送品を委託者から受け取り，保管し，そして運送人に引き渡す全過程に及び，また適切な運送人や他の運送取扱人（中間運送取扱人や到達地運送取扱人）を選任すること，さらにその他委託者のために運送に必要な各種の配慮をなすことに及ぶ。運送取扱人は，委託された運送品が滅失・損傷・延着した場合，それが当該運送品の受取り，保管，引渡し，運送人の選択等に関する自己の過失によって生じたのでないことを証明しないかぎり，損害賠償責任を負う（560 条）。損害賠償額の範囲については原則として民法 416 条により，ただし，運送契約における高価品の特則（577 条）は運送取扱人に準用される（564 条）。

運送取扱人の損害賠償責任については，物品運送に係る 585 条（1 年の除斥期間），587 条（不法行為責任への 577 条・585 条の準用），588 条（被用者の不法行為責任）が準用される（564 条）。

(3) 運送取扱人の権利

運送取扱人は，商人として，契約上の明文がなくても委託者に対して報酬を請求することができる（512条）。その時期は，運送品を運送人に引き渡した時点である（561条1項）。ただし，運送賃の定められた運送取扱契約においては，特に契約で定めておかないと，別に報酬を請求できない（同条2項）。これは，確定運送賃から実際に必要となった運送賃を差し引いた額が運送取扱人の報酬と考えられるからである。運送取扱いのために必要な費用を支出したときは，それを償還するよう委託者に対して請求できる（559条2項・552条2項，民650条）。運送取扱人は，報酬，付随の費用，運送賃，その他の立替金について，その弁済があるまで運送品に対して留置権を行使できる（562条）。運送取扱人は，自らが運送人として委託された運送品の運送を行うことができる。これを**介入権**とよぶ（563条1項）。

③ 倉 庫 営 業

(1) 倉 庫 営 業 者

倉庫営業者とは，他人のために物品を倉庫に保管することを業とするものをいう（599条）。寄託を引き受けることは営業的商行為（502条10号）であり，これを営業として行う倉庫営業者は商人となる（4条1項）。なお，倉庫営業を行おうとするものは，倉庫業法により，国土交通大臣の許可を得なければならない（倉庫3条）。

倉庫寄託契約は，倉庫営業者（受寄者）が寄託者の物品を引き受けることを合意することによって成立する（諾成契約）。倉庫営業者の保管の態様としては，特定の寄託者から特定の物の寄託を引き受ける特定寄託のほか，穀物，石油，酒類など代替性のある寄託物を，

他の寄託者から寄託を受けた種類および品質が同一の寄託物と混合して保管する混合寄託（民665条の2）が広く行われている（標準倉庫寄託約款19条参照）。混合寄託を受け入れるためには，各寄託者の承諾を得なければならない（民665条の2第1項）。混合寄託においては，寄託者は，その寄託した物と同じ数量の物の返還を請求することができる（同条2項）。また，寄託物の一部が滅失したときは，寄託者は，混合して保管されている総寄託物に対するその寄託した物の割合に応じた数量の物の返還を請求することができる（同条3項）。この場合，当該寄託物の一部滅失等につき倉庫営業者に帰責事由がある場合には，寄託した数量に及ばない不足分については各寄託者に対する寄託物返還義務（同条2項）に係る債務不履行となるから，各寄託者がそれによって被った損害の賠償を求めることができるのは当然である（同条3項第2文）。

(2) 倉庫営業者の義務　倉庫営業者は，営業の範囲内において寄託を引き受けた場合には，報酬の有無にかかわらず，善良なる管理者の注意をもって受寄物を保管しなければならない（595条）。すなわち，保管方法として特に契約で定めない場合には，受寄物の性質に応じて最も適合的な方法によって保管しなければならない。また，寄託者の承諾またはやむをえない事由がないかぎり，下請け等第三者に保管させることはできない（民658条2項）。保管期間について特に契約に定めがある場合以外には，受寄者は6ヵ月を経ないと受寄物を寄託者に返還することはできない（612条本文）。民法663条1項の特則である。もっとも，やむをえない事情があれば，いつでも返還できる（612条但書）。返還時期を定めた場合には，受寄者はやむをえない事由がなければ期限前の返還

はできない（民663条2項）が，寄託者の側からは，いつでも返還請求できる（民662条1項）。ただしそれにより倉庫営業者が損害を受けたときは，寄託者に対して，賠償を請求できる（同条2項）。

　倉庫営業者は，寄託者の請求によって，寄託物の倉荷証券を交付しなければならない（600条）。倉荷証券が作成されたときは，倉荷証券と引換えでなければ，寄託物の返還を請求できない（613条）。また，寄託者が寄託物を処分するためには倉荷証券によらねばならない（605条）。寄託物の譲渡または質権の設定は，倉荷証券の裏書によって行うことができる（606条）。倉荷証券の引渡しは寄託物の引渡しと同一の効力を有する（607条）。こうして倉荷証券に有価証券としての流通性を付与することによって，倉庫に保管中の寄託物であっても，寄託者がこれを円滑・迅速に処分し，またはこれを担保にして金融を受けることが可能になるのである。

　寄託者や，倉荷証券の所持人から営業時間内に寄託物の点検や見本の提供，および保存に必要な処分をすることを求められれば，倉庫営業者はこれに応じ，協力しなければならない（609条）。

　倉庫営業者は，受寄物が滅失・損傷した場合，自己に過失がなかったことを証明しないかぎり，損害賠償責任を負う（610条）。これは倉庫寄託契約に基づく責任であるから，損害賠償請求権者はまず寄託者もしくは倉荷証券所持人である。しかし，寄託者が寄託物の所有者でない場合，果たして寄託者に損害が生じているのかということが問題になるが，寄託者は所有者との関係において寄託契約に基づく損害賠償を支払わなければならないから，この点で寄託者に倉庫営業者に対する損害賠償請求の権利を認めてよい。この際，寄託者が所有者に対して損害賠償責任を果たしてからでないと倉庫営業者に損害賠償請求できないということではない。610条に基づく

〈寄託者が寄託物の所有者でない場合の関係図〉

所有者 ─────── 寄託者 ─────── 倉庫営業者
 ‖   ‖
 ［寄託契約］   ［倉庫寄託契約］

       倉荷証券所持人

請求に関しては損害は将来具体化することが確実なものであればよいと解されるからである。

　寄託物に生じた損傷・一部滅失に係る倉庫営業者の責任は，寄託者もしくは倉荷証券の所持人が，異議をとどめないで寄託物を受け取り，かつ保管料を支払った場合には，倉庫営業者が寄託物の損傷・一部滅失について悪意の場合を除いて消滅する（616条1項本文・2項）。ただし，当該損傷・一部滅失がただちに発見できないものであったときは，倉荷証券所持人または寄託者が引渡し後2週間以内に当該事実を倉庫営業者に通知すれば，権利は保全される（同条1項但書）。また寄託物の滅失・損傷の場合の倉庫営業者の損害賠償責任は，倉庫営業者が寄託物の滅失・損傷につき悪意の場合を除いて，出庫の日から1年を経過すれば時効によって消滅する（617条1項3項）。全部滅失の場合は，倉庫営業者がその旨を倉荷証券所持人または寄託者に通知を発した日から時効が進行する（同条2項）。

(3)　倉庫営業者の権利

　倉庫営業者は商人として，特別な合意がなくても，報酬である保管料を請求できるし（512条），その他寄託物の保管に関して支出した費用の償還を請求できるが，それは寄託物の出庫の時以後になされなければならない（611条）。これらの債権については，寄託物に対して留置権を行使できる（民295条。寄託者が商人で寄託物の所有者である場合には商法521条が適用されうる）。それでは，倉庫営業者は誰にこの債権の支払いを請求できるのだろうか。倉庫寄託契約の当事者である寄託者に対し

て請求できることは当然であるが，倉荷証券が発行され，それが第三者に譲渡されていた場合はどうか。まず，倉庫寄託契約約款や倉荷証券の券面に倉荷証券所持人が寄託物の返還請求と引換えに保管料等を支払うものと定めている場合には，倉荷証券所持人に債務引受けがあったものと考えてよいであろう。そうでない場合は，物品運送において荷受人に運送賃支払義務を負わせる 581 条 3 項のような明文規定が存在しない以上，倉荷証券所持人に当然に保管料等の支払債務を引き受けさせるのは無理があると考えられる（以上につき，最判昭 32・2・19〈商百選 96〉参照）。

　寄託者または倉荷証券所持人が寄託物の受領を拒み，または受領することができないときは，倉庫営業者は，524 条 1 項・2 項に従い，寄託物を供託し，また相当期間の催告をもって競売に付することができる（615 条・524 条 1 項）。当該供託・競売については遅滞なく倉荷証券所持人または寄託者に通知されなければならない（524 条 1 項）。なお，当該寄託物に価格低落のおそれがあるときは，催告なしに競売に付することができる（同条 2 項）。

9 寄託を受けた商人の責任

(1) 原　則

他人の物を預かる場合の受寄者の責任に関する民法上のルールは，有償か無償かによって分けられる。報酬を受けて受託する場合は，受寄者は受寄物に関して善良なる管理者としての注意義務を要求される（民 400 条）が，無償受寄者の責任は**自己の財産と同一の注意義務**にまで軽減されている（民 659 条）。しかし，商人が営業の範囲において寄託を受けた

ときは，無償であっても善管注意義務を負うと定められている（595条）。これは，商人の責任を高めて商取引に対する信頼を促進しようとする趣旨である。

(2) 場屋営業者の責任

一般公衆が来集するのに適した設備を設けて，それを顧客に利用させることを目的とする営業を広く場屋営業という（ホテル，レストラン，浴場，劇場など）。場屋営業者が顧客から寄託を受けた物品が滅失・損傷した場合には，営業者においてそれが不可抗力によるものであることを証明しないかぎり，損害賠償責任を負う（596条1項）。これはローマ時代に特に物品の受領等に関する旅店主の責任を強化しようとした**レセプトゥム責任**を受け継いだ規定だと理解されている。ここで，不可抗力とは，営業のコントロール外で起こった事柄で，通常考えられる予防方法によってもなお防止できないものを指すと考えられている。

また，顧客が携帯し，営業者に寄託しなかった物品の滅失・損傷については，本来契約責任の範囲外のはずであるが，営業者の過失によってそれが生じた場合には，営業者が損害賠償責任を負う（同条2項）。これによって，場屋営業者の責任はさらに強化される。

以上の責任につき，場屋営業者が，責任を負わない旨を一方的に表示しただけでは免責の効果は認められない（同条3項）が，特約によって，つまり明確な合意の下で免責を規定すれば，それは有効である。

顧客が寄託した物品が**高価品**（貴重品）である場合には，顧客がそのことを通知していなければ，場屋営業者は，その滅失・損傷に対して損害賠償責任を負わない（597条）。その趣旨は，運送契約・運

送取扱契約におけるのと同じであり，特に寄託を引き受けた物品に対して厳格な責任が課せられる場屋営業者に，十分なリスクの予測と対処を可能にしようとするものである。では，高価品の通知がない場合，場屋営業者において，重過失によってそれを滅失・損傷させた場合にも，場屋営業者は同条によって損害賠償責任を免責されるだろうか。この点，最高裁は，597条（判決当時は595条）と同趣旨の免責約款は，場屋営業者（ホテル）に重過失があるときには適用されない旨判示し，反対の判断を示していた高裁判決を覆した（最判平15・2・28〈商百選98〉）。もっとも，商法改正後の597条が，577条2項2号と同趣旨の規定を置いていない点を重視すると，当該最高裁の見解を今も維持しうるかどうかについては難しい判断となろう。また，顧客は597条とは別に不法行為に基づいて損害賠償責任を追及できるかという問題につき，物品運送契約に関する577条の議論と同様，判例は請求権競合説に立ち，これを可能としている。この点，場屋営業者が善意・無重過失である限りにおいて597条の規律が不法行為責任にも及ぶと考えることも十分可能ではあるが，特に587条を場屋営業に準用していない改正商法の構造を重視すれば，そのような解釈はとりにくいかもしれない。

　以上の場屋営業者の責任に係る債権は，場屋営業者が悪意である場合を除いて，受寄物を顧客に返還し，また顧客が携帯品を持ち去ってから（全部滅失の場合は，顧客が場屋を去ってから）1年の経過によって時効消滅する（598条1項2項）。

10 その他の商取引類型

① 交 互 計 算

　商人間または商人と非商人との間の契約によって，当事者間の，一定期間内における継続的取引から生じる債権・債務の総額について相殺し，その残額を支払うこととする決済スキームを交互計算という（529条）。交互計算に組み入れられた債権・債務は独立性を喪失し，個々の債権を行使することや譲渡することができなくなるほか，時効消滅や履行遅滞の問題も生じないこととなる（交互計算不可分の原則）。この不可分の原則は，当事者間を契約的に拘束するにすぎず，第三者には対抗できないと解する見解もあるが，通説・判例は，交互計算に組み入れた債権に対する差押えは無効であると解している（大判昭11・3・11〈商百選64〉なお，民法466条の4第1項参照）。

　交互計算期間が満了すると，組み入れられた債権・債務の総額について一括相殺が行われ，1本の残額債権へと更改（民513条）される。当事者が債権・債務の各項目を記載した計算書を承認したときは，錯誤・脱漏がない限り，当該各項目に異議を述べることができなくなる（532条）。

　当座勘定預金契約のように，預金や支払いの都度，残額を算出するタイプのいわゆる「段階的交互計算」には，交互計算不可分の原則は適用されない。なお，交互計算が実際の商取引においてどの程度利用されているのか，という利用実態についてははっきりしないといわれており，裁判例も多くない。

② 匿 名 組 合

匿名組合とは，組合員が営業者に対して出資し，営業者が，当該営業から生じる利益を組合員に分配することを約することで成立する契約である（535条）が，その実質は組合員と営業者による共同企業の一形態であり，歴史的経緯としても，合資会社（会575条1項）に近い企業形態である。

組合員の出資は営業者の財産に帰属し，組合財産や組合員の持分などは観念されない（536条1項）。匿名組合の事業は営業者単独の事業となり，営業において，営業者は善管注意義務を組合員に対して負うと解される（民671条の類推適用・民644条）。また，匿名組合の性質上，営業者は組合員との関係で競業避止義務を負うと解されている。さらに営業者の善管注意義務の内容として，実質的に見て組合員との関係で利益相反となる取引については，組合員の承諾を得べきことが含まれる（利益相反取引原則禁止）と判示した最高裁判例がある（最判平28・9・6〈商百選65〉）。

匿名組合は，集団投資スキームや資産流動化・証券化スキームのビークル（器）として利用されることが多く，また航空機など非常に高価な物についてオペレーティング（賃貸借型）リースの仕組みをつくる際にも，営業者が航空会社に航空機をリースする形で利用されている。

第4章 保 険

本章では，将来の不測の財産上の需要を充足することを目的とする
保険の制度について，平成20年に制定された保険法および関連法
について解説する。保険契約は，一般に損害保険契約と生命保険契
約に大別される。ただし，近時は傷害保険，疾病保険のように必ず
しもそのいずれかに分類するのが適当でないものもあり，一般に第
三分野の保険といわれているが，新しい保険法の下でも特別の規定
が置かれている。

1 総 論

(1) 保険の意義

(ｱ) 保険の概念　保険が何であるかについ
ては，必ずしも十分に明確な定義がある
わけではないが，一般には，同質的な経済上の危険にさらされてい
る多数人の偶然な事故によって生ずる財産上の需要を満たすために，
大数の法則によって把握される事故発生確率から資金をあらかじめ
拠出し，その拠出した資金を需要充足のための共通準備財産とし，
その中のある者に事故が発生した場合に，その者に生じた財産上の
需要を充足させるため，この共通準備財産から金銭を給付する仕組
みであると解されている。その意味で，保険は貯蓄等と同様に将来
の経済的な生活の安定をはかるための制度の1つであるといえる。

258

(イ) 保険の分類　保険は種々の観点から，たとえば以下のように分類される。

(a) 公保険と私保険　国家または公共団体が国民経済的見地から公的な政策の実現のために行う保険を**公保険**といい，これに対し保険関係者の純然たる私経済的見地から運営される保険を**私保険**という。

(b) 営利保険と相互保険　保険会社により保険料の総額と保険金の総額との差額を利得する営利を目的として行われる保険を**営利保険**といい，これに対し保険加入者自身が相互に保険しあうことを目的として加入者自らが構成員となる相互保険会社を組織して行う保険を**相互保険**という。

(c) 損害保険と生命保険　保険者が一定の偶然の事故によって生ずることのある損害を塡補することを約する保険契約を**損害保険契約**（保険2条6号）といい，これに対し保険者が人の生存または死亡に関し一定の保険給付を行うことを約する保険契約（傷害疾病定額保険契約に該当するものを除く）を**生命保険契約**という（保険2条8号）。なお，新しい保険法では**傷害疾病保険契約**を，損害保険契約の一種である傷害疾病損害保険契約（同条7号）と生命保険に類似する傷害疾病定額保険契約（同条9号）とに分けて規定している。

---

(2) 保険法の法源

(ア) 制定法　保険契約法の法源としては，従来，商法第2編第10章「保険」および第3編「海商」第6章「保険」に規定が存したが，平成20年に保険法（平成20年法律56号）が制定され，商法における前者の規定（以下，本章において「改正前商法」という）はこれに置き換えられ，また後者の海上保険に関する規定も平成30年商法改正によって大幅に近

代的な内容に改められた。このほかに，自動車損害賠償保障法（昭和30年法律97号），地震保険に関する法律（昭和41年法律73号），原子力損害の賠償に関する法律（昭和36年法律147号）等における規定も存する。なお，保険監督法としては，従来，保険業法（昭和14年法律41号），保険募集の取締に関する法律（昭和23年法律171号），外国保険事業者に関する法律（昭和24年法律184号）等が存在したが，平成7年の保険業法の改正により新たな保険業法（平成7年法律105号）として一本化されている。このほか，保険料率に関し，損害保険料率算出団体に関する法律（昭和23年法律193号）等が存する。

(イ)　普通保険約款　　普通保険約款に法源性が認められるか否かについては議論があるが，保険契約は，実際上は保険会社があらかじめ作成した**普通保険約款**に基づいて締結されるのが一般である。保険会社が一方的に作成した普通保険約款になぜ契約者が拘束されるのかについての説明として，従来，種々の説が唱えられてきた。①法律行為説・意思推定理論は，保険契約者に保険契約締結の意思があるべきことを前提にこれを推定するものであり（大判大4・12・24〈保険百選2〉），②自治法理論は，「社会あるところ法あり」の法諺を援用して普通保険約款は団体が作成した自治法の一種であり当該取引圏では当然に適用があるとし，③商慣習法理論・白地商慣習法説は，約款自体の法規性は否定しつつ保険の取引圏においては保険は約款によってなされるという商慣習があることを根拠にその適用を認めるものであり，現在は③の説が有力に説かれている。

なお，民法548条の2第1項では，①定型取引合意をした者が定型約款を契約の内容とする旨の合意をしたとき，②定型約款準備者があらかじめその定型約款を契約の内容とする旨を相手方に表示していたときは，定型約款の個別の条項についても合意をしたものと

みなす旨を定めて，約款の拘束力の根拠を明文で示すに至っている。

普通保険約款が契約条項の一種であるとして，問題はどうすればその内容を保険会社と契約者の双方にとって公正・妥当のものとすることができるかということである。その意味で普通保険約款の国家的規制が重要な意味をもっている。平成12年に制定された消費者契約法は，普通保険約款における不当条項を規制する機能を果たしている。なお，船舶海上保険契約の普通保険約款の改正に際し主務官庁の認可を得なかった場合の約款の効力について，最高裁昭和45年12月24日判決〈保険百選3〉は，それだけで約款がただちに無効とされるわけではないと判示した（なお，民548条の4は，定型約款の変更について要件・効果を定めている）。司法的規制は，裁判所が約款の効力を判断するものであるが，保険契約者の保護の観点から普通保険約款の効力を制限的に解釈した例として，たとえば事故発生の際の通知義務に関する最高裁昭和62年2月20日判決〈保険百選15〉がある。

(3) 保険契約の関係者 **(ア)** 保険契約の当事者 **①** **保険者**は，保険契約者と保険契約を締結し保険事故が発生した場合に保険金を支払う義務を負う者である。保険者となることができる者は，資本の額または基金の総額が10億円以上の株式会社または相互会社で内閣総理大臣の免許を得た者にかぎられる（保険業3条・6条）。保険会社は，その商号または名称中に生命保険会社または損害保険会社であることを示す文字として内閣府令で定めるものを使用しなければならない（保険業7条）。損害保険事業と生命保険事業の免許は同一の者が受けることはできない（生損保兼営禁止，保険業3条3項）。

② **保険契約者**は，保険者と保険契約を締結し保険料の支払義務を負う者をいう。保険契約者たりうる者の資格については特に制限はなく個人でも法人でもよく，商人でも非商人でも，また能力者でも制限能力者でもよい。保険契約が複数の保険契約者によって締結された場合において，その中の1人または数人にとって商行為となるときには全員に商法が適用され（3条2項），保険契約者は各自連帯して債務を負担する。

(イ) 保険者の補助者 ① **保険代理商**は，一定の保険会社のために継続的に保険契約の締結の代理または媒介を行うことを業とする者をいう。たとえば，損害保険代理店は損害保険会社のために保険契約の締結の代理または媒介を行う（保険業2条21項）。

② **保険外務員**は，保険者に雇用または委託され保険者のために保険契約の勧誘を行う者をいう。主として生命保険契約における営業職員を指すが，保険業法では生命保険募集人として生命保険会社のために保険契約の締結の代理または媒介を行う者をいうとされている（保険業2条19項）。

③ **保険仲立人**は，保険契約の締結の媒介であって生命保険募集人，損害保険募集人および少額短期保険募集人がその所属保険会社のために行う保険契約の締結の媒介以外のものを行う者をいう（保険業2条25項）。特定の保険会社に専属するものでない点で媒介代理商と異なる。従来の保険募集の取締に関する法律では保険仲立人は認められていなかったが，平成7年の保険業法の改正により導入された。

2　損害保険契約

<hr>

| (1)　意　　義 |

保険法2条6号は，損害保険契約の意義について，「保険契約のうち，保険者が一定の偶然の事故によって生ずることのある損害をてん補することを約するものをいう」と規定している。そこで，一般に損害保険契約は物または財産的利益に対し偶然な事故によって生ずる損害の填補を目的とする有償契約であると解されている。

　事故の発生が「偶然な」ものであることの主張・立証責任を保険金の支払いを請求する者が負うべきであるか否かが故意免責の立証責任の負担との関係で争われたが，現在は一般に否定的に解されている（火災保険につき最判平16・12・13〈保険百選28〉，自動車の車両保険につき最判平18・6・1〈保険百選43〉，最判平18・6・6判時1943号14頁。ただし傷害保険に関する最判平13・4・20〈保険百選97〉は反対に解している）。

　従来，商法は，損害保険契約の種類として，火災保険契約（改正前商法665条~668条），運送保険契約（同669条~672条）を海上保険契約（同815条~841条）のほかに掲げて規定をおいていたが，損害保険契約はこれにかぎられるものではなく，現在は，たとえば自動車保険（強制保険，任意保険），盗難保険，信用保険，保証保険，賠償責任保険等，多様な危険から生じうる損害を填補するための多種の損害保険が販売されている。

<hr>

| (2)　契約の成立 |

(ア)　書面の交付義務　　保険契約は不要式の諸成契約であると解されるので，契約の

締結にあたり保険証券等の書面を作成し交付することはその成立要件とされることはない。しかし，保険契約の内容を書面化することは保険契約者，保険者の双方にとって有利であるとも考えられることから，改正前商法 649 条 1 項では保険契約者の請求がある場合には保険者は保険証券を交付する義務を負うものと定め，同条 2 項でその記載事項について規定していた。新しい保険法では，共済をも規律対象に含めたことから，保険証券の語を「書面」と改めた上で，保険者は，損害保険契約を締結したときは，遅滞なく，保険契約者の請求の有無を問わずに，保険契約者に対し書面を交付すべきものとし，その記載事項を掲げている（保険 6 条 1 項）。なお，同条は任意規定であることから，将来，保険契約者の同意を得た上で，いわゆる電磁的方法により保険契約の内容を保険契約者に提供することも可能であると解されている。

　(イ)　他人のためにする保険契約　　損害保険契約においては，通常は保険契約者は自己が有する被保険利益を保険契約の目的として保険契約の申込みを行うのが通常であるが，他人が有する被保険利益を目的として保険契約の締結が行われることもある。この場合，保険契約者と被保険者とが分離することになるが，その法的性質は一般に第三者のためにする契約（民 537 条）の一種と解されている（ただ，第三者の受益の意思表示は不要とされる）。

　他人のためにする保険契約は，特に運送契約，動産の売買契約との関連でなされることが多いが，契約が有効に成立するためには当事者間にその旨の合意がなされていることが必要であり，この点が明確でない場合には契約は保険契約者の自己のためにする契約と推定される。改正前商法 648 条は，保険契約者が委任を受けずして他人のために契約をなした場合において，その旨を保険者に告げない

ときはその契約を無効とし，もしこれを告げたときは被保険者は当然その契約の利益を享受すると規定していた。これは，委任を受けない他人のためにする保険契約である旨を保険者に告げない場合にこれを無効とする理由は，被保険者が契約の存在を知らないため不正な保険金の詐取が行われる危険があること，そして被保険者からの通知義務等の履行を期待しえないことを保険者に知らせることにあると解されていたが，このような目的を達成するために委任を受けないで契約する旨の告知がなかった場合に契約を無効とするのは行き過ぎであるとの批判を受け，新保険法ではこのような規定を設けていない。

　他人のためにする保険契約においては，被保険者は保険者に対して直接に保険金の支払いを請求する権利を取得する。ただ，契約の当事者はあくまで保険契約者であるので，保険契約締結時の書面受領権（保険6条），保険料減額請求権（保険11条），保険契約解除権（保険27条）等は保険契約者がこれを有する。

　㋒　告知義務　　損害保険契約においては，保険者は，保険契約者または被保険者が，告知事項について，故意または重大な過失により事実の告知をせず，または不実の告知をしたときは，損害保険契約を解除することができる（保険28条1項）。保険契約者が負うこの義務を**告知義務**というが，同様な規定が生命保険契約，傷害疾病定額保険契約についても設けられている（保険55条・84条）。告知義務の理論的根拠については，一般に保険者が契約を締結するに際し危険率を測定し，保険契約を引き受けるか否か，および保険料の額をいくらにすべきかを決定する必要から定められたものと解されている。

　告知事項は，損害保険契約の締結に際し，損害保険契約によりて

ん補することとされる損害の発生の可能性に関する重要な事項のうち保険者になる者が告知を求めたものをいう（保険4条。ただし海上保険における平成30年改正商法820条では，保険契約者または被保険者となる者の自発的な申告義務を定めている）。すなわち，危険測定につき重要な事実であり，保険者がその事実を知れば契約を締結しないか，またはその条件では契約を引き受けなかったと認められる事実を意味する。具体的にどのような事実が重要なものと認められるかについては，実際には主として生命保険において問題となることが多いといえる。

　告知義務違反は，保険契約者または被保険者が悪意または重過失によって重要な事実を告げず，または不実のことを告げた場合に成立する。悪意というのは故意と同じであり，重過失によるとは重要事項につき重過失によって重要性がないと信じ告知しなかった，または重過失によって重要な事実を告知することを知らなかった，あるいは忘れた場合のことをいう。

　保険者が告知義務違反を理由に契約を解除した場合，保険者は，解除がされた時までに発生した保険事故による損害を塡補する責任を負わないが，ただ保険法28条1項の事実に基づかずに発生した保険事故による損害については，この限りでないとされている（保険31条2項）。したがって，もし保険者がすでに保険金を支払っていた場合には，保険金の返還を請求することができる。

　保険者が解除できない場合として，①損害保険契約締結時に，保険者が不告知・不実告知にかかる事実を知っていたかまたは過失により知らなかったとき，②保険媒介者が，保険契約者または被保険者による告知を妨げたとき，③保険媒介者が，保険契約者または被保険者に対し，不告知・不実告知を勧めたときが掲げられている（保険28条2項）。ただし，②と③の場合については，保険媒介者

の当該行為がなかったとしても保険契約者または被保険者が不告知・不実告知をしたと認められる場合には，保険者は保険契約を解除することができる（同条3項）。また，保険者が解除の原因を知った時から1ヵ月間解除権を行使しなかったとき，あるいは損害保険契約の締結の時から5年を経過したときは解除権は消滅する（同条4項）。

告知義務違反と民法における錯誤・詐欺との関係については，従来，判例は告知義務違反に関する商法の規定は錯誤・詐欺の規定の適用を排除しないと解してきたが（民商法適用説，大連判大6・12・14〈保険百選67〉），学説では，このほかに告知義務違反に関しては商法の規定のみを適用すべきであるとする立場（商法単独適用説），錯誤と詐欺とを区別して錯誤についての規定は適用が排除されるが詐欺についての規定は適用が排除されないとする立場（折衷説）が存在した。本問題は，新たに制定された保険法との関係でも同様に問題となる余地があるとともに，民法における錯誤（民95条），詐欺（民96条）に関する規定との関係において改めて検討する必要があるといえる。

| (3) 契約の内容 |

(ア) 被保険利益　損害保険契約が有効に成立し存続するためには被保険利益の存在が必要である（「利益なければ保険なし」）。**被保険利益**とは，保険事故が生ずることによって被保険者が損害を被るおそれのある利益をいう。保険契約は，契約上の給付が偶然な事実によって左右される射倖契約に属するため，これを無制限に認めると不法な利益獲得の目的のために悪用される危険があるので，このような原則が認められている。

被保険利益は,「金銭に見積もることのできる利益」でなければ
ならない（保険3条）。すなわち, 被保険利益は財産的利益でなけれ
ばならず精神的・感情的利益は被保険利益とならない。さらに, 被
保険利益は適法なものでなくてはならず不法な利益を保険の目的と
してこれを保護することはできない。また, 被保険利益は確定して
いるか確定しうるものであることが必要であり, 将来の利益であっ
ても被保険利益となりうると解されている。

　被保険利益の存在の有無について所有権等の権利に関する対抗要
件の有無は直接問題となるわけではないが, たとえば同一の建物に
ついて二重の保存登記がなされ, これをもとに移転登記がなされた
場合には, 第2の保存登記は無効とされ, これに基づく移転登記も
無効となる結果, 被保険利益も認められないことになる（最判昭
36・3・16〈保海百選7〉）。また, 建物が譲渡担保に供された場合に,
設定者が同じ建物につき所有者利益を被保険利益として保険契約を
締結することができるかという問題がある。この点は, 譲渡担保を
法律的にどのように構成するかということとかかわるが, 信託的譲
渡説の立場から被保険利益を否定した判例がある一方で, 担保的構
成を強調する立場から被保険利益を肯定し保険契約の有効性を認め
る学説・判例も少なくない。このような中で最高裁平成5年2月
26日判決〈保険百選5〉は, 担保権者と設定者のいずれも被保険利
益を有すると解した上で, 両者が付した保険契約の保険金額の合計
額が保険価額を超過している場合には, 改正前商法632条の規定の
趣旨にかんがみ, 各保険契約の保険金額の割合によって各保険者の
負担額を決定すべきであると判示した。

　(イ)　保険価額と保険金額　　被保険利益の評価額を**保険価額**とい
う。これに対し, **保険金額**は保険者が事故発生に伴い填補すべき金

額の最高限度として当事者間で約定する金額をいうが，損害保険は損害塡補契約であることから保険金額は保険価額を超えてはならないのが原則である。保険価額と保険金額との関係で，一部保険，超過保険，重複保険の問題が生じることになる。

(a) 一部保険　**一部保険**とは保険金額が保険価額に達しない場合をいい，これに対し保険金額が保険価額に達している場合を**全部保険**という。一部保険の場合には，保険者が負担する支払保険金の額は塡補損害額に保険金額の保険価額に対する割合を乗じて得た額となる（比例塡補の原則，保険19条）。ただ，保険法19条は任意規定であることから，当事者はこれと異なる特約を付すことによって，一部保険の場合でも保険金額の範囲内で損害額の全部を支払う旨を定めることもできる（実損塡補条項）。

(b) 超過保険　保険金額が保険価額を超過する場合をいう。改正前商法631条では，**超過保険**の場合には保険金額が保険価額を超過する部分について保険契約を無効とする旨を定めていたが，保険法9条は，損害保険契約の締結時において超過保険であることにつき保険契約者および被保険者が善意でかつ重大な過失がなかったときは，保険契約者は，その超過部分について，当該損害保険契約を取り消すことができることとし，ただし約定保険価額があるときはこの限りでないと定めている。

(c) 重複保険　同一の保険の目的物について，被保険利益，保険事故が同じで，かつ保険期間が重なる数個の保険契約が存在し，その結果，保険金額の総額が保険価額を超過する場合をいう。

改正前商法は，**重複保険**となる保険契約が時を同じくしてなされた場合とそうでない場合とを区別してその効果について規定していた（改正前商法632条・633条）。すなわち，同時重複保険の場合には，

各保険者の負担額は各自の保険金額の割合によって定め（比例分担主義, 比例責任主義）, 数個の保険契約の日付が同一な場合は, その契約は同時になしたものと推定された（同632条2項）。また, 異時重複保険の場合には, 前の保険者がまず損害を負担し, もしその負担額が損害の全部を填補するに足りないときは後の保険者がこれを負担する（優先負担主義）とされた。ただ, 実務における約款では, 改正前商法のように同時重複保険か異時重複保険かを区別することなく, 各保険者は他の保険契約がないものと仮定して算出した支払保険金の額である独立責任額の割合に応じて損害を填補する旨を定めていた（独立責任額按分主義）。

　これに対し, 保険法20条1項は, 同時重複と異時重複の区別をやめるとともに超過保険における超過部分の契約を有効としたこととの関連で, 重複保険における保険者は填補損害額の全額について保険給付を行う義務を負うものと定めている（独立責任額全額主義）。その上で, 同条2項は, 保険者の一人が自己の負担部分（他の損害保険契約がないとする場合における各保険者が行うべき保険給付の額のその合計額に対する割合を填補損害額に乗じて得た額をいう）を超えて保険給付を行い, これにより共同の免責を得たときは, 当該保険者は, 自己の負担部分を超える部分に限り, 他の保険者に対し, 各自の負担部分について求償権を有することとした。

　㈦　危険の増加と目的物の譲渡　　(a)　危険の増加　　損害保険契約の締結後に, 告知事項についての危険が高くなり, 損害保険契約で定められている保険料が当該危険を計算の基礎として算出される保険料に不足する状態になることを**危険の増加**という（保険29条1項）。保険法29条1項は, 危険の増加が生じた場合において, 保険料を当該危険増加に対応した額に変更するとしたならば当該損害保

険契約を継続することができるときであっても、保険者は、①当該危険増加に係る告知事項について、その内容に変更が生じたときは保険契約者または被保険者が保険者に遅滞なくその旨の通知をすべき旨が当該損害保険契約で定められていること、②保険者または被保険者が故意または重大な過失により遅滞なく通知をしなかったこと、のいずれにも該当する場合には、当該損害保険契約を解除することができる旨を規定している。従って、保険料を変更しても保険契約を継続することができない程度の危険増加の場合には上記要件を満たさなくても当然に保険契約を解除することができると解される。解除は、将来に向かってのみ効力を生ずるが、保険者は、解除前に発生した保険事故による損害については損害を填補する責任を負わない（保険31条1項・2項2号）。なお、危険増加をもたらした事由とは関係なく発生した保険事故については、告知義務違反の場合と同様に、因果関係の不存在を理由に保険者は填補責任を負うこととなる。解除権の行使期間は、告知義務違反に関する規定が準用され、保険者が解除の原因を知った時から1ヵ月間行使しないときおよび危険増加が生じた時から5年を経過したときは消滅する（保険29条2項・28条4項）。

　(b)　目的物の譲渡　　保険契約の目的物が譲渡された場合、譲渡人である保険契約者は被保険利益を失い保険契約は失効することになるので、譲受人が自ら新たに保険契約を締結することが必要となる。しかし、このような処理は必ずしも当事者の意思に合致せずまた手続的にも煩瑣であるので、改正前商法は被保険者が保険の目的物を譲渡した場合には同時に保険契約によって生じた権利を譲渡したものと推定し、この場合に保険の**目的物の譲渡**が著しく危険を変更または増加したときは保険契約は失効する旨を定めていた（改

正前商法 650 条）。

　これに対し，新しい保険法においては，保険の目的物の譲渡に伴う危険増加についても保険法 29 条の適用を受け，当該条文により処理されることになると解される。

(4) 事故の発生と損害の塡補

(ア) **保険者の免責事由**　保険者は，保険事故が発生しそれによって損害が生じた場合，免責事由に該当することがないかぎり保険金を支払う義務を負う。保険者の免責事由として保険法 17 条 1 項は，①保険契約者または被保険者の故意または重大な過失によって生じた損害（責任保険契約については故意のみに限られる）と②戦争その他の変乱によって生じた損害を掲げている（故意免責における故意の意義について，最判平 5・3・30〈保険百選 35〉）。改正前商法 641 条は，以上のほかに，保険の目的の性質もしくは瑕疵，自然の消耗を掲げていたが，保険法ではこれらについては法定免責事由から削除し，免責とするか否かを契約当事者の意思に委ねることとした。

(イ) **事故発生の通知義務**　保険契約者または被保険者は，保険事故発生により損害が生じたことを知ったときは，遅滞なく，保険者に対し，その旨の通知を発すべき義務を負う（保険 14 条）。その義務違反について保険法は改正前商法 658 条と同様に特に規定していないが，義務が履行されていたならば保険者に生じなかったであろう損害について保険者は賠償請求することができ，結局，保険者はこれを控除して保険金を支払うことになると解されている。実際の約款においては，保険契約者または被保険者が正当な理由なく通知義務に違反した場合，保険者は保険金の支払義務を免れる旨を規定するものが多く，保険契約者側に苛酷すぎるのではないかが問題と

されたが，最高裁は自動車保険約款におけるいわゆる60日条項の効力について，義務違反者の主観的事情を考慮したうえでその効力を制限解釈すべきことを判示している（最判昭62・2・20〈保険百選15〉）。

保険法21条は，保険給付の履行期として，期限を定めた場合と期限を定めなかった場合に分けて規定している。保険給付を行う期限を定めなかったときは，保険給付の請求があった後，当該請求に係る保険事故及び填補損害額の確認をするために必要な期間を経過するまでは，遅滞の責任を負わないものと定めている。

（ウ）**損害防止義務**　保険契約者および被保険者は，保険事故が発生したことを知ったときは，これによる損害の発生及び拡大の防止に努めなければならない（保険13条）。この義務に違反した場合の効果についても，改正前商法660条と同様に特に規定されていないが，一般に，被保険者の被った損害額から義務を履行したなら防止軽減することができたと認められる額を控除した額を保険者の填補額として支払うことになると解されている。損害防止のために必要とされる費用はそれと填補額の合計額が保険金額を超える場合でも保険者がそれを負担することとされていたが（改正前商法660条1項但書），この点は，保険法23条では，特に明記されていないものの，同様に解すべきものと解されている。

（エ）**保険金の支払時期**　改正前商法では，保険金の支払時期について特に規定を置いていなかったが，保険法では，保険給付の履行期について規定を新設し，保険者が保険金の支払いについていつから遅滞責任を負うかを明確にした。すなわち，当事者が保険給付を行う期限を定めた場合であっても，当該期限が，保険事故，填補損害額，保険者が免責される事由その他の保険給付を行うために確

認することが損害保険契約上必要とされる事項の確認をするための相当の期間を経過する日後の日であるときは，当該期間を経過する日をもって保険給付を行う期限とされ（保険21条1項），保険給付を行う期限を定めなかったときは，保険者は，保険給付の請求があった後，当該請求に係る保険事故および填補損害額の確認をするために必要な期間を経過するまでは，遅滞の責任を負わないとされている（同条2項）。同じ趣旨の規定が，生命保険契約，傷害疾病定額保険契約についてもおかれている（保険52条・81条）。

　ちなみに，保険金の支払請求権は，保険料の返還請求権と同じく3年間の消滅時効にかかるものとされている（保険95条）。

---

(5) 保 険 代 位

保険事故の発生により損害が生じ保険者が保険金を支払った場合には，一定の要件の下で保険者は被保険者が有していた権利を取得する。これを**保険代位**というが，残存物代位と請求権代位の2種がある。

　(ア)　残存物代位　　保険者は，保険の目的物の全部が滅失した場合において，保険給付を行ったときは，当該保険給付の額の保険価額（約定保険価額があるときは，当該約定保険価額）に対する割合に応じて，当該保険の目的物に関して被保険者が有する所有権その他の物権について当然に被保険者に代位する（保険24条）。

　残存物代位制度の趣旨について，通説である利得防止説は被保険者が全損としての保険金を受け取りつつ残存物に対する権利を保持するのは保険事故の発生により利得することを認めることになるのでこれを防止する必要があると説いている。

　残存物代位が生ずるためには，保険の目的物について全損が生じたことが必要である。なお，改正前商法661条では保険者が保険金

額の全部を支払ったことを要件としていたが保険法では超過保険を無効としないこととの関係で保険金額の全部支払いを要件から削除している。

残存物代位の効果は，残存物についての権利が保険者に移転することである。この権利移転は法律上当然に生じるものであるので，当事者の意思表示を必要とせず，また第三者に対する対抗要件も必要としない。実際の約款では，残存物代位により保険者が常に利益を得るとはかぎらないことから，残存物の所有権は保険者がこれを取得する旨の意思表示をしないかぎり保険者に移転しない旨を定めているものが多い。

(イ)　請求権代位　　保険者は，保険給付を行ったときは，①当該保険者が行った保険給付の額または②被保険者債権の額（保険給付の額が填補損害額に不足するときは，被保険者債権の額から当該不足額を控除した残額）のうちいずれか少ない額を限度として，保険事故による損害が生じたことにより被保険者が取得する債権（被保険者債権という。債務の不履行その他の理由により債権について生ずることのある損害を填補する損害保険契約においては，当該債権を含む）について当然に被保険者に代位する（保険25条）。すなわち，保険事故による損害が第三者の行為によって生じた場合において，保険者が被保険者に対しその負担額を支払ったときは，保険者は保険契約者または被保険者が第三者に対して有する権利を取得することになるのであり，これを**請求権代位**という。請求権代位は，損害保険契約についてのみ行われ，定額保険契約については行われない（所得補償保険に関する最判平元・1・19〈保険百選23〉参照）。近時，自動車保険における人身傷害補償条項に基づき保険金を支払った保険者が保険代位する範囲につき議論がなされているが，判例は保険金の額と被害者の加害者に対する過失相

殺後の損害賠償請求権の額との合計額が過失相殺前の損害額を上回る場合に限り，その上回る部分に相当する額の範囲で保険金請求権者の加害者に対する損害賠償請求権を代位取得すると判示した（最判平24・2・20民集66巻2号742頁）。

　なお，保険者が行った保険給付の額が塡補損害額に不足するときは，被保険者は，被保険者債権のうち保険者が代位した部分を除いた部分について，当該代位に係る保険者の債権に先立って弁済を受ける権利を有する（同条2項）。

　請求権代位の趣旨については，一般に，被保険者が損害賠償請求権と保険金請求権の両方を行使することにより利得することを認めないこと，そして保険者の保険金支払いによって責任のある第三者が免責されることを認めるべきでないことに求められている。

　請求権代位が生じるためには，保険事故の発生により被保険者が第三者に対して権利を取得したこと，保険者が保険金を支払ったことが必要である。保険事故の発生により生じた損害は全損でも分損でもよく，また保険者が負担額の全部を支払った場合のみならず一部を支払った場合でもよい。

　請求権代位の効果は，保険者が，①保険給付の額または②被保険者債権の額（保険者による保険給付の額が塡補損害額に不足するときは，被保険者債権の額から当該不足額を控除した残額）のうちいずれか少ない額を限度として，被保険者債権につき当然に被保険者に代位することである。請求権代位は法律上当然に生ずるものであり，当事者の意思表示を必要とせず，また第三者に対する対抗要件を必要としない。

(6) 保険契約の終了

保険契約の終了事由として，保険法は，①保険契約者による解除（保険27条），②告知

義務違反による解除（保険28条），危険増加による解除（保険29条），重大事由による解除（保険30条）を掲げるとともに，解除の効力は将来に向かってのみ効力を生ずるものと定めている（保険31条）。なお，保険者は，保険契約者または被保険者の詐欺または強迫を理由に契約を取り消した等の場合には保険料を返還する義務を負わない（保険32条）。なお，同趣旨の規定が，生命保険契約，傷害疾病定額保険契約についてもおかれている（生命保険契約につき保険54条～57条・59条・64条，傷害疾病定額保険につき保険83条～86条・88条・93条）。

3 生命保険契約

(1) 意　義　保険法2条8号は，生命保険契約とは，保険契約のうち，保険者が人の生存または死亡に関し一定の保険給付を約するもの（傷害疾病定額保険契約に該当するものを除く）をいうと定めている。すなわち，生命保険契約は人の生存または死亡を保険事故とし，事故が発生すれば具体的な損害の有無や額のいかんにかかわらず一定額の保険金を支払う定額保険であるとされている。

　生命保険契約の種類としては，一定の保険期間内における死亡につき保険金を支払う定期保険契約，保険期間の定めがない死亡保険契約である終身保険契約，一定の保険期間内に死亡した場合に死亡保険金が支払われ保険期間満了時に生存していた場合には満期保険金が支払われる養老保険契約，約定の年金支払開始時まで保険料の払込みが行われ，以後年金の支払いが行われる年金保険等が主要なものである。

（2）契約の成立　　（ア）他人の生命の保険契約　　保険契約者以外の者を被保険者とする契約を**他人の生命の保険契約**という。保険法38条は，生命保険契約の当事者以外の者を被保険者とする死亡保険契約（保険者が被保険者の死亡に関し保険給付を行うことを約する生命保険契約をいう）は，当該被保険者の同意がなければ，その効力を生じないと定めている。他人の死亡についての保険契約は，保険金を不法目的のために取得するのに利用される危険があるので，このような制限を設けている。

　保険法はさらに，他人の死亡の保険契約が被保険者の同意を得て成立した場合における，保険給付を請求する権利の譲渡または当該権利を目的とする質権の設定（保険事故が発生した後にされたものを除く）は，被保険者の同意がなければ，その効力を生じないと定めており（保険47条），また，他人の死亡の保険契約の成立後の保険金受取人の変更も，同様に被保険者の同意がなければ，その効力を生じないと規定している（保険45条）。

　（イ）他人のためにする生命保険契約　　保険金受取人が保険契約者以外の第三者である生命保険契約を**他人のためにする生命保険契約**という。保険契約者が自己の死亡後の遺族に保険金を受領させる目的で契約を締結するような場合がその典型例である。保険金受取人として指定された第三者は，受益の意思表示（民537条3項）をすることなく，当然に保険契約の利益を享受するが（保険42条），保険契約者は保険事故が発生するまでは保険金受取人を変更することができる（保険43条1項）。保険金受取人の変更は，保険者に対する意思表示によってするが（保険43条2項），当該意思表示は，その通知が保険者に到達したときは，それを発した時に遡ってその効力を生ずるものとされている（保険43条3項）。保険金受取人の変更は，遺

言によってもすることができるが，遺言が効力を生じた後，保険契約者の相続人がその旨を保険者に通知しなければ，これをもって保険者に対抗することができない（保険44条）。

保険契約者が保険金受取人を指定する方法として，被保険者の「相続人」と表示された場合には，被保険者の死亡時における相続人全員を保険金受取人と指定した他人のためにする生命保険契約であると解されている（最判昭40・2・2〈保険百選71〉）。また，保険金受取人の指定として「妻・何某」と表示された場合には，この指定は当該氏名をもって特定された者を保険金受取人として指定する趣旨であり，妻という表示はその者が被保険者の妻であるかぎりにおいてこれを保険金の受取人として指定する意思表示とは解されない（最判昭58・9・8〈保険百選68〉）。なお，保険金受取人の指定・変更の方式については特に規定がないが，その意思表示は新旧保険金受取人のいずれに対しなされたものでもよいと解されている（最判昭62・10・29〈保海百選39〉）。

保険金受取人が被保険者でない第三者である場合において保険事故発生前にその者が死亡したときは，保険契約者はさらに保険金受取人を指定することができるが（保険43条1項），保険契約者がこの権利を行使しないで死亡したときは，指定保険金受取人の相続人の全員が保険金受取人となる（保険46条）。なお，保険法46条のもととなる改正前商法676条2項の規定の適用の結果，生命保険の保険金受取人である相続人が複数となる場合の受取割合は民法427条の規定により均等であるとする最高裁平成5年9月7日判決（〈保険百選75〉）があるが，他方で，傷害保険につき，保険契約者が死亡保険金の受取人を相続人と指定した場合は，特段の事情のない限り，その指定には保険金の受取割合を相続分の割合によるとする旨の指

定も含まれているとする最高裁平成6年7月18日判決（〈保険百選103〉）も存在する。

　なお，第三者のためにする生命保険契約において死亡保険金受取人が有する死亡保険金請求権は，破産法34条2項にいう「破産者が破産手続開始前に生じた原因に基づいて行うことがある将来の請求権」に該当するものとして，当該死亡保険金受取人の破産財団に属するとされた（最判平28・4・28民集70巻4号1099頁）。

　㈠　告知義務　　保険法55条は，生命保険契約における**告知義務**違反による契約の解除について規定している。若干注意する必要があるのは，告知の相手方については，従来生命保険募集人には契約締結の代理権が認められておらず一般に告知受領権を有しないと解されてきたが，平成7年の新保険業法の下では生命保険募集人も契約締結の代理権を有する場合がありうるので，告知受領権が認められることもありうることである。

　告知すべき事項は，危険測定にとって重要な事項であることは損害保険契約の場合と同じである。すなわち，保険者がその事実を知っていたならば保険契約を締結しなかったか，または約定の保険料より高い保険料を徴収しないかぎり保険契約を引き受けなかったと客観的に認められる場合をいう。具体的にどのような事実が該当するかについては多くの判例の集積があるが，被保険者の既往症，現症の多く（たとえば，肋膜炎，胆石病，肺炎等）は重要事項とされているが，他の保険会社との間に保険契約を締結している事実は危険測定と関係がないことを理由に重要事実に該当しないとしたものもある（大判大11・8・28〈保険百選59〉，大判昭2・11・2〈保海百選44〉）。告知義務違反の効果は，保険者が契約を解除しうることであり，解除権の行使の条件・内容等も損害保険契約の場合と異ならない。なお，保

険法 59 条 2 項 1 号は，告知義務違反により保険者が生命保険契約を解除した場合において，保険者は，解除前に発生した保険事故については保険給付を行う責任を負わないが，ただし保険事故と告知義務違反の対象とされる事実との間に因果関係がない場合には，保険者は，保険給付を行う責任を免れない旨を規定している。

(3) 保険事故の発生と保険金の支払い

保険者は，保険契約において定められた**保険事故**が発生した場合，保険金を支払う義務を負う。生命保険契約における保険事故は，死亡保険の場合には被保険者の死亡であり，生存保険の場合には被保険者の満期における生存である。

保険法 50 条が，被保険者が死亡したことを知った場合には，保険契約者または保険金受取人は遅滞なく保険者に対して通知を発すべきことを定めている。ただ，損害保険契約の場合と同様に，通知義務違反の効果については特に明記していない。

生命保険契約における保険者の免責事由としては次のようなものがある。

①　被保険者の自殺（保険 51 条 1 号）。自殺とは，故意に自己の生命を絶ち死亡の結果を生ぜしめる行為をいう。したがって，過失による場合や，精神障害中あるいは事理弁識能力喪失中の行為によって生命を絶った場合には自殺には該当せず，保険者は免責されない。なお，約款では，契約成立日または契約復活日から 1 年以内の自殺のみを免責事由としている（1 年経過後の自殺について，最判平 16・3・25〈保険百選 82〉は，保険金の支払を認めることが公序良俗に違反すると認められるような場合を除き，免責の対象とされないと判示した）。

②　保険契約者の被保険者故殺（同条 2 号）。この免責事由の理由

は，保険契約者の行為が保険者に対する信義則に反するからである
と解されている。

③　保険金受取人の被保険者故殺（同条3号）。このような場合に
保険金受取人に保険金を取得することを認めるのは公益に反し，ま
た保険者に対する信義則にも反するからであるとされている。故殺
者に保険金受取りの意図がなかった場合でも保険者は免責とされる
（最判昭42・1・31〈保険百選83〉）。ただし，被保険者を故意に死亡させ
た保険金受取人以外の保険金受取人に対する責任についてはこの限
りでないとされている（同条但書）。

④　戦争その他の変乱による被保険者の死亡（同条4号）。このよ
うな場合は，保険料算定の基礎が大きく異なるからである。ただ，
特約によって割増保険料を払うことでこのような危険も保険契約で
てん補することを定めることも可能である。

（4）契約の終了　　保険法は，生命保険契約の終了事由として，
損害保険契約と共通の事由に加え，他人の
生命に係る死亡保険契約において保険法57条1号・2号に掲げる
重大事由がある等の場合には被保険者は保険契約者に対して契約を
解除することを請求することができるものと定めるほか（保険58条），
差押債権者，破産管財人その他の死亡保険契約の当事者以外の者で
当該死亡保険契約を解除することができるものがする当該解除は，
保険者がその通知を受けた時から1ヵ月を経過した日にその効力を
生ずるものと定めている（保険60条1項）。なお，契約当事者以外の
者による解除については，保険金受取人のうち，①保険契約者また
は被保険者の親族，②被保険者本人のいずれかで，保険契約者でな
い者には解除の効力の発生を防止するために介入権を行使すること

が認められている（同条2項）。保険法51条に掲げる免責事由に基づく契約の終了等のほか一定の場合における生命保険契約の終了時には，保険者は，保険契約者に対して保険料積立金を払い戻す義務を負わされている（保険63条）。保険料積立金の払い戻しを請求する権利は3年間の消滅時効にかかるものとされている（保険95条）。以上と同趣旨の規定が傷害疾病定額保険についてもおかれている（保険87条・89条～92条）。

4 傷害保険契約

(1) 意義と種類　傷害保険契約とは，被保険者が急激かつ偶然な外来の事故により身体に傷害を被った場合に，保険金を支払うことを目的として締結される保険契約である。最高裁は，保険者に対して保険金を請求する者は，発生した事故が偶然な事故であることについて自ら主張・立証すべき責任を負うと解したが（最判平13・4・20判時1751号171頁）学説では異論が少なくない。なお，災害補償共済における発生事故の外来性について判例は請求者は被共済者の傷害が被共済者の疾病を原因として生じたものではないことまで主張・立証すべき責任を負うものではないと解している（最判平19・7・6〈保険百選98〉）。傷害保険契約は，人の傷害に関する保険であるという点では，生命保険と同様に人保険の範疇にはいるが，保険事故の発生の有無そしてその結果の内容が不確定であるという点では損害保険と共通している。

　実際に販売されている傷害保険契約の多くは定額給付型のもので損害保険契約と生命保険契約の中間的な性格が濃いが，一般に損害

保険会社はこれを単独商品として，生命保険会社は主契約に付帯する特約として販売している。損害保険会社が販売している傷害保険契約としては，たとえば普通傷害保険，交通事故傷害保険，ファミリー交通傷害保険，積立ファミリー交通傷害保険，国内旅行傷害保険，海外旅行傷害保険等があり，また生命保険会社が販売している傷害保険特約としては，たとえば傷害特約，災害割増特約，災害入院特約等がある。

　そこで，新しい保険法の下では，傷害保険契約を損害保険契約に類似する傷害疾病損害保険契約と生命保険契約に類似する傷害疾病定額保険契約とに分けて，前者については損害保険契約に関する規定の中に「第5節　傷害疾病損害保険の特則」を定め，後者については傷害疾病定額保険契約として保険法の第4章に特別の規定をおくこととした。後者は，基本的に生命保険契約における規定と同趣旨のものが定められている。

(2) 契約の内容

　(ｱ)　保険金支払義務・免責事由　　保険事故が発生した場合には，保険者は死亡保険金，後遺障害保険金，入院・通院保険金等の保険金を支払う義務を負う。

　保険者の免責事由として，たとえば損害保険会社が販売する傷害保険の普通保険約款では，①保険契約者または被保険者の故意，②保険金を受け取るべき者の故意，③被保険者の自殺行為，犯罪行為または闘争行為，④被保険者の無免許運転または酒酔い運転中の事故，⑤被保険者の脳疾患，疾病または心神喪失，⑥被保険者の妊娠，出産，早産，流産または外科的手術その他の医療処置，⑦大気汚染，水質汚濁等の環境汚染，⑧被保険者の刑の執行または拘留もしくは

入監中に生じた事故，⑨地震，噴火または津波，⑩戦争その他の変乱または暴動等および⑪核燃料物質による汚染物の放射性事故等を掲げている。

⑷　**モラル・リスクの問題**　　傷害保険は定額保険である場合が多いため，複数の保険者とのあいだで短期間に多くの保険契約を締結して保険金の詐取を行う等，保険契約を不正な目的のために利用することが少なからず見受けられ，このためにどのような防止措置を考えるべきかが問題となる。

判例では，たとえば約款中の他保険契約の告知・通知義務違反を理由に契約の解除を認めたものがあるが，この種の条項により保険者が契約を解除できるのは，保険契約者または被保険者が悪意または重過失により告知・通知を怠っただけでなく，不告知・不通知が不正な保険金取得の目的に出たなど，不告知または不通知を理由に保険契約を解除することが社会通念上公平かつ妥当と解される場合にかぎられるとして制限解釈をしたものも存在する（東京地判平3・7・25〈保海百選63〉）。このほか，判例では改正前商法656条が定める危険の著しい増加による契約の失効を根拠として，保険者による保険金の支払拒絶を正当と認めたものもある（札幌地判平2・3・26〈保海百選62〉）。

本章では，海上において船舶を用いて行う海上企業活動，とりわけ
海上運送業を中心に海商法について解説する。海上運送業に関して
は，商法第3編「海商」に規定があるほか，外航船による海上物品
運送については1924年船荷証券条約およびその1968年改正議定書
と1979年改正議定書を国内法に取り入れた平成4年改正の国際海
上物品運送法（昭和32年法律172号）があるが，いずれも平成30
年に大幅な改正が行われた。以下では，両法における規定の内容を
中心に見ていくこととする。

1　船　　舶

(1) 海商法における船舶

　　　　　　　　　　　　船舶の意義について法律はとくに規定をお
いていないが，一般に船舶とは，水上航行
の用に供する構造物をいうとされている
（社会通念上の船舶）。しかし，海商法が対象とする船舶はより限定さ
れたものであり，たとえば，684条では，船舶とは商行為をする目
的で航海の用に供する船舶をいうと定義しており，したがって，海
商法上は航海船である商船だけが船舶とされ，内水船（湖川港湾等の
内水のみを航行する船舶）または非商船は適用対象とされていない（さ
らに櫓櫂船等の極めて小規模な船舶も除外している）。ただし，平成30年
の商法改正により，非航海船による海上物品運送については，個品

運送に関する規定が準用されることになった（747条・756条）。

さらに，従来たとえば航海船と非航海船あるいは営利船と非営利船とが衝突したような場合，一方には海商法の規定が適用されるのに対し他方にはその適用がないこととなり，紛争の簡明な処理を行うことができなくなることが問題であるとされてきたが，平成30年の船舶法35条の改正により，公用船でないかぎり非営利である航海船にも商法第3編の規定を準用する（1項）ことに加え非航海船にも商法791条（船舶衝突），および807条（海難救助）の規定を準用することとした（2項）ため，状況は大きく改善されるに至った。

（2）　船舶の公示　船舶は法律上は本来動産に属するが（民86条），その価格が高価であり，しかも登記簿上同一性の認識が容易であることなどの理由から伝統的に不動産的取扱いを受けるとともに擬人的取扱いを受けてきた。すなわち，船舶は固有の名称を有し，国籍・船籍港を定めることによって船舶の登録・登記の公示が行われることになっている。

(ア)　船舶の登記　　総トン数20トン以上の日本船舶の所有者は船舶法の定めるところに従い，**船舶の登記**をし，かつ船舶国籍証書の交付を受けなければならない（686条）。船舶の登記は，船舶に関する私法上の権利状態を公示することを目的とする制度であり，登記所は，船籍港を管轄する法務局もしくは地方法務局またはその支局もしくは出張所とされている（船舶登記規則2条）。登記事項は，船舶の所有権の保存登記，移転登記，賃借権の登記，抵当権の登記および船舶管理人に関する事項の登記等がある。

(イ)　船舶の登録　　総トン数20トン未満の船舶および櫓櫂船を除き（ただし，平成13年制定の小型船舶の登録等に関する法律2条・3条参

照)，日本船舶の所有者は船舶登記をなした後，船籍港を管轄する管海官庁に備え付けられた船舶原簿に登録をし，船舶国籍証書の交付を受けなければならない（船舶5条・20条）。**船舶の登録**は，船舶に対する国籍の付与等の行政上の取締りを目的として行われる公法上の制度であり，船舶の登記とはその制度の目的を異にしている。

---

(3) 船舶債権者

(ア) 船舶先取特権 842条は，船舶に関する特定の債権者に，船舶およびその付属物に対する先取特権を認めている。すなわち，商法は，①船舶の運航に直接関連して生じた人の生命または身体の侵害による損害賠償請求権，②救助料に係る債権または船舶の負担に属する共同海損の分担に基づく債権，③国税徴収法もしくは国税徴収の例によって徴収することのできる請求権であって船舶の入港，港湾の利用その他船舶の航海に関して生じたものまたは水先料もしくは引き船料に係る債権，④航海を継続するために必要な費用に係る債権，⑤雇用契約によって生じた船長その他の船員の債権について，他の一般債権者はもとより民法上の先取特権者ならびに船舶抵当権者にも優先して弁済を受ける効力を認めている（844条・848条1項）。**船舶先取特権**は，船舶の所有者等の責任の制限に関する法律95条1項（ただし，物の損害に関する債権に限る），船舶油濁損害賠償保障法40条1項においても定められている。

(イ) 船舶抵当権 **船舶抵当権**とは，登記した船舶を目的とする抵当権をいう。船舶債権者に船舶抵当権者を含めるべきか否かについては議論があるが，商法は船舶金融の必要性から動産である船舶について船舶登記簿を利用して船舶抵当権を設定しうるものとし，その反面，登記船舶には質権を設定しえないものとした（847条1

項・849条）。船舶抵当権には不動産の抵当権に関する規定が準用され（847条3項），その順位，効力等は不動産の抵当権と異ならない。船舶先取特権は船舶抵当権に優先する効力を有するが（848条1項），登記なくして船舶抵当権に優先して弁済を受けうる債権を認めることには問題も少なくない。船舶先取特権を生ぜしめる債権の範囲についてはできるだけ制限していくべきであるとする考え方が，解釈論上も立法論上も多いといえる。

2 海上運送人

（1） 海上運送人の意
　　義とその責任

海上物品運送契約において海上運送を委託する者を荷送人，これを引き受ける者を海上運送人という（国際海運2条2項・3項）。実務上，海上運送人となりうる者には種々の者があるが，一般には**船舶所有者，船舶共有者，船舶賃借人，傭船者**がこの地位に立つことになる（平成30年改正前国際海運2条2項参照）。

（ア）　船舶所有者　　船舶所有者とは自ら船舶を所有しこれを海上企業活動の用に供する者をいう。船舶所有者は，一般の不法行為責任とは異なった特別の不法行為責任を負わされている（690条）。

　すなわち，たとえばYが所有する船舶の船長Aがその職務を行うにあたり，故意または過失によってXの財産に損害を与えた場合を考えてみると，民法の一般原則に従えば，Yは民法715条1項によりAの使用者として不法行為責任たる使用者責任を負うことになるであろう。そこで，もしYがその責任を免れたいと思うならば，Yは同項但書によりAの選任・監督について相当の注意を

したこと又は相当の注意をしても損害が生ずべきであったことを立証しなければならない。その意味で，民法715条の使用者責任は立証責任が転換された過失責任といえる。これに対し，690条の場合には，船舶所有者は船長・船員の選任・監督についての無過失を立証しても免責されることはなく，無過失責任としての不法行為責任を負わされているのである。判例（最判昭48・2・16〈保海百選75〉）によれば，690条は，船長その他の船員の職務の特殊性に鑑み，民法715条に対する特則を定めたものであり，本条による船舶所有者の責任に関しては民法715条の規定の適用はないとされている。

(イ) 船舶共有者　船舶共有者は，船舶を共有しそれを海上企業活動の用に供する者をいう。船舶共有は，もともと海上企業に伴う資本の調達と危険の分散のために利用された共同企業体としての性格を有しており，民法の組合契約と類似する。そこで，商法はその資本団体的性格を前提に各共有者の持分価格に応じたうえで船舶共有者の内部関係，外部関係の問題を処理するために特別の規定をおいている（692条～700条）。

(ウ) 船舶賃借人　船舶賃借人は，他人の船舶を賃借しこれを海上企業活動の用に供する者をいう。海運実務においては，船舶賃貸借は一般に裸傭船契約という傭船契約の一種としての契約でなされることが多い。船舶賃貸借においては，船舶賃借人は船長・船員を伴わない船舶自体を船舶所有者より賃借し，船長・船員は自らが選任しその監督の下に服せしめて船舶を支配し，占有すると解されている。この裸傭船のように傭船者に船舶の占有が移転する傭船契約を一般にデマイズ・チャーターとよんでいる。

　船舶賃貸借における対外的責任関係の問題について，商法は船舶の利用に関する事項については，船舶賃借人が第三者に対し船舶所

有者と同一の権利義務を有するものと規定している（703条1項）。したがって，船長が発行した船荷証券による責任，船籍港外で船長が締結した船舶修繕契約上の責任のような契約上の責任にかぎらず，不法行為責任に関しても船舶賃借人が690条の無過失責任をベースに責任を負うことになる。船舶所有者は，この場合第三者と直接法律関係に立たないことになるが，商法は船舶債権者を保護する必要があることから，船舶賃借人による船舶の利用によって生じた先取特権は船舶所有者に対しても効力を生ずるものとした（703条2項）。判例によれば，703条2項（当時は704条2項）にいう「先取特権」には，商法842条に定める船舶先取特権のみならず，民法上の先取特権も含まれると解されている（最決平14・2・5判時1787号157頁）。

　　(エ)　傭船者　　傭船者がさらに第三者との間で再傭船契約，再運送契約を締結することによって，海上運送人としての地位を占めることが少なくない。

　　傭船契約（チャーター・パーティー；Charter Party）は，商法上は一般に船舶の全部または一部をもって運送契約の目的とする契約をいうが（たとえば748条1項参照），海運実務においては，通常これを**航海傭船契約，定期傭船契約，裸傭船契約**の3種類に分類している。裸傭船契約は船舶賃貸借に相当するものであるが，航海傭船契約は一定の航海ごとに船舶の全部または一部を運送契約の目的とするもので，純然たる運送契約の一種と解される。これに対し定期傭船契約は一定期間を定めて船舶所有者が船舶の利用を傭船者に供する契約をいい，特に狭義的にはボール・タイム書式，N. Y. プロデュース書式等の国際書式に見られるとおり，船舶貸借約款，利用約款，本船使用約款，不満約款，純傭船約款等の典型約款が含まれている。従来，定期傭船契約については商法に明文の規定が置かれていなかっ

たためその法的性質をめぐって激しい議論の対立があったが，特に問題とされる船舶衝突の責任，船荷証券上の責任等については，契約の法的性格を抽象的に論じるよりも，むしろ個々の定期傭船契約ないし船荷証券における具体的な条項を詳細に検討したうえで契約の実態に即した法の適用を考察し，妥当な結論を導くべく法解釈を行っていく必要があり，わが国の判例も近時はこのような傾向を示すものが現れている（定期傭船者の衝突責任に関する最判平4・4・28〈保海百選77〉および定期傭船契約における船荷証券と運送契約上の債務者に関する最判平10・3・27民集52巻2号527頁〈保海百選78の上告審〉参照）。

　平成30年の商法改正では，定期傭船契約について明文の規定を置くこととし，704条で船舶利用契約の一種としての定期傭船契約の意義を明らかにするとともに，定期傭船者による指示（705条），費用の負担（706条），運送および船舶賃貸借に関する規定の準用（707条）について新たに規定が置かれるに至っている。

(2) 海上運送人の補助者

　海上運送人は海上企業活動を行うに際し種々の補助者を使用するが，海上運送人の補助者は，海上運送人との間の雇用契約関係をもとに指揮監督関係が存する従属的補助者と，このような関係がなく海上運送人とは独立した関係に立つ独立的補助者とに分類することができる。船舶に乗り組む**船長**，**船員**は前者に属し，**船舶代理人**，**船舶仲立人**，**運送取扱人**等は後者に属する。

　(ア) **船　長**　　船長は船舶所有者（以下「船主」ともいう）の代理人としての地位と船舶の運航指揮者としての地位の二面を有している。船長の代理権の範囲は法律で定められ，それに制限を加えても善意の第三者に対抗できない（708条2項）。船舶が船籍港外にある場合

には，船長は船舶所有者に代わって航海のために必要な一切の裁判上または裁判外の行為をする権限を有する（同条1項。ただし，①船舶について抵当権を設定すること，②借財をすることは除かれている）。

船長は，船舶の運航指揮者として，海員を指揮監督し，かつ船内にある者に対して自己の職務を行うのに必要な命令をなし，海員の船内規律違反について懲戒権を行使しうる（一般に「船舶権力」という。船員7条・22条〜24条）。船長は，海員がその職務を行うにあたり故意または過失によって他人に損害を加えた場合には，自らが監督を怠らなかったことを証明しなければ損害賠償の責任を免れることができない（713条）。

（イ）　海員・水先人　　**海員**とは，船長以外の一切の船員をいい，職員と部員とに分類される（職員とは，航海士，機関長，機関士，通信長，通信士および国土交通省令で定めるその他の海員をいい，部員とは，職員以外の海員をいう。船員3条）。海員は，船主の代理人ではないので商法では特別の規定を設けておらず，海員の労働法的規整は主に船員法の下において行われている。海員は，船主との間で特定の船舶に乗り組むために雇入契約を締結する。水先人とは，一定の水域において船舶に乗り組み船舶を導く者をいう。水先人は，継続的に船内労務に服するものではないので船員ではない。

---

(3)　船主責任制限

（ア）　従来より，船主は船籍港外における船長その他の船員の行為を指揮監督するのは困難であり無限責任を負わせるのは酷である，また海運は国民生活と密接な関係があるのでこれを保護助成する必要がある等の理由から，海上企業主体である船主の責任を制限することが広く各国で行われてきた。

船主責任制限の方法は各国における沿革を反映して多様なものがありうるため，船主責任制限制度を統一する努力が古くから行われてきたが，1957 年制定の**船主責任制限条約**は金額責任主義を採用し広く世界各国の国内法に採り入れられた。わが国においては，従来690 条が委付主義を採っていたが，1975 年にこの条約を批准し「船舶所有者等の責任の制限に関する法律」(昭和 50 年法律 94 号)（以下「**船主責任制限法**」という）が制定された。その後，1957 年条約の内容をより現代的なものとする 1976 年**海事債権責任制限条約**が新たに制定されたため，わが国は，1980 年にこの条約を批准し船主責任制限法に必要な改正を行った。さらに，2005 年には，1996 年改正議定書に基づき責任限度額を約 2.4 倍に引き上げるとともに，旅客損害に関する債権につき責任制限を廃止した。また，2015 年には，条約改正に伴い責任限度額を 1.51 倍に引き上げる改正が行われている。

　(イ)　船主責任制限法には，責任制限の要件・効果を定める実体法的規定とその手続を定める手続法的規定が存する。

　(a)　実体法的規定においては，責任制限の主体として，船舶所有者等，救助者，被用者等が掲げられている（船主責任制限 2 条 1 項 2 号~3 号）。

　(b)　制限債権として，船舶所有者等，被用者等の場合には，船舶上でまたは船舶の運航に直接関連して生ずる人の生命・身体が害されることによる損害，またはその船舶以外の物の滅失もしくは損傷に基づく債権（船主責任制限 3 条 1 項 1 号）等が掲げられている。また救助者・被用者等の場合には，救助活動に直接関連して生ずる人の生命もしくは身体が害されることによる損害，またはその救助者にかかる救助船舶以外の物の滅失もしくは損傷による損害に基づく

債権（船主責任制限3条2項1号）等が掲げられている。なお，船主責任制限法4条には責任制限することができない非責任制限債権が掲げられているほか，船舶所有者等，救助者，被用者等は，以上のような債権が自己の故意により，または損害の発生のおそれがあることを認識しながらした自己の無謀な行為によって生じた損害に関するものであるときは，責任制限をすることができないとされている（船主責任制限3条3項）。

(c) 責任限度額は，船主責任制限法7条において，①船舶所有者等・救助船舶にかかる救助者等の責任制限の場合（船主責任制限7条1項2項），②救助船舶にかかる救助者以外の救助者等の責任制限の場合（同条3項4項）に分けて規定されている。

(d) 手続法的規定においては，責任制限主体による責任制限手続開始の申立て（船主責任制限17条）に始まり，基金の形成，開始決定を経て，制限債権の届出，調査，確定の後，その配当についての規整が行われている。

3 海上物品運送

(1) 海上物品運送契約の種類と適用法

海上物品運送契約とは，海上において船舶により物品の運送を引き受ける契約をいう。海上物品運送契約は，船主が船舶の全部または一部を貸し切り，これに船積みした物品を運送することを約し，相手方たる傭船者が報酬として傭船料を支払うことを約す傭船契約と，海上運送人が不特定多数の荷主との間で個々の運送品をもって運送契約の目的とする個品運送契約がある。個品運送契約は，大型

の定期船において利用され，海上運送契約における最も近代的な運送契約の形態といえる。従来，商法は全部傭船契約を中心に規定し，個品運送契約については，わずかに数ヵ条の規定をおいているにすぎなかったが，平成30年の商法改正では海上物品運送契約に関する特則として個品運送契約に関する規定（737条～747条）と航海傭船契約に関する規定（748条～756条）を区別して置くとともに，航海傭船契約には個品運送契約に関する規定の多くを準用することとしている（756条）。外航船による個品運送契約には1957（昭和32）年に制定された国際海上物品運送法（以下「国際海運法」という）が適用される。

　国際海運法は，1924年船荷証券条約を国内法に取り入れたものであるが，1992（平成4）年にヴィスビー・ルールを取り入れるための改正が行われている。その適用範囲については，以下の点に注意する必要がある。①本法は，条約と異なり傭船契約にも適用があるが，運送人の免責特約禁止の規定（国際海運11条1項）は適用されない（国際海運12条）。②運送品には，生動物，甲板積み貨物も含まれるが，運送人の免責特約禁止の規定はこれらの運送品にかかる運送には適用されない（国際海運14条1項）。③条約は，運送品を船舶に積み込んだ時からこれを船舶から荷揚げした時までの期間について適用されるが，本法は，運送品の受取り時から引渡し時までの全期間について適用され，ただ免責特約禁止の規定は，運送品の船積み前または荷揚げ後の事実により生じた損害には適用されない（国際海運3条・11条3項）。

　なお，国際海上物品運送については，その後国連において1978年のハンブルグ・ルールが制定され運送人の責任の強化が図られるとともに，2008年のロッテルダム・ルールの制定によって新たな

運送責任体制の国際的統一化が試みられているが，日本では未だ国内法に取り入れられてはいない。

---

(2) 海上運送人の義務

(ｱ)　**船舶の提供・堪航能力担保義務**　海上運送人は，運送契約の趣旨に適合した船舶を傭船者または荷送人に提供しなければならない。海上運送人は，傭船者または荷送人に対し船舶が発航当時安全に航海をなすに堪えることを担保し，これに堪えないときはそれによって生じた損害を賠償する義務を負うが，この義務を**堪航能力担保義務**という。

　堪航能力担保義務については，平成 30 年改正前商法 738 条および国際海運法 5 条が規定していたが，国際海運法 5 条がその義務違反を運送人の過失責任と構成しているのは明らかであるのに対し（東京高判平 12・9・14 判時 1737 号 133 頁参照），738 条が定める義務については議論の余地があった。従来，通説・判例はこれを無過失責任と解してきたが（最判昭 49・3・15〈保海百選 85〉），過失責任と解すべきであるとする説も存在した。平成 30 年改正商法 739 条では，国際海運法 5 条と同様に堪航能力担保義務の内容を明記するとともに，過失責任であることを明らかにした。

　(ｲ)　**受取り・船積み・積付け，船荷証券の発行・交付**　海上運送人は，船積み港に船舶を回航し碇泊させたのち，契約に従って引き渡された運送品を受け取り，これを船舶に積み込み適切に積み付ける義務を負う（737 条，国際海運 15 条）。なお，荷送人は，運送品が引火性，爆発性その他の危険性を有するものであるときは，その引渡しの前に，運送人に対し，その旨および当該運送品の品名，性質その他の当該運送品の安全な運送に必要な情報を通知しなければならない（572 条）。運送人・船長等は，荷送人の請求により，船積み

後遅滞なく船荷証券を**発行・交付**する義務を負う（757条，国際海運15条）。

　(ｳ)　**発航・運送**　　運送人は，運送品の船積み・積付けが完了した後ただちに船舶を発航させる義務を負う。運送人は，運送品の受取り時から引渡し時まで，善良な管理者の注意をもってこれを保管し運送しなければならない（国際海運3条）。

　(ｴ)　**陸揚げ・引渡し**　　海上運送人は，陸揚げ港に船舶を入港させ碇泊させたのち，運送品を陸揚げし，これを荷受人または船荷証券所持人に引き渡す義務を負い（国際海運3条），引渡しによって*海上運送人の運送契約上の債務は終了する*。

　荷受人の権利義務について，商法581条は，荷受人は運送品が到達地に到着し，または運送品の全部が滅失したときは，物品運送契約によって生じた荷送人と同一の権利を取得し（1項），その場合，荷受人が運送品の引渡しまたはその損害賠償の請求をしたときは，荷送人は，その権利を行使することができない（2項）旨を規定する。なお，荷受人は，運送品を受け取ったときは，運送人に対し，運送賃等を支払う義務を負うものとされている（3項）。

---

(3)　海上運送人の責任

　(ｱ)　**責任の原因**　　国際海運法3条・4条は，海上運送人は，自己またはその使用する者が運送品の受取り，船積み，積付け，運送，保管，荷揚げおよび引渡しについて注意を怠ったことにより生じた運送品の滅失，損傷または延着について，損害賠償責任を負い，運送人はその注意が尽くされたことを証明しなければ責任を免れないとして，運送人の債務不履行責任について規定している。

　運送人が履行補助者の故意・過失に基づく損害につき賠償責任を

負うこと，および運送人が自己またはその使用する者が注意を怠らなかったことを立証しないかぎり損害賠償責任を免れえないこと等，基本的には物品運送契約に関する商法の原則（575条）と異ならない。

　海上運送人の責任と不法行為責任との関係については，請求権競合説（最判昭44・10・17判時575号71頁），法条競合説，折衷説等の考え方があるが，1968年制定のヴィスビー・ルールを取り入れた国際海運法16条1項では，運送人の免責や責任制限のような債務不履行に関する規定は，運送人に対する請求が不法行為責任に基づく場合に準用されるとして，両請求権の間における不均衡を是正している。なお，平成30年の商法改正においては，587条で物品運送一般につき同様の処理を行う旨が明記された。

　(イ)　賠償額の定型化・運送人の責任限度　　国際海運法8条は，商法576条と同様の趣旨から，運送品に関する損害賠償の額は，荷揚げされるべき地および時における運送品の市場価格によって定めるものとして，債務不履行の一般原則に対する特則としての賠償額の定型化をはかっている（ただし，国際海運10条による制約がある）。

　国際海運法9条1項は，運送品に関する運送人の責任は，①滅失，損傷または延着に係る運送品の包または単位の数に1計算単位の666.67倍を乗じて得た金額，あるいは②当該運送品の総重量について1キログラムにつき1計算単位の2倍を乗じて得た金額のいずれか多い金額を限度とすると定め，運送人の責任の限度について規定している。この場合，1計算単位とは，国際通貨基金協定3条1項に規定する特別引出権による1特別引出権に相当する金額をいい（国際海運2条4項），その邦貨への換算は運送人が損害を賠償する日において公表されている最終のものによる（国際海運9条2項）。

　第二次大戦後に急速に発展した**コンテナー輸送**との関連で，国際

海運法9条3項は，運送品がコンテナー，パレットその他これらに類する輸送用器具を用いて運送される場合には，第1項の規定の適用については，その運送品の包もしくは個品の数または容積もしくは重量が船荷証券または海上運送状に記載されているときを除き，コンテナー等の数を包または単位の数とみなすと規定している。

なお，損害が運送人の故意により，または損害の発生のおそれがあることを認識しながらした運送人の無謀な行為によって生じたものであることが証明されたときは，運送人は責任制限をすることができないものとされている（国際海運10条）。

商法577条1項は，貨幣，有価証券その他の高価品については，荷送人が運送を委託するにあたりその種類および価額を通知した場合を除き，運送人は，その滅失，損傷または延着について損害賠償責任を負わないとして，いわゆる高価品免責について規定しているが，これは責任制限とは別の制度であると解されている。

（ウ）　免責約款の禁止・法定免責事由　　従来，海上運送人は，船荷証券中に種々の免責約款を挿入して自己の責任を減免することが少なくなかった。1924年船荷証券条約は，免責約款を禁止し運送人の責任を強行法的に規制することとし（同条約3条8項），それが国際海運法11条1項によって国内法に採り入れられている。ただし，免責約款の禁止は，運送品の船積み前または荷揚げ後の事実により生じた損害（国際海運11条3項），傭船契約の当事者間（国際海運12条），特殊の運送および生動物・甲板積みの運送（国際海運13条・14条）には適用されない。

1924年船荷証券条約は，運送人の免責約款を禁止した反面，運送品の損害が船員等の航海上の過失あるいは船舶における火災等の一定の事由によって生じた場合には，運送人は法律上当然に免責さ

れるものと定め，運送人の責任の加重・軽減のバランスをはかるとともに，荷主との間の利害関係の妥当な解決をはかっている。航海上の過失（国際海運3条2項），船舶における火災（同項）以外の法定免責事由としては，海上その他可航水域に特有の危険，天災，戦争・暴動または内乱等が掲げられている（国際海運4条2項）。

　(エ)　**責任の追及・消滅**　　荷受人または船荷証券所持人は運送品の一部滅失または損傷があった場合には，受取りの際運送人に対し，その滅失または損傷の概況につき書面による通知を発しなければならず，これを怠った場合には運送品は滅失および損傷がなく引き渡されたものと推定される（国際海運7条1項2項）。運送品に関する運送人の責任は，運送品が引き渡された日（全部滅失の場合には，引き渡されるべき日）から1年以内に裁判上の請求がされないときは，消滅する（585条1項，国際海運15条1項）。

(4)　海上運送人の権利　　海上運送人は，引き受けた運送契約の履行の対価としての報酬である**運送賃**を請求する権利を取得する。運送賃の支払義務者は運送契約の相手方である傭船者または荷送人であるが，運送品受取後は荷受人もまた義務者となる（741条1項）。運送賃は，向払いを原則とし，運送品が目的地に到達しないときは運送賃請求権を生じない（573条1項，国際海運15条1項）。

　碇泊料は，運送品を船積みまたは陸揚げするために碇泊期間を超えて碇泊する期間に対して支払われる金額をいうが，商法は，海上運送人は傭船者が碇泊期間内に船積みまたは陸揚げをしない場合には，特約がない場合でも碇泊料を請求しうると定めている（748条3項・752条3項）。

海上運送人は，民法上運送品の引渡し前には運送品の上に留置権（民295条），先取特権（民318条）を有すると認められるため，商法は，運送賃その他の費用の支払いを受けるまで，運送人は運送品を留置することができる旨を定める（741条2項）とともに，荷受人に運送品を引き渡した後においても，運送人はその支払いを受けるため運送品を競売に付することができる旨を規定している（742条）。

(5) 海上運送契約の終了事由

海上運送契約は，運送の完了により終了するほか，解除により終了することがありうる。商法は，そのような事由として，荷送人による発航前の解除（743条1項），発航後の解除（745条）ならびに全部航海傭船契約の傭船者による発航前の解除（753条1項），発航後の解除（754条）について規定した上で，一部航海傭船契約の解除に743条，745条および753条3項の規定を準用している（755条）。いずれの場合にも，運送賃その他の費用の負担関係が問題になりうるが，商法は，この点に関しても詳細な規定を設けている（743条1項・745条・753条1項・754条）。

(6) 船荷証券の意義・種類

船荷証券は，海上運送人である運送人が運送品を受け取ったことを証し，かつ，これにより運送品を引き渡す義務を負担する証券である。その意味で，船荷証券は運送品の引渡請求権を表章した有価証券であるといえる。船荷証券には，非設権証券性，要式証券性，要因証券性，文言証券性，法律上の当然の指図証券性，引渡証券性，処分証券性，呈示証券性，受戻証券性等の性質があるとされている。

船荷証券には，**受取船荷証券**と**船積船荷証券**がある。受取船荷証券は，運送品を船積みのために受け取った旨の記載がある証券であり，船積船荷証券は，本船に船積みした旨の記載がある船荷証券をいう（757条）。

　運送品の外部から認められる状態が良好であるとの記載がなされている船荷証券を**無故障船荷証券**（クリーンB/L），これに対し，この点について何らかの特記がなされている船荷証券を故障付船荷証券（ファウルB/L）という。なお，判例によれば船荷証券上の「運送品を外観上良好な状態で船積した（shipped in apparent good order and condition）」旨の記載は，外部からは異常を感知できない状態であることを認めたものであるが，外部から感知できない異常がないことまでも承認したものではないと解されている（最判昭48・4・19〈保海百選92〉）。荷為替取引においては，銀行は故障付船荷証券を割り引かないことから，実務上は荷送人からの**補償状**（Letter of Indemnity；L/I）と引換えに運送人が無故障船荷証券を発行することが一般に行われている。

　平成30年の商法改正では，**複合運送証券**に関する規定が新たに設けられるに至っている。運送人または船長は，陸上運送および海上運送を一の契約で引き受けたときは，荷送人の請求により，運送品の船積み後遅滞なく，船積みがあった旨を記載した複合運送証券の1通または数通を交付しなければならず，運送品の船積み前においても，その受取後は，荷送人の請求により，受取りがあった旨を記載した複合運送証券の1通または数通を交付しなければならない（769条1項）。複合運送証券には船荷証券に関する757条2項および758条から768条までの規定が原則的に準用されるため，その効力は船荷証券とほぼ同様のものが認められている。

| (7)　船荷証券の発行 | 従来，商法の規定では船荷証券は船長が船舶所有者を代理して発行する船主船荷証券 |

の立場がとられていたのに対し，国際海運法では1924年船荷証券条約に従い，いわゆる運送人船荷証券の立場がとられていたが，平成30年の商法改正では商法においても運送人船荷証券の立場をとる旨を明記し（757条），国際海運法にも適用することとした（国際海運15条）。

　船荷証券の記載事項は商法758条によって法定されている。同条1項においては，船荷証券の記載事項として，①運送品の種類，②運送品の容積もしくは重量または包もしくは個品の数および運送品の記号，③外部から認められる運送品の状態，④荷送人または傭船者の氏名または名称，⑤荷受人の氏名または名称，⑥運送人の氏名または名称，⑦船舶の名称，⑧船積港および船積みの年月日，⑨陸揚港，⑩運送賃，⑪数通の船荷証券を作成したときは，その数，⑫作成地および作成の年月日が掲げられている。商法が船荷証券の記載事項を法定したのは運送契約の内容と運送品の同一性を特定させ，第三取得者の保護，船荷証券の流通性確保をはかるためであり，したがって，このような趣旨が満たされていれば，商法が規定しているすべての事項を記載していなくとも船荷証券の効力を否定すべきではないと解されている。

| (8)　船荷証券の効力 | (ｱ)　債権的効力　　海上運送人と船荷証券所持人との間の債権関係を定める効力を， |

船荷証券の**債権的効力**という。

　商法は，平成30年改正の760条において，運送人は船荷証券の記載が事実と異なることをもって善意の所持人に対抗することがで

きない旨を規定し，船荷証券の流通性を確保するために船荷証券の記載に文言証券性を認めた。これは従来，外航海上物品運送に関しては国際海運法9条が，1924年船荷証券条約3条4項をもとに，船荷証券の記載が事実と異なることをもって運送人は善意の船荷証券所持人に対抗できないと規定し運送人の責任を過失責任と構成していたが，1968年ヴィスビー・ルールを取り入れるに際し，これを無過失責任に改め運送人の責任を強化した（東京高判平12・10・25金判1109号43頁参照）のに合わせたものである。ただ，船荷証券が有する要因証券性との関係で文言証券性をどのように解すべきかについては議論が分かれている。文言証券性を重視する説は，海上運送人が運送品を受け取っていないにもかかわらず船荷証券が発行された場合（空券の場合）や，海上運送人が実際に受け取った運送品と船荷証券上に記載された運送品とが相違している場合（品違えの場合）にも，運送人は証券に記載されたとおりの品物を引き渡す義務を負い，これを履行できないときは債務不履行として損害賠償責任を負うとするが，要因証券性を重視する説は，空券の場合にも品違えの場合にも証券は無効になるとし，船荷証券の所持人はその発行人の不法行為責任を追及するしかないとする。判例は，折衷説をとり，空券の場合には証券を無効としつつ，品違えの場合には証券を有効として文言証券性を重視していると認められる（空券の場合につき，大判大2・7・28民録19輯668頁，大判昭13・12・27民集17巻2848頁，倉庫証券に関してではあるが品違えの場合につき，大判昭11・2・12民集15巻357頁，大判昭14・6・30民集18巻729頁）。

　(イ)　物権的効力　　船荷証券の引渡しが証券に記載された運送品の引渡しと同じ効力を有することを，船荷証券の**物権的効力**という。

　船荷証券の物権的効力を民法の占有移転の原則との関係でどのよ

うに説明すべきかについては，従来議論が少なくなかったが，証券は運送品を代表する効力を有し，運送品が運送人の直接占有のもとにあるかぎり，指図による占有移転の手続を必要とせず，証券の引渡しにより運送品の間接占有が移転するとする代表説が判例かつ多数説であったといえる。

平成30年商法改正では，船荷証券が作成されたときは，運送品に関する処分は，船荷証券によってしなければならない旨を定める（761条）とともに，船荷証券により運送品を受け取ることができる者に船荷証券を引き渡したときは，その引渡しは，運送品について行使する権利の取得に関しては，運送品の引渡しと同一の効力を有する旨（763条）および船荷証券が作成されたときは，これと引換えでなければ，運送品の引渡しを請求することができない旨（764条）の規定を置いている。

(9) 仮渡・保証渡

船荷証券が発行されている場合，運送品の引渡しは，船荷証券の受戻証券性（764条）から，本来これと引換えに行わなければならない。しかし，運送品が陸揚港に到着したにもかかわらず，荷受人が何らかの事情で船荷証券を入手できずにいる場合があり，この場合海上運送人は，後日証券を入手次第受け戻すことを条件に船荷証券と引換えでなしに運送品を引き渡すことがあり，これを**仮渡**という。また，正当な船荷証券の所持人に対し損害賠償責任を負うこととなるため，海上運送人は荷受人および銀行を連帯保証人とする保証状（Letter of Guarantee；L/G）を差入れさせ，これによって運送品を引き渡すことも行われるが，これを**保証渡**という。

仮渡・保証渡については，かつては，船荷証券の受戻証券性に反

し無効とするものもあったが，現在では，判例・学説ともこれを適法な商慣習として有効なものと認めている。ただし，船荷証券所持人に対しては損害賠償責任を免れえないが，この場合の責任につき国際海運法8条，9条，11条，15条，商法585条が定める責任制限，除斥期間等の規定の適用の有無が問題とされており，また最近では船主責任制限法3条による責任制限の可否も問題とされている。

| (10) 海上運送状 |

平成30年商法改正においては，**海上運送状**について以下のような規定が新たに置かれるに至っている。運送人または船長は，荷送人または傭船者の請求により，運送品の船積み後遅滞なく，船積みがあった旨を記載した海上運送状を交付しなければならず，運送品の船積み前においても，その受取後は，荷送人または傭船者の請求により，受取りがあった旨を記載した海上運送状を交付しなければならない（770条1項）。海上運送状には，758条1項各号（11号を除く）に掲げる事項（運送品の受取りがあった旨を記載した海上運送状にあっては，同項7号および8号に掲げる事項を除く）を記載しなければならず（同条2項1号），また数通の海上運送状を作成したときはその数も記載しなければならない（同項2号）。

運送人または船長は，海上運送状の交付に代えて，法務省令で定めるところにより，荷送人または傭船者の承諾を得て，海上運送状に記載すべき事項を電磁的方法により提供することができ，この場合，当該運送人または船長は，海上運送状を交付したものとみなされる（同条3項）。ただし，以上の規定は運送品について現に船荷証券が交付されているときには適用されない（同条4項）。

4 海上旅客運送

(1) 海上旅客運送契
約の意義・成立

海上旅客運送契約は，684 条に規定する船
舶（747 条に規定する非航海船を含む）により旅
客の運送を引き受ける契約をいう（569 条 3
号）。従来，商法は 777 条以下に海上旅客運送契約に関する若干の
特別な規定をおいていたが，平成 30 年改正では陸上旅客運送，海
上旅客運送，航空旅客運送に共通の規定として旅客運送に関する規
定を置いたため（589 条～594 条），削除されるに至っている。

589 条によれば，海上旅客運送契約は，運送人が旅客を運送する
ことを約し，相手方がその結果に対してその運送賃を支払うことを
約することによって，その効力を生ずるものとされ，海上旅客運送
契約は双務契約かつ諾成契約としての性質を有するものとされてい
る。

(2) 海上旅客運送人
の義務・責任

(7) 旅客に関する責任　　海上旅客運送人
は，旅客が運送のために受けた損害を賠償
する責任を負う。ただし，運送人が運送に
関し注意を怠らなかったことを証明したときは，この限りでない
（590 条）。その意味で，海上旅客運送人は基本的に推定過失責任を
負うものとされている。海上旅客運送における旅客の生命・身体の
保護をより強調する観点から，商法 590 条の規定に反する特約，た
とえば運送に関する注意義務違反の立証責任を旅客に負わせる特約，
旅客の生命または身体の侵害に関する運送人の責任につき責任限度

額を設ける特約等は無効とされる（591条1項）。ただし，大規模な災害が発生した地域に緊急に記者やボランティアを輸送するような場合，あるいは重篤な病人を急いで病院へ搬送する場合等，運送人の責任を軽減することもやむをえないと認められる場合には特約禁止の除外とされている（同条2項）。なお，従来，海上旅客運送に関しても船舶所有者は無過失責任としての堪航能力担保義務を負うものとされ（改正前786条・738条）義務違反によって生じた損害の賠償責任を免除する特約は無効とされていたが（改正前786条・739条），平成30年商法改正では，物品運送においては過失責任に改めることにした上，旅客運送に関するアテネ条約でも堪航能力に関する特別な責任を定めていないことに鑑み，海上旅客運送については堪航能力担保義務に関する規律を削除し，債務不履行の一般原則によることとした。

(イ)　手荷物に関する責任　　運送人は，旅客から引渡しを受けた手荷物（受託手荷物）については，運送賃を請求しないときであっても，物品運送契約における運送人と同一の責任を負う（592条）。これに対し，旅客から引渡しを受けていない手荷物（携帯手荷物）の滅失または損傷については，故意または過失がある場合を除き損害賠償責任を負わないとされている（593条1項）。携帯手荷物は旅客の保管の下にあることから，請求者が運送人の故意または過失を証明した場合に限り運送人が責任を負うとしたものであるが，携帯手荷物についての責任が受託手荷物についての責任より重いのは不均衡であることから，前者についても運送人の責任を減免する規定の準用が認められている（同条2項）。

(3) 海上旅客運送人 の権利

海上旅客運送人は，旅客に対し運送賃請求権等の債権を有するが，これらの債権に関しては陸上，海上，航空運送の区別を問わず物品運送の場合と同様に1年の短期消滅時効が適用される（594条・586条）。

5 海上企業の危険

　海上企業活動には，海上航行に伴う特有の危険を避けることができない。商法ではこのような危険より生ずる問題を処理するための制度として，船舶衝突・海難救助・共同海損につき特別の規定を設けている。なお，渉外関係については，1910年の「船舶衝突についての若干の規定の統一に関する条約」および1910年の「海難における救援救助についての若干の規定の統一に関する条約」があり，わが国も批准している。平成30年商法改正では他の新しい国際条約，国際規則等との調和をはかるべく従来の規定の内容を改めるに至った。

(1) 船舶衝突

　⑦　意　義　船舶衝突とは，船舶と他の船舶が接触して損害を生じさせることをいう（788条）。商法は，いわゆる船舶の準衝突の場合，すなわち船舶の衝突が発生しなかった場合において，航行もしくは船舶の取扱いに関する行為または船舶に関する法令に違反する行為により他の船舶に著しく接近し当該他の船舶または当該他の船舶内にある人もしくは物に損害を加えた事故についても，船舶衝突に関する規定を準

用するとともに（790条），船舶と非航海船との事故についても準用を認め（791条），適用範囲の拡張を図っている。

　(イ)　効　果　　船舶衝突の効果は，不法行為法の原則により損害賠償責任を負うことであり，商法788条は衝突したいずれの船舶についてもその船舶所有者または船員に過失があったときは，裁判所はこれらの過失の軽重を考慮して，各船舶所有者について，衝突による損害賠償責任およびその額を定めるものとし，もし過失の軽重を定めることができないときは，損害賠償の責任およびその額は，各船舶所有者が等しい割合で負担する旨を規定している。**双方過失による船舶衝突**の場合の損害賠償請求権の関係については，互いの損害分担額を差し引いたのち受取勘定となる船主が1個の損害賠償請求権を有するとする単一責任説と，各船主が互いに不法行為による損害賠償請求権を有するとする交叉責任説との対立があるが，下級審の裁判例では交叉責任説をとっているものがある（東京地判昭40・7・20〈保海百選97〉）。

　第三者に対する関係では，各過失船の船主が共同不法行為者として連帯して責任を負うと通説・判例は解している。また，A船の船主と荷主との間に免責約款があるときに，相手船であるB船の船主がA船上の積荷の荷主に対して免責約款を援用できるかが問題となるが，通説は肯定しており，同様に，国際海運法上の法定免責に関しても，通説は他船の船主がこれを援用しうると解している。

　従来，船舶衝突による債権は1年の短期時効により消滅し（改正前798条），判例は船舶衝突により生じた損害賠償請求権の消滅時効は，平成29年改正前の民法724条により被害者が損害および加害者を知った時から進行すると解していたが（最判平17・11・21民集59巻9号2558頁），平成30年改正商法は船舶衝突条約7条1項の規定

に従い，船舶の衝突を原因とする不法行為による損害賠償請求権（財産権が侵害されたことによるものに限る）は，不法行為の時から2年間行使しないときは，時効によって消滅する旨を定めるに至った（789条）。

(2) 海難救助　⑺ 意　義　海難救助とは，船舶または積荷その他の船舶内にある物の全部または一部が海難に遭遇した場合に，これを救助することをいい（792条），契約に基づき救助した場合（契約救助）と義務なくして救助した場合（任意救助）とがある。

　海難救助に関しては，1910年海難救助条約があるが，1989年に環境保護等の観点を加えた海難救助に関する新たな国際条約が制定されているため，その規定をも勘案した上で平成30年の商法改正が行われた。

　なお，海難救助に関する規定は，非航海船または非航海船内にある積荷その他の物を救助する場合について準用され適用範囲が拡張されている（807条）。

　⑷ 効　果　(a) 救助料　契約救助の場合は，当該契約で定める額であるが（ただし794条による増減請求権がある），任意救助の場合において当事者間で額につき争いがあるときは，裁判所は，危険の程度，救助の結果，救助のために要した労力および費用（海洋の汚染の防止または軽減のためのものを含む）その他一切の事情を考慮してこれを決める（793条）。救助料は，特約がない限り救助の目的物の価額（救助された積荷の運送賃の額を含む）の合計額を超えることができない（795条）。

　なお，救助者は，故意に海難を発生させたとき，あるいは正当な事由により救助を拒まれたにもかかわらず，救助したときは救助料

を請求することができない（801条）。

　(b)　救助料の分配　　数人が共同して救助した場合の救助料の分配について，商法は793条を準用した上で，もし人命の救助に従事した者があるときはその者も救助料の支払いを受けることができると定めている（796条）。

　救助に従事した船舶の救助料は，3分の2を船舶所有者に支払い，3分の1を船員に支払わなければならず（797条1項），船員保護の観点からこれに反する特約で船員に不利なものは無効とされる（同条2項）。ただし，その結果，救助料の割合が著しく不相当であると認められるときは，船舶所有者または船員の一方は，他の一方に対し，その増減を請求することができる（同条3項）。各船員に支払うべき救助料の割合は，救助に従事した船舶の船舶所有者が決定する（同条4項・798条・799条・800条）。

　なお，救助を行う者が事業として救助を行う場合には救助料を船員に分配することは適切でなく，救助料の全額を救助者に支払わなければならない（同条5項）。

　(c)　特別補償料　　1989年海難救助条約14条は，海難救助における「**不成功無報酬（no cure no pay）の原則**」が妥当する救助料とは別に環境保全の観点から，救助者が海洋汚染を防止しまたは軽減しようとした場合には，船舶または積荷等の救助の結果が得られないときでも，特別補償の支払請求権を認めるに至っており，平成30年の商法改正では1989年条約の趣旨を踏まえた上で，海洋汚染の防止または軽減のための措置を促進する趣旨から**特別補償料**の請求を認める規定を設けることにした（805条）。

　特別補償料の額は，海難に遭遇した船舶から排出された油その他の物により海洋が汚染され，当該汚染が広範囲の沿岸海域において

海洋環境の保全に著しい障害を及ぼし，もしくは人の健康を害し，またはこれらの障害を及ぼすおそれがある場合において，当該船舶の救助に従事した者（「汚船対処船舶救助従事者」という）が当該障害の防止または軽減のためにとった措置として必要または有益であった費用に相当する額であり，汚染対処船舶救助従事者が同一の海難について救助料債権を有するときは，当該救助料の額を控除した額とされる（同条2項4項）。なお，当該措置により上記障害を防止しまたは軽減した場合には，当事者の請求により，上記費用に相当する額以上当該額に100分の30（特別の場合には100分の100）を乗じて得た額を加算した額以下の範囲内において裁判所がこれを定めるものとされ，反対に汚染対処船舶救助従事者の過失によって環境保全に対する障害を防止し，または軽減することができなかったときは，裁判所は，それを考慮して特別補償料の額を決めることができる（同条3項5項）。

(d)　その他　　任意救助の場合，救助された船舶の船長は，救助料の債務者に代わって救助料の支払いに関する一切の裁判上または裁判外の行為をする権限を有するものとされ，その者のために原告または被告となることができる。また，救助に従事した船舶の船長は，救助料の債権者（当該船舶の船舶所有者，海員）に代わって同様の行為をすることができる（803条）。

救助料に係る債権を有する者は，救助された積荷等について先取特権を有するものとされ，この場合，商法843条2項，844条，846条の規定が準用される（802条）。また，積荷等の全部または一部が救助されたときは，当該積荷等の所有者は，当該積荷等をもって救助料にかかる債務を弁済する責任を負う（804条）。

救助料または特別補償料にかかる債権は，救助の作業が終了した

時から2年間行使しないときは，時効によって消滅する（806条）。

――――――――
（3）共 同 海 損

(ア) 意 義　　共同海損とは，船舶および
積荷等に対する共同の危険を避けるために
船舶または積荷等についてなされた処分（「共同危険回避処分」）によ
って生じた損害および費用をいい（808条1項），これらの損害およ
び費用を利害関係人の間で公平に分担させる制度である。なお，危
険が第三者または利害関係人の過失による場合でも共同海損は成立
する（同条2項）。

　共同海損に関しては，古くからその法的処理の国際的統一の必要
性が認められていたが，実務上は国際法協会ならびに万国海法会が
作成した普通約款であるヨーク・アントワープ規則（1864年，1887
年，1924年，1950年，1974年，1994年，2004年，2016年）が一般に広く用
いられている。

　(イ) 共同海損となる損害または費用　　商法では，共同海損とな
る損害の額を以下のとおり定めている（809条1項）。ただし，②お
よび④が定める額については，積荷の滅失または損傷のために支払
うことを要しなくなった一切の費用の額が控除される（同項但書）。

①船舶　到達の地および時における当該船舶の価格

②積荷　陸揚げの地および時における当該積荷の価格

③積荷以外の船舶内にある物　到達の地および時における当該物
　　の価格

④運送賃　陸揚げの地および時において請求することができる運
　　送賃の額

なお，船荷証券その他積荷の価格を評定するに足りる書類（「価格
評定書類」）における記載と積荷損害の額との関係について特別の規

定が置かれているほか（同条2項），以下の損害または費用は利害関係人が分担することを要しないとされている（同条3項）。

①船舶所有者に無断で船積みがされた積荷

②船積みに際して故意に虚偽の申告がされた積荷

③高価品である積荷であって，荷送人または傭船者が運送を委託するにあたりその種類および価額を通知していないもの（ただし，物品運送契約締結時，運送品が高価品であることを運送人が知っていたときを除く）

④甲板上の積荷（ただし，甲板積みをする商慣習がある場合を除く）

⑤属具目録に記載がない属具

⑥特別補償料（805条）

(ウ)　共同海損の分担　共同海損の処分行為により損害を受けまたは費用を支出した者は，これにより保存された財産の利害関係人によって分担され，商法は，以下に掲げる者がその定める額の割合に応じて分担する旨を規定している（810条1項）。

①船舶の利害関係人　到達の地および時における当該船舶の価格

②積荷の利害関係人　(a)に掲げる額から(b)に掲げる額を控除した額

　(a)陸揚げの地および時における当該積荷の価格

　(b)共同危険回避処分の時において(a)に規定する積荷の全部が滅失したとした場合に当該積荷の利害関係人が支払うことを要しないこととなる運送賃その他の費用の額

③積荷以外の船舶内にある物（船舶に備え付けた武器を除く）の利害関係人　到達の地および時における当該物の価格

④運送人　(c)に掲げる額から(d)に掲げる額を控除した額

　(c)上記(b)に規定する運送賃のうち，陸揚げの地および時におい

て現に存する債権の額

　(d)船員の給料その他の航海に必要な費用（共同海損となる費用を除
　　く）のうち，共同危険回避処分の時に船舶および上記(a)に規
　　定する積荷の全部が滅失したとした場合に運送人が支払うこ
　　とを要しないこととなる額

　なお，共同危険回避処分の後，到達または陸揚げ前に船舶または
積荷等につき必要費または有益費が支出された場合，共同海損分担
人が共同危険回避処分によりその財産につき損害を受けた場合，価
格評定書類に積荷の実価を超える価額を記載した場合等について特
別の規定が置かれている（同条2項~4項）。

　共同海損を分担すべき者は船舶の到達あるいは積荷の陸揚げの時
に現存する価額の限度においてのみ責任を負うものとされ（811条），
共同海損の分担に基づく債権は，その計算が終了した時から1年間
行使しないときは，時効により消滅する（812条）。

6 海 上 保 険

(1) 海上保険契約の
　　意義

　海上保険契約とは，損害保険契約のうち，
保険者（営業として保険の引受けを行う者に限
る）が，航海に関する事故によって生ずる
ことのある損害を塡補することを約する契約をいう（815条1項）。
海上保険契約は，損害保険契約の1種類であり，保険法（平成20年
法律56号）の損害保険に関する規定が適用されるが（同条2項），沿革
上，航海危険の特異性から，商法では従来第3編「海商」において
別途規定されてきた。海上保険契約は保険法が主として念頭に置く

消費者保険と異なる企業保険の典型であることから，平成30年商法改正においても海上保険に関する規定を存置する立場が維持されている。

　海上保険における保険者は，航海に関する事故によって生じた一切の損害を塡補する責任を負うほか（816条），海難救助または共同海損の分担のために被保険者が支払うべき金額を塡補する責任を負うものとされ，この場合一部保険における比例塡補に関する保険法19条の規定が準用される（817条）。

<hr>
(2) 海上保険契約の内容

　(ア) 種類　海上保険の種類としては，**船舶保険**および**貨物保険**があり，商法では各保険の保険価額について規定を置いているが（818条・819条），実務上は各保険契約に関する約款に基づき契約が締結されるのが一般的である。なお，平成30年改正前の商法820条では，船舶保険および貨物保険のほか，積荷の到達によって得られる利益または報酬の保険（希望利益保険）を海上保険の1種類に掲げていたが，実務上は，希望利益を貨物の価額に加算して貨物保険として付保することが多く，独立してこれを保険に付することはまれであることから，同規定を削除することとした。

　(イ) 契約の締結　**(a) 告知義務**　保険契約者または被保険者になる者は，海上保険契約の締結に際し，海上保険契約により塡補することとされる損害の発生の可能性（「危険」）に関する重要な事項について，事実の告知をしなければならない（820条）。保険法4条が規定する損害保険契約一般に関する告知義務では，重要な事項のうち保険者になる者が告知を求めたものについて事実の告知をしなければならないとされているが，820条の告知義務では，保険者

側が危険の測定に関し必ずしも十分な測定能力を有しているともいえないことから，保険契約者または被保険者側が危険測定のために重要な事項について自発的に事実の申告をすべきものとしている。

保険契約者または被保険者が故意または重大な過失により事実の告知をせず，または不実の告知をしたときは，保険者は海上保険契約を解除することができ，この場合においては，保険法28条2項および4項ならびに31条2項1号の規定が準用される（829条）。

(b) 海上保険証券　保険者が海上保険契約を締結した場合には，保険法6条1項に規定する書面には，同項各号に掲げる事項のほか，次に掲げる区分に応じ，それぞれに定める事項を記載しなければならない（821条）。

(i) 船舶保険契約を締結した場合　船舶の名称，国籍，種類，船質，総トン数，建造の年および航行区域（1つの航海について船舶保険契約を締結した場合にあっては，発航港および到達港〔寄航港の定めがあるときは，その港を含む〕）ならびに船舶所有者の氏名または名称（1号）。

(ii) 貨物保険契約を締結した場合　船舶の名称ならびに貨物の発送地，船積港，陸揚港および到達地（2号）。

なお，貨物保険の**予定保険**に関し，以下の特則が置かれている（825条）。

(i) 貨物保険契約において，保険期間，保険金額，保険の目的物，約定保険価額，保険料もしくはその支払いの方法，船舶の名称または貨物の発送地，船積港，陸揚港もしくは到達地（以下「保険期間等」という）につきその決定方法を定めたときは，保険法6条1項に規定する書面には，保険期間等を記載することを要しない（1項）。

(ii) 保険契約者または被保険者は，(i)の場合において，保険期間等が確定したことを知ったときは，遅滞なく，保険者に対し，その

旨の通知を発しなければならない（2項）。

(iii)　保険契約者または被保険者が故意または重大な過失により遅滞なく(ii)の通知をしなかったときは，貨物保険契約は，その効力を失う（3項）。

(ウ)　危険の変更・増加　　海上保険契約における**危険の変更・増加**について，平成30年改正商法は，改正前と同様の内容で，航海の変更（822条），著しい危険の増加（823条），船舶の変更（824条）に関し規定を置いているが，船長の変更が保険契約の効力に影響しない旨の規定（改正前826条）は，現在では，船長が誰であるかによって航行の安全性が左右されるおそれは少なく，本条のような規定がなくても当然であると考えられることから削除されるに至っている。

(エ)　保険者の免責　　保険者の**免責事由**については，保険法17条が損害保険契約における保険者の免責事由について規定するほか，平成30年改正前商法829条が海上保険契約における保険者の免責事由を掲げていた。今回の改正においても基本的には，同様の立場を維持しつつ，その内容を実務の実際の取扱いにあわせて以下のとおり整理して規定することとした（826条）。ただし，④に掲げる損害については，保険契約者または被保険者が発航の当時注意を怠らなかったことを証明したときはこの限りでないとされている。

①　保険の目的物の性質もしくは瑕疵またはその通常の損耗によって生じた損害

②　保険契約者または被保険者の故意または重大な過失（責任保険契約にあっては，故意）によって生じた損害

③　戦争その他の変乱によって生じた損害

④　船舶保険契約にあっては，堪航能力担保義務に反したことに

よって生じた損害

⑤　貨物保険契約にあっては，貨物の荷造りの不完全によって生じた損害

　なお，平成30年改正前商法830条は，保険価額の2％以下の小損害につき保険者が塡補する責任を負わない旨の少額損害等の免責について規定していたが，実務上一般的でないことから改正法では規定は置かれていない。

　(オ)　保険委付の廃止　　従来，商法では海上保険に特有の制度として**保険委付**に関する規定が置かれてきた（改正前833条～841条）。保険委付とは，被保険者が，全損またはこれに準ずる損害が発生した場合に，保険の目的物について有する一切の権利を保険者に移転することにより，保険金額の全部を請求することができるものとする制度である。海上保険では，全損発生の事実を立証することが困難ないし不可能な場合，あるいは損害の算定に多くの日時を要する場合も少なくないことから認められた制度であるが，わが国においては実際には保険委付がほとんど行われてこず，平成初期以降は約款においても保険委付をすることができない旨が明記されるようになったため，平成30年の商法改正においては保険委付に関する規定を設けないこととされた。

本章では，支払いの手段として利用されている小切手，支払いを一定範囲で繰り延べるために使われている約束手形，送金や取立ての手段として利用されている為替手形について解説する。手形や小切手に関する主要な法規定は，商法典にはおかれておらず，手形・小切手に関する法の国際的な統一をはかるジュネーヴ条約（1930 年，1931 年）を国内法化した手形法，小切手法に置かれている。したがって，ここでは両法の解説が中心となる。

1 手形・小切手の機能

（1）小切手とは何か

たとえば A が B から中古の自動車を 200 万円で購入したとしよう。A がこの代金を支払うには，もちろん現金で行うこともできるが，現金ではかさばるので運搬に不便であるばかりか，A も B も盗難の心配をしなければならない。そこで支払いのための便利な道具として小切手が登場することになる。この事例でいえば，A はあらかじめ特定の C 銀行と小切手契約を締結し，C 銀行に当座預金口座を開設し当座預金という形で入金する。A は C 銀行から小切手用紙を入手して，これを使って小切手を振り出し B に交付する。その小切手には代金 200 万円を額面金額とし，振出人を A，受取人を B，支払人を C

銀行として記載する。これを
受け取ったBが，C銀行に
この小切手を呈示すると（**支
払呈示**），C銀行は右の金額の
支払いをする。C銀行が支払
った分だけAの当座預金が
減少する。このような形で
Aは小切手を通してBに売
買代金を支払うことができる

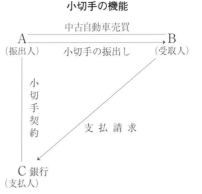

小切手の機能

A（振出人） ── 中古自動車売買 ── B（受取人）
小切手の振出し
小切手契約
支払請求
C銀行（支払人）

のである。Aがこの小切手を振り出すことは，C銀行に対してB
への支払いを委託することを意味している。このため，小切手のよ
うな証券は**支払委託証券**とよばれている。

　ただし，いくらBが200万円を額面金額とする小切手を持って
いても，Aの当座預金に200万円以上預金されていなければ，C銀
行は200万円の支払いに応じてはくれない。つまり，200万円の小
切手は200万円の現金といつでも同じ価値であるというわけではな
く，Aに信用があるかどうかによって，この小切手の価値も変わ
るということになる。そうなると，BはAの信用に疑いをもつと
きには，小切手の受取りを拒むことも考えられる。この場合Aと
しては，C銀行に200万円支払って，C銀行にC銀行自身あてに小
切手を振り出して譲渡してもらい，これをさらにBに譲渡するとい
う方法をとることもできる。銀行が自ら振出人兼支払人として振
り出すこのような小切手（**自己宛小切手**，預手）は，支払いが確実で
あるため現金同様の扱いを受けることが多い（最判昭37・9・21民集
16巻9号2041頁）。

小切手の記載例

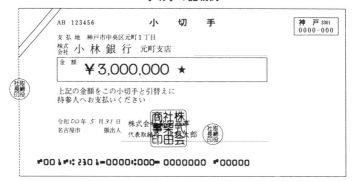

(2) 約束手形とは何か	約束手形は信用の道具として使われるものであって，小切手のように振出人が支払い

を第三者に委託するのではなく，振出人が自ら支払いを約束する証券である。たとえば，小売商の A が卸売商の B から商品を買い入れたときに，その代金をすぐに現金で払う余裕がないとしよう。A は，支払いを繰り延べてもらうために証券を振り出しこれを B に交付するという方法をとることができる。その証券には支払うべき金額や，満期日などが記載される。A としては満期日に当該金額を支払うことを約束するわけである。これが約束手形である。B は，満期日までこの手形を持っていて支払いを待ってもよいが，これをただちに現金化する方法もある。それは，B がこの約束手形を C に譲渡することである（これを B から C に裏書するという）。C はその対価として現金を B に支払う。この場合の金額は，通常手形金額とは異なる。なぜならば，裏書をしてもらった人（被裏書人）C は，満期日まで待たなければ A から現金をもらえないからである。つまり手形の額面金額から満期日までの利息（割引料）を差し引いた金

約束手形の記載例

約束手形の機能

額をCはBに支払うことになる。このため手形の裏書（譲渡）を**手形割引**ともいうのである。

　ところで，Aが満期日に実際に現金を払うことができるのかという心配がある。手形にせよ小切手にせよ，極端なことを言えば，振出人は証券の上に数字を書き並べていけば無限に巨額の証券を作ることができる。しかし，それが現実に支払われるかどうかは不明である。その意味で証券を受け取る者は，ひたすら振出人を信用するしかない。ただし，上の例のCとしてはAによる手形の支払いをある程度あてにすることができる。というのは，Aは手形を振り出すことで仕入れることのできた商品を第三者に譲渡すれば，その代金を手にすることができるのであり，そこから手形金の支払いもなされるものと期待できるからである。このようなAによる手

形の振出しは，商品売買という取引を前提にしたもので，このような手形は自然に決済する力のある手形であり，これを**商業手形**とよぶ。これに対して，取引を前提としないで発行される手形の場合にはそれ自体では決済力を持たない。たとえば，BがAから借金をしようとしたが，Aには現金がないことから，Aが約束手形をBに振り出し，BがこれをCに割り引いてもらい，現金を作ったという場合には，このような手形の支払いは相当不確かである。このような手形は**融通手形**とよばれている。

　また，Cが満期にAに手形金請求をしたのに，支払いを受けられなかったときには，手形法では，Cが自己に手形を裏書したBに責任を追及することで，支払いを確保し手形の流通を促進することが考えられている。このような権利を**遡 求 権**，または**償還請求権**という。

（3）　為替手形とは何か

　為替手形は，送金または取立てのために利用されている。約束手形と異なり，振出人は支払いを約束するのではなく，別に存在する支払人に支払いを委託するものであり，これも支払委託証券の1つである。たとえばX市にいるAが，遠隔地であるY市にいるBから商品を購入したとする。Bとしては商品を発送しだい早急に代金を必要としているが，遠隔地なので送金のリスクも心配なうえに，Aとしては商品も入手していないし，支払いを多少猶予してもらいたいと考えていたとしよう。Bは，この代金を手形金額，Aを支払人とする為替手形を振り出し，身近にある取引銀行のC銀行に割り引いてもらうか，または取立委託をすることができる。C銀行は自行のX市の支店，または手形交換所を通して他のX市の銀行であるD銀行に手形を

移転させる。Ｄ銀行は満期に
Ａに対して手形金請求を行
う。このような形で決済がな
される。

　Ｂにとっては、このような
取立てで問題になるのが、Ｃ
銀行が為替手形を割り引いて
くれるかどうかである。Ｃ銀
行としては、支払人である

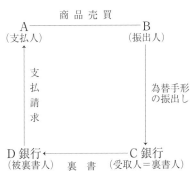

為替手形の機能

Ａの資力・信用度によって割り引くかどうかを決めることになる
が、遠隔地の者であるため確実な情報が入手できないこともある。
この場合ＡＢ間の売買の目的である商品を担保にする方法がある。
といっても商品は運送途上にあることもあるから、商品そのものを
占有するわけにはいかない。そこで、海上物品運送がされる場合で
あれば、海上運送人が荷送人であるＢに発行する**船荷証券**（第5章**3**
(6)参照）を手形とセットにして譲渡するという方法をとることが考
えられる。運送品は船荷証券と交換でなければ引渡しを受けられな
いから、Ａとしては船荷証券を入手しないと、商品を手に入れら
れない。Ｄ銀行は、為替手形の支払いと交換にＡに船荷証券を引
き渡すことになる。このような手形は**荷為替手形**とよばれている。

　このほか、Ａの取引銀行Ｄ銀行が**信用状**を発行することがある。
この場合には、信用状をＢに送付し、ＢはＤ銀行を支払人とする
為替手形を振り出し、Ｂはこれを船荷証券や信用状とともにＣ銀
行に割り引いてもらう。このような方法は、Ａの信用が確認しが
たい国際的な取引でよく利用されている。

　為替手形の場合にも、支払人が支払いについて責任をとらないと

為替手形の記載例

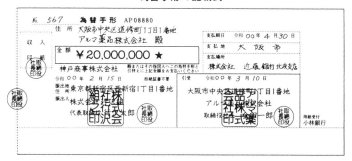

きには，被裏書人は裏書人に対して遡求する権利が認められている。

**(4) 有価証券として
の特徴は何か**

手形も小切手も有価証券である。ところで有価証券とは何であろうか。一般的には，有価証券は，その紙自体に価値があるものではなく，紙（証券）に表されているとされている権利に財産的な価値があるものと考えられている。その場合，その権利（他方当事者から見ると義務）の(ア)発生，(イ)移転や(ウ)行使と，この証券との関係が問題になってくる。通説によれば，権利の移転または行使に証券を必要とするものが有価証券であると解されている。さらに，権利の発生・移転・行使のすべてに証券を必要とするものを**完全有価証券**とよんでおり，次のように手形や小切手がその典型であるといわれている。

(ア) 手形・小切手では証券を作成しないかぎり権利は発生しない（**設権証券**）。逆に権利を発生させる理由はまったくない場合であっても，手形・小切手を作成してしまうと権利は発生し，たとえば理由もなく約束手形を振り出した者であっても，手形金を払わなければならないことになる。売買契約が無効であっても，その代金支払

いのために振り出した約束手形は有効である。金銭を支払う原因の無効，不存在にかかわらず権利が発生することから，手形は**無因証券**とよばれている。これに対して，船荷証券の場合には，海上物品運送契約もないのに証券を発行しても権利は発生しないし，船荷証券を発行する前から海上運送人は運送品を引き渡す義務を負っている。このような証券は有因証券で非設権証券である。

(イ) 手形でも小切手でもこれを譲渡するには譲受人に手形・小切手を引き渡さなければならない。株券や船荷証券などでも権利の移転には証券の交付が必要である。

(ウ) 手形金を請求するには手形をまず相手方に呈示しなければならないし（**呈示証券性**，手38条1項），証券と引換えでなければ手形金をもらえない（**受戻証券性**，手39条1項）。小切手についても同様である（小29条・34条）。これと対照的なのが，有価証券のなかでも株券で，一度株主名簿に名義書換をすると，総会での議決権行使や配当の受領といった権利行使において，証券は必要でない。

2 手 形 行 為

(1) 手形行為とは何か　　**手形行為**とは，手形に署名することによってなされる行為のことであり，約束手形の場合には，振出し，裏書，保証のことである。為替手形の場合には，これに引受け，参加引受けが加わる。一方，小切手の場合には，振出し，裏書，保証，支払保証が小切手行為である。振出しは，手形を作り出す基本の行為であることから**基本的手形行為**とよばれている。これ以外の手形行為は**付属的手形行為**とよばれる。このような

手形行為（小切手行為も）にはいくつかの特性がみられる。

（ア）要式性　　手形行為を行うにあたっては，法律の定めた一定の方式に従って行うことが求められている（**要式性**）。なぜそのように方式を重視するかといえば，手形は多数の人々の間を流通するので，突然手形が無効になると，多数の人に不利益を与えることになってしまう。そこで，一定の方式を要求することで，その手形が有効なものかどうかすぐにわかるように明確にしているのである。

（イ）文言性　　広く流通する手形を後から取得する者は，必ずしも手形の振出し当初の事情はわからない。したがって手形に表章されている権利の内容については，争いが生じないようにしておく必要がある。そこで，手形行為の内容はもっぱら証券に記載されたところを基準に決めるのが適切である（**文言性**）。また，手形行為の解釈は手形の文言に基づいてなすべきであり，手形外の事情によって当事者の意思を推測することは許されない。このような原則を**手形客観解釈の原則**とよぶ。もっとも，いくら文言を重視するといっても，社会通念を無視する結果は避けなければならない。たとえば，平年なのに2月29日を満期日とした手形については2月末日を満期としたものと解釈すべきであろう（最判昭44・3・4民集23巻3号586頁）。また，手形に記載された振出日，振出地が実際とは異なる場合であっても，手形を有効なものと解して，記載どおりの手形上の責任が生じるものと考えられている。これを**手形外観解釈の原則**という。

（ウ）無因性　　約束手形をAがBに振り出すときには，その原因としてAがBに債務を負担している場合がほとんどである。たとえばAがBから商品を買い入れ，代金を支払うために，AがBに手形を振り出すのがその例である。この場合に，たとえ仮に商品

の売買契約が解除されたり，売買契約が無効となっても，そのことだけで振り出された手形が無効になるわけではない。これは手形債務が原因債務（売買代金を支払うという債務）の無効によって影響を受けないと解されているからである。これを手形債務の**無因性**という。

　　(エ)　**独立性**　　AがBに手形を振り出し，BがこれをCに譲渡した場合に，はじめの振出行為に瑕疵があり振出しが無効となっても，BからCへの権利の移転は有効であり，CはBに対して遡求権行使が可能である。これは1つの同じ手形になされた手形行為であっても，それぞれ独立しており，ある手形行為の無効は他の手形行為に原則として影響を及ぼさないからである（手7条）。これを**手形行為独立原則**とよぶ（最判昭33・3・20〈手百選46〉）。

（2）　**手形行為の成立**

　　(ア)　**署名・記名捺印**　　手形行為一般に必要なのが行為者の署名である。署名とは自らその名を手書きすることである。ただし，わが国の慣習では印鑑がよく使われていることから，記名捺印をもって署名に代えることが認められている（手82条）。記名は手書きでなくともよいし，印鑑はいわゆる三文判であってもよい。署名については，自署が必要であり，他人が代わりに行うことを認めることはできない。記名捺印では，記名も捺印も他人に任せることが可能である。いわば他人を手足として使い手形行為を行うことができるわけである。記名や署名の対象となる名称は必ずしも戸籍等の本名でなくともかまわない。そればかりか，判例は，夫が妻の名前で手形行為をした場合でも夫の手形行為と認めたり，弟が兄名義で手形行為をすることも認めている（最判昭43・12・12〈手百選1〉）。

　　株式会社のような法人が手形行為をする場合には，どのような署

名や記名捺印が認められるのであろうか。法人は自ら行動することができないから，その代表機関によって手形行為が行われることになる。たとえば株式会社であれば，その代表機関である代表取締役を通じて手形行為を行う。この場合A株式会社代表取締役Bという形で記載し，Bが署名するか記名捺印すべきことになる。これに対して，代表者の記載をしないで，会社の名称を記載し，会社印や代表取締役の印を押すだけでは，法人の署名・記名捺印としては有効なものとは解されない（最判昭41・9・13〈手百選2〉）。

　(イ)　手形の交付　　手形の振出しという行為が有効なものとなるためには何が必要であろうか。手形の作成だけでよいのか，あるいは手形を交付することも必要であろうか。たとえばAがBに手形を振り出す場合には，まずAは証券に必要事項（手形要件）を記載し証券を作成したうえで，これをBに交付することになる。しかし，もしも作成後Bに交付する前に泥棒によってこれが盗まれた場合には，この手形は有効に振り出されたものということになるのであろうか。

　この問題は，Aが手形を作成して机の上に置いておいたところ盗まれた場合（事例1）と，Aが手形を作成後Bに送付すべく郵送中に盗まれた場合（事例2）とで分けて考える必要がある。**創造説**という立場では，交付がなくとも手形行為としては有効であると考えるので，2つの事例の場合とも，振出しは有効となる。**交付契約説**という立場では，交付がない場合には振出しは有効とはならない。したがって，2つの場合とも手形は有効に振り出されていないということになる。以上に対して，通説ともいうべき**発行説**では，証券の作成と，振出人自身の意思で証券の占有を移すことが振出しには必要であると解している。したがって，事例1については手形の振

出しは無効となるが，事例2については振出しは有効となる。判例も，議論はあるが最後の立場に立つものと思われる（最判昭46・11・16〈手百選8〉。学説の対立については，商争点Ⅱ154）。

　㈦　意思表示　　手形行為も法律行為であり，そこに有効な意思表示がなければならない。意思表示に瑕疵がある場合には，原則として民法の原則に従って処理されることになる。まず，意思能力がない者による手形行為は常に無効となる（民3条の2）。意思無能力のAがBに振り出した手形を譲り受けた第三者のCが，たとえ善意であっても，AはCに対して手形の無効を主張できる。このような無効の主張を**物的抗弁**とよぶ（本章4①(8)参照）。つぎに，制限行為能力者については，民法のそれぞれの規定で処理される。すなわち未成年者は民法4条・5条・6条，成年被後見人は民法9条，被保佐人は民法13条1項により処理される。このような処理は何も知らない善意の第三者に不利益を与え，取引の安全，手形の流通を損なうおそれは高い。しかし，制限行為能力者等を保護する必要性が特に高いことからこのような解釈が支持されている。

　最後に，手形行為をする者の意思表示に心裡留保（民93条），虚偽表示（民94条），錯誤（民95条），詐欺（民96条），強迫（民96条1項）があった場合については，一部の学説では，民法に第三者を保護する規定がある場合にはその規定により，そのような規定がない場合（強迫）には民法の規定を修正して，第三者を保護するべきであるという。これに対して判例は次のように解している。Aが手形であることを認識しないで，また認識しないことに過失がなく手形行為を行った場合には，その意思表示の瑕疵は，振出しが無効であることを第三者にも対抗できる物的抗弁となる。もしもAが手形であることを認識していたか，または認識することのできたはず

の状況で，手形行為を行った場合には，意思表示の瑕疵は，手形行為の相手方Bがそのことを知っている悪意の場合にのみ対抗でき，さらに手形が善意の第三者のCに譲渡されるとAはCに対しては意思表示の瑕疵を主張できない（手17条の人的抗弁となる。最判昭54・9・6〈手百選6〉，最判昭25・2・10〈手百選7〉）。

---

(3) 他人を使った手形行為

Aが他人のBを通して手形行為をする場合には，①BがA代理人Bと明示して行う場合（**代理方式**）と②Bの名前は出さずにBがAの記名捺印をして行う場合（**機関方式**）とが考えられる。

(ア) 代理方式　代理方式をとる場合，たとえば，代表取締役や代表執行役というように代理（または代表）関係が明確になる文字を使えばわかりやすいが，それにかぎらず，代理関係が明らかになる記載があればよい。法人の場合には代理（代表を含む。以下同じ）方式しかできないから，X会社Yの表示であっても有効な手形行為となる。ただし，X会社というのが肩書きを表示したもの（X会社に勤務するY個人を表示する）なのか，代理関係を表示したものなのかはっきりしない場合もある。その場合であっても手形外の事情で判断することは，手形の文言性に反するから認められない。どちらかあいまいな場合に，判例は手形の所持人が選択できると解している（最判昭47・2・10〈手百選4〉）。

たとえA代理人Bの形で手形が振り出されたとしても，BがAから代理権を与えられていなければ，Aによる振出行為は有効とはならず，Aは手形上の責任を負わない。これはAにとっては物的抗弁であり，Bから善意で手形を譲り受けたCに対しても，Aは責任を負わなくてよい。この結果は，Cには不利益なようではあ

るが，代理人と称して勝手に第三者が手形を振り出した場合にまで，Aに責任を課すのは酷である。代わりにCはBに対して責任を追及できる。本来Bは代理人として行動しただけで，本人としては行動していないのであるが，第三者を保護するため，手形法8条は無権代理人Bに本人としての責任を課している。この責任は民法117条の責任を追及する場合に比べて要件が緩和されている。もっとも，AがBの行為を追認して，自らの手形行為とする結果を受け入れる場合は，CはAに責任追及ができる（民116条）。

Bに代理権がない場合であっても，第三者のCがBに代理権があるものと信頼し，そのような状況になることについてAに落ち度（帰責事由）があるという場合には，表見代理（民109条・110条・112条）が成立する余地もある。その場合にはCはAに対して振出人としての責任を追及することができる。ただこれに関連して問題になることは，CはBが無権代理であることを知っていたが（つまり表見代理は成立しない），Cから手形を譲り受けたDやEが善意で，Bに代理権があると信頼した場合に，AはDやEに対しても表見代理の責任を負うかどうかである。判例は，無権代理人の直接の相手方であるCのところで表見代理が成立しないかぎり，AはDやEに対して表見代理責任を負わないと解している（最判昭36・12・12〈手百選10〉）。これに対して学説には，この場合の責任を認めるべきであると主張するものが多い。

(イ)　機関方式　機関方式とは，代理人が自己の名前を記載することなく，直接本人名義の記名捺印をする方式である。自然人の場合には代理方式でも機関方式でも手形行為ができるが，法人の場合には，機関方式のなかでも代表者の名前の記載なしで（つまりX会社という名で）手形行為を行うことは認められておらず（最判昭41・

9・13〈手百選2〉），X株式会社代表取締役Yというように，必ず代表機関の署名または記名捺印が必要となる。もちろん，たとえば代表取締役Yの指示の下で経理部長Zが，自己の名前を記載せず直接代表取締役Yの名前で手形行為をすることは認められている。

　機関方式で手形行為をする場合には，代理方式における代理権に相当する権限がなければならない。代表取締役（会349条），代表執行役（会420条・349条）や支配人（21条）は包括的な代理権を有していることから，これらの者は機関方式による手形行為をする権限を当然に有することになる。このような権限もないのに機関方式による手形行為がなされた場合には，無権代理の場合と同様，本人の追認や表見代理の問題が生じる。このような無権限の行為者の責任については，学説では従来から次に述べる偽造者の責任として論じられている。

(4) 手形の偽造

　(ア) 偽造と無権限の機関方式　　偽造による手形行為とは，たとえばBがAのまったく知らないところで勝手にA名義で手形を振り出すように，勝手に他人の名前で手形行為をすることである。先に述べた機関方式の場合とは異なり，偽造する者は本人のために手形行為をしているという意識はまったくない。かつて判例は，このような違いから権限のない機関方式による手形行為と偽造による手形行為を区別していた。しかし，このような区別は結局行為者の内心の意思に基づいて行わなければならないことから，現在の判例ではこのような区別はしていない。そして，両者をあわせて偽造とよび，いずれの場合にも，本人による追認や表見代理の成立を認めている（最判昭43・12・24〈手百選13〉）。

(イ) **偽造者の責任**　BがAの名前を勝手に使用して偽造行為をした場合に，この手形を善意で取得したCはどのような形で救済されるのであろうか。もちろんAが追認したり，表見代理が成立した場合には，Aの責任を追及できる。それが認められないときには，CはBに対して偽造という不法行為を行ったことを理由に損害賠償を請求できる（民709条）。しかし，不法行為責任の場合にはCは現実の損害しか請求できない。この点について判例も学説も，不法行為責任とは別に，CはBに対して手形金を請求できると解している。しかし，Bは自己の名前による手形行為は一切行っていないことから，手形上の責任を負わせてよいのか疑念が生じる。1つの見解は，無権代理人が手形法8条により責任を負うのであるから，それと状況が類似する偽造の場合にも，8条を類推適用して偽造者の手形上の責任を認めるべきであると主張する（最判昭49・6・28〈手百選17〉）。もう1つの考え方は，手形行為を行うにあたって必ずしも本名を使用することは要求されていないのであるから，BがAの名前で手形行為をした場合には，AというのはBを表す名称であると解することで，Bに本人としての責任を課すべきであると主張する（**偽造者行為説**）。

---

(5) 手形の変造　偽造は誰が手形行為をしたのかという点で偽るものであるといえるが，これに対して**変造**は手形行為の内容を偽るものである。たとえば，50万円の手形をAがBに振り出したところ，Aに何のことわりもなく，Bがこれを500万円と書き換えてCに譲渡したという場合が手形の変造である。つまり，すでに記載されている手形の事項を無権限で変更することである。もしもCが善意のDにこの手形を譲渡した場

合，Ｄはこの手形についてどのような請求ができるか。手形法69条は，この場合の手形行為者の責任を規定する。まず変造後の署名者であるＣやＢに対しては，変造された文言に従い，Ｄは500万円を請求（遡求権の行使として）することができる。これに対して，ＤがＡに手形金請求をする場合には，Ａは変造前の署名者であることから，50万円の請求しかできないことになる。

　このように手形行為者の責任は，変造前の署名者かどうかによって決まることになる。しかし署名が変造前なのか変造後なのかという立証は必ずしも容易ではない。そこでその立証責任は誰が負担するのかが大きな問題になる。判例は手形の所持人が立証すべきであるとする。しかし学説では，次のように解するのが多数説となっている。手形面上で変造が明らかでない場合には，手形の所持人は現在の記載に基づき請求することができる。しかし，これを免れようとする債務者は元の記載を立証しなければならない。これに対して手形面上に記載が改変されていることが明らかである場合には，そのことについて当該債務者が同意しているか，または変造後の署名者であることを，手形の所持人の方で立証しなければ現在の記載に基づいて手形金を請求することはできない。

3 手形の振出し

　以下では約束手形を中心に説明する。手形法は為替手形を中心に規定しているが，同法77条では，約束手形については為替手形の多くの規定を準用する旨を定めている。そこで以下でも為替手形の規定を使って説明することになる。

約束手形の**振出し**は，振出人が自己を主たる債務者として満期において手形金額の支払いを約束することを意味している。この義務には条件を付すことは認められておらず，振出人は絶対的な義務者である（手78条1項・28条1項）。もしも振出人が責任をとらない趣旨のことを記載すると，それは有害的記載事項とされ，そのような記載は手形を無効にする。裏書人も遡求の義務を負担しているが，自己に手形を譲渡したＸ，またＸに譲渡したＹ，そのまたＹに譲渡したＺ（これらを自己の**前者**という）という具合に遡求，再遡求で前者にかかっていけるが，振出人には前者はおらず，最終の義務者ということになる。

　ＡがＢから商品を買い入れ，その代金の支払いについて約束手形を振り出した場合，手形債務と商品売買の原因債務とは別個に存在する。通常手形の振出しは，原因債務の「支払いのために」振り出されるとされ，その場合には，原因債務は手形を振り出しても消滅せず，手形債務と併存することになる。これに対して，手形の振出人Ａと受取人Ｂとの間で特に合意して「支払いに代えて」手形を振り出した場合には，手形の振出しにより原因債務は消滅することになる。

　原則として，手形は「支払いのために」振り出されたものと解すべきである。この場合受取人Ｂは原因債権・手形債権どちらを行使してもかまわない。ただし原因債権を行使するときには手形をＡに返還しなければならない。それでは原因債権はいつまで存続するのか。ＢがＣに手形を譲渡して手形割引の対価を入手すれば原因債権は消滅するのであろうか。Ｃに手形を譲渡しても，満期にＣが手形金をＡから支払ってもらえないならば，ＣはＢに遡求する。遡求に応じた場合に，ＢはＡに対して原因債権をもっていな

ければ不利である（たとえば原因債権と手形債権とでは時効期間も異なる）。結局，Ｂが Ａ から支払いを受けるか，自己の後者から遡求を受けなくなるまで原因債権は存続することになる。

---

(2) 基本的手形行為

(ア) 絶対的記載事項 手形は振出しによって作成され，振出しによって手形関係の基礎が出来上がる。そこで，振出しによって作成されたものを**基本手形**とよび，振出しを基本的手形行為とよぶ。これを前提になされるその後の手形行為は付属的手形行為とよばれている。手形は多数人の間を流通するものであり，その権利内容は明確なものとしておく必要がある。そこで手形法では，手形要件として必ず記載すべき事項（絶対的記載事項）を定めている。その記載のない手形は原則として（例外的に手形法に救済規定のあるものもある）無効である（手76条1項）。

絶対的記載事項以外の事項を手形に記載した場合にはその効力はどうなるのであろうか。これには記載した場合その効力が認められる事項（有益的記載事項），記載しても何の意味をもたない事項（無益的記載事項），記載すると手形自体を無効にしてしまう事項（有害的記載事項）とがある。

(イ) 手形要件 手形法75条は以下の手形要件を列挙している。

(a) 約束手形文句 約束手形である旨の表示をする。

(b) 支払約束文句 条件などを付けない単純な支払約束を記載する。支払うのは一定の金額であり，金額を確定できるのであれば外国通貨で表示することもできる（手41条）。しかし，たとえば為替相場によって支払う金額を変えるという約束では一定の金額の支払いとはならず，手形法75条の要請を満たしたことにならない。

複数の金額を記載した場合もこの規定に違反したことになり手形は無効になるはずである。しかし手形法6条によれば，これが救済される。同条は文字と数字とで金額に差異があるときには，文字を手形金額とする。文字か数字かどちらかで重複がある場合には，最小金額を手形金額とする。最高裁は「壱百円」と「¥1,000,000－」という重複記載がある場合に，手形金額を100円とするという解釈をとっている（最判昭61・7・10〈手百選38〉）。もっとも，これに対して社会通念に反する結論であるという批判もある。

(c) 満期　満期には4種類の定め方がある（手33条1項）。**一覧後定期払い**は，手形の呈示のあった日から手形に定めた日数が経過した日が満期日となる。**日付後定期払い**は，振出日から手形に定めた日数が経過した日が満期日となる。**確定日払い**は，満期日を特定の月日に指定する場合である。いずれの記載もなされていない場合には，一覧払いとなる（手76条2項）。休日を満期日としてあった場合には次の取引日が満期日となる。なお，満期日が振出日より前の日となっている確定日払いの手形は手形要件相互に矛盾があり無効である（最判平9・2・27〈手百選20〉）。

(d) 支払地　支払う場所の独立最小行政区画（市町村）を記載して現実に支払いがなされる場所の手がかりを示す。振出人の住所がこれになることが考えられる。このため支払地の記載がない場合には，振出地と同じとみなされる（手76条3項）。実際には銀行を支払担当者とすることが多く，その場合には銀行の所在地が記載される。支払いが現実になされる場所は支払場所として記載される（有益的記載事項）。振出人の住所ではなく銀行等の第三者の場所で支払われるのが第三者方払いである（手4条）。

(e) 受取人　無記名にすることは認められない。受取人は裏

書人となり遡求義務を負うことが予定されているからである。学説は振出人が自ら受取人になることも認めている。

(f) 振出地　　振出地は支払地でかつ振出人の住所地とみなされる（手76条3項）。振出地の記載のない場合には救済規定があり，振出人の名称に肩書きのように付記された地が振出地とみなされる（手76条4項）。

(g) 振出日　　満期日が一覧払いや一覧後定期払いの場合には，振出日によって呈示期間が決まるので（手23条・34条），振出日の記載は重要な意味をもつ。しかし確定日払いの場合には必ずしも重要ではないから，手形要件ではないとする見解もあるが，判例はこれも手形要件であるとする（最判昭41・10・13〈手百選39〉）。

(h) 振出人の署名

---

(3) 白地手形

手形行為者の署名はしてあるものの，手形要件の一部または全部が空白にされたまま流通に出された手形が**白地手形**である。この場合白地は後の所持人によって補充されることが予定されている。本来手形要件の1つでも欠けていれば，手形は無効となるはずであるが，商慣習法によって将来補充されることを条件に，この種の手形も有効な手形とされてきた。これは振出人が手形を振り出す段階で手形金額を決められない場合や，受取人を決められない場合があり，商取引の必要から生まれたものである。そこで手形法も10条によってこのような商慣習法を是認している。ただし白地手形は，流通の面においては普通の手形と同じ扱いを受けるが，手形の権利行使の面では一人前の手形とは扱われない。たとえば手形金を請求する段階では白地を補充しなければならない（最判昭41・10・13〈手百選39〉，最大判昭41・

11・2〈手百選43〉)。

　白地手形と不完全な手形（無効な手形）との違いは，手形要件を補充する権利（補充権）が与えられているかどうかである。このため補充権の有無は手形を無効にするかどうかを決め，取引の安全にかかわることである。そこで，実際に補充権を付与する意思で手形行為がなされる場合のみならず，手形面上手形要件について将来補充されることが予定されているものと認められる場合も，無効な手形ではなく，補充権が付与されている白地手形と考えられる。

(4)　白地の不当補充

手形要件を白地にした署名者は，通常そこに補充される内容を何らかの形で決めておくものである。たとえばＡがＢに売買代金支払いのために手形金額を白地で約束手形を振り出し，その代金が決まれば手形金額をその額にしようとする場合が考えられる。この場合には，ＡとＢとの間で補充権の範囲が決まっているわけである。しかし，売買代金が100万円と決まった後になって，Ｂが勝手に手形金額を200万円と補充して手形をＣに譲渡した場合に，ＡはＣに対していかなる責任を負うのであろうか。Ｃが不当補充について善意であるときには，Ａは200万円支払わなければならない（手10条）。しかし，Ｃに悪意または重過失があるときには，Ａは補充権の範囲内である100万円支払えばよいことになる。また，Ｂが自ら補充しないで善意で無重過失のＣに指示し，Ｃ自身で200万円と補充した場合であっても，10条が類推適用され，Ｃは200万円請求できる（最判昭36・11・24〈手百選44〉）。

白地の補充はいつまでになさなければならないのであろうか。補充の期間についても，補充権を与えた手形行為者が決めている場合には，それに従わなければならない。それに反する場合はやはり不当補充の問題となる。手形法 70 条 1 項では，主たる債務者（為替手形の引受人や約束手形の振出人）に対する請求権の時効期間を満期の日から 3 年としている。このことから補充権の時効も満期の日から 3 年と考えられている。問題は満期が白地の手形はどう考えるべきかである。かつて判例は（〔民法改正に伴う〕平成 29 年改正前商法）522 条を準用して，振出日から 5 年間とした（最判昭 44・2・20〈手百選 41〉）。しかし学説では，補充期間が手形上の権利の時効期間よりも長いのは不当であるなどの理由からこれに反対して，3 年間（多くの学説は振出日から起算する）を補充の期間とすべきであると論じる立場が有力である（なお，満期およびその他の手形要件が白地の手形について，最判平 5・7・20〈手百選 42〉参照）。一方，補充権の消滅時効そのものを論ずるのではなく，手形外の補充に関する当事者間の合意の問題としてとらえた裁判例もある（東京高判平 14・7・4 判時 1796 号 156 頁）。

4　手形の裏書

① 譲 渡 裏 書

A が約束手形を B に振り出したときに，B はこの手形を C に譲渡したいと考える場合が多い。手形は当然の指図証券とされており（手 11 条 1 項），特に裏書を認める旨を手形に記載しなくても，手形の所持人 B は裏書

という方式で手形上の権利を譲渡することができる。もっとも，振出人が特に**指図禁止文句**を手形に記載した場合には，裏書による譲渡はできなくなる。このような手形を譲渡するには，民法の債権譲渡（民467条・468条）の方法で，かつ証券を交付して行うことになる。この場合の譲渡には，後で述べる裏書の担保的効力や資格授与的効力は生じない。

(2) 裏書の方式

手形上の権利を裏書によって有効に譲渡するためには，まずその前提として振出しが有効でなければならない。さらに裏書自体の方式として，手形または手形に結合した紙片（補箋）に裏書人は裏書文句の記載と署名または記名捺印をしなければ

裏書の記載例

表記金額を下記被裏書人またはその指図人へお支払いください。
令和 ○○ 年 7月20日　　　拒絶証書不要（近藤）
住所 東京都港区南青山1丁目1番地の1
近藤次郎（近藤）
（目的）
被裏書人　柴田太郎　殿

表記金額を下記被裏書人またはその指図人へお支払いください。
令和 ○○ 年 8月24日　　　拒絶証書不要（柴田）
住所 東京都中野区沼袋1丁目1番地の1
柴田太郎（柴田）
（目的）
被裏書人　　　殿

表記金額を下記被裏書人またはその指図人へお支払いください。
令和 ○○ 年 8月28日　　　拒絶証書不要（小林）
住所 東京都文京区本郷1丁目1番地の1
小林太郎（小林）
（目的）取立のため
被裏書人　株式会社 北村銀行 本郷支店　殿

表記金額を下記被裏書人またはその指図人へお支払いください。
令和　年　月　日　　　拒絶証書不要
住所
（目的）
被裏書人　　　殿

表記金額を受取りました。
令和　年　月　日
住所
（交換 △△.8.31 北村銀行 本郷支店）

ならない（手13条1項）。つぎに譲渡の相手方（被裏書人）を記載しなければならない。これが原則であるが，裏書文句を記載しないものや，被裏書人を白地にした白地式裏書も認められている。白地式裏書で，かつ裏書文句のないものは，何のための署名か不明になってしまうおそれがあるので，この場合には手形の裏面か補箋になさなければ有効な裏書にならない（同条2項）。

　裏書は単純でなければならない。もしも条件を付けた場合には，その条件は記載されなかったものとみなされる（手12条1項）。手形金の一部だけを譲渡する一部裏書は無効である（同条2項）。

（3）　裏書の効力

裏書には主に次の3つの効力がある。①裏書により手形上の権利はすべて，裏書人から被裏書人へと移ることになる（**権利移転的効力**，手14条1項）。ただし原因債権に付いている担保権のように，手形の外にある権利は移転しない（最判昭45・4・21〈手百選49〉）。②裏書人は，被裏書人を含め自己の後者に対して，遡求義務を負う（**担保的効力**，手15条1項）。つまり振出人が支払いをしないときに，裏書人が代わりに支払いをする義務を負うのである。③手形に被裏書人として記載された者は，その裏書によって権利を取得したものと推定してもらえる（**資格授与的効力**）。もちろん被裏書人とされている者が泥棒で，手形を盗取してきた場合もあるかもしれない。しかし，被裏書人は裏書によって適法に権利を譲り受けた可能性は高いし，このような権利取得を推定することで，手形取引の安全（被裏書人から手形を譲り受けた善意の第三者の立場を考えよ）が大きくはかられるのである。

(4) 裏書の連続

いまＥが，手形を所持しているＤから，手形上の権利を譲り受けたいと考えたとしよう。しかし，Ｄは手形を所持しているものの実はどこからかこの手形を盗んできたのかもしれない。そうなるとＥは適法に手形の権利を取得できないことになる。もしもそのような心配があれば，Ｅは手形の取得を躊躇することになろう。

A	→	B	→	C	→	D	→	E
(振出人)		(第一裏書人)		(第二裏書人)		(第三裏書人)		(所持人)

手形法は裏書が連続していることを条件に，Ｅのような立場の者を保護しようとした。たとえば手形上の記載には，振出人ＡがＢに振出し，ＢがＣに裏書し，ＣがＤに裏書してあったとする。このように裏書が連続している手形を所持するＤは，適法な手形上の権利者として推定されるのである（手16条1項）。Ｄを**形式的資格者**という。複数の裏書が連続していけば，裏書の資格授与的効力が積み重なっていくため，このような効果が発生するのである。その結果，取引の安全がはかられ，手形を取得しようとする者も，手形金を払おうとする振出人も，**裏書の連続**さえ確認しておけば，安心できるのである。連続しているかどうかは，手形客観解釈の原則に従い，手形上の記載だけから判断し，記載以外の事実関係から判断してはならない。なお，16条1項の条文では，みなすとなっているが，実際の権利関係を反証してくつがえすことは認められており，ここでは推定することを意味している。

16条1項は，手形の裏書欄に次のような記載がなされており，裏書の連続が危ぶまれる場合について救済している。①ＰがＱに裏書し，ＱがＲに裏書し，Ｒは裏書するが被裏書人を記載していないとき。現在の手形の所持人がＳの場合，Ｓを被裏書人とすると

の記載はなくとも，白地式裏書で譲り受けたものとして，Sは適法な所持人と推定される。②PがQに裏書した。つぎにQがRに裏書したと記載があるが，この記載が傍線で抹消してある。つぎにQがSに裏書したとの記載があり，現在の手形の所持人はSである。この場合抹消した裏書は記載されなかったものとみなされ，Sは裏書の連続ある手形を所持していることになり，適法な所持人と推定される。③PがQに裏書し，Qは被裏書人を記載しない白地式裏書を行い，次の裏書欄ではRがSに裏書しており，Sが現在の所持人である。この場合，RはQから白地式裏書で手形を取得したものとみなされ，Sは適法な所持人と推定される。

この場合裏書の抹消に関しては権限のある者が抹消したのか，何者かが違法に抹消したのかは問わないとされている。権限のない者が勝手に抹消する危険よりも，裏書の連続により取引の安全を保護することが重要であると考えられているのである。

(5) 裏書の連続の効力　裏書が連続していれば，そのような手形を所持する者は適法な所持人として推定される。そして，その結果，手形上の権利を行使するにあたっても，特に自己が権利者であることを証明しなくても，裏書の連続ある手形を所持しているだけでよいことになる。このような手形の所持人に対しては，逆に債務者の方で，所持人が無権利者であることを立証しなければ，請求を拒むことができない。もっとも，振出人が手形金を支払ったところが，手形の所持人が泥棒であり無権利者であった場合，本来はその支払いは無効ということになるはずである。しかし，裏書の連続がある手形について，すなわち**形式的資格者**と認められる者に，支払いをすればそれは有効であり，振出人は免責さ

れ，あとから真の権利者へ二重払いさせられることはない。ただし，振出人が手形の所持人が無権利者であることを知っており，かつそのことを立証しうる確実な証拠をもっているか，またはわずかな注意をすればそのような証拠を得られたはずなのにその調査を怠り支払った場合には免責されない（手40条3項。本章5(3)）。

裏書が連続していない手形を所持する者は，一切，手形金請求ができないかというと，そういうわけではなく，裏書が不連続な部分について，実質的な権利の移転をそれぞれ証明することができるのであれば，手形金請求を行うことができる（最判昭31・2・7〈手百選53〉）。

(6) 法人の場合の裏書の連続

法人が手形行為をする場合には，代表機関がその法人のためにすることを明らかにしたうえで，代表者自身による記名捺印が必要になる（本章2(2)(ア)参照）。たとえばAがB会社に裏書しB会社がCに裏書する場合には，はじめの裏書の被裏書人欄にはB会社との記載があればよいが，次の裏書には裏書人として，B会社代表取締役Dとの記載が必要となる。このように代表取締役のような代表機関である表示をして記名捺印がある場合に，法人を代表しての手形行為がなされたものと解される。ところが，B会社Dのように機関の表示がなく法人名と個人名だけを並べて記載している場合に，それが法人B会社を代表する趣旨なのか単に肩書きとしてB会社を記載しており，個人としてのDの手形行為であるのか問題になる。判例は，次のあるいは前の裏書と対照して判断しているようである（最判昭49・12・24〈手百選51〉）。たとえば，被裏書人がA会社支店長Bで次の裏書人がBのときには，個人であるBへの裏

書とBからの裏書として、裏書の連続が認められる。被裏書人が
C会社Dで裏書人がC会社代表取締役Dである場合には、C会社
への裏書とC会社からの裏書として、裏書の連続が認められる。
これに対して、被裏書人がEで裏書人がD会社代表取締役Eである
る場合には、E個人への裏書とD会社からの裏書ということにな
り、裏書の連続は否定される。

---

(7) 善意取得　　AがBに手形を振り出し交付した。とこ
ろがBが所持している間に泥棒であるC
が盗取したとする。Cが何も事情を知らないDにこの手形を譲渡
した場合に、この手形上の権利をDは取得できるのか。あるいは
Bはこの手形をDから取り戻すことができるか。手形法は、手形
の流通、取引の安全をはかるために、民法の善意取得制度（民192
条）よりも強度の保護をDに与えている。つまり、この手形の裏書
が連続しており、Cが形式的資格者である場合に、DがCのこと
を権利者であると信じ、また信じたことに重大な過失がない場合に
は、Dはこの手形をBに返還する必要はなく、Dは適法な手形上
の権利を取得することになる（手16条2項）。重大な過失は、無権利
者であることを疑うべき事実がありながら、調査もしないで手形を
取得するような場合に認められる。

　ただし、上の事例で、Cが自分はBの代理人であると称してD
に手形を譲渡した場合に、**善意取得**によりDが保護されるのかどう
かについては争いがある。手形の権利の移転に瑕疵がある場合につ
いて、手形の取得者を一般に保護すべきであるとしてこれを肯定す
る見解もある。しかし、善意取得は無権利者からの取得の問題であ
り、代理権の有無の問題ではなく、裏書が連続していても代理権が

あるかどうかとは関係がないはずであるとして，これを否定する見解が有力である。同じように，Cが無権利者ではなく制限行為能力者（成年被後見人等）であった場合には，Cを能力者であるとDが信じてCから手形を取得しても，Dは保護されない。

|（8）手形抗弁| 売買契約の買主Aが売主Bに対して，売買代金の支払いのために約束手形を振り出

したが，Bが売買の目的物をいつまで経っても引き渡さないので，Aがこの売買契約を解除したとしよう。振出人であるAが受取人であるBから手形金を満期に請求された場合，売買契約をすでに解除していることから，Aは支払いを拒絶することが予想される。このように手形上の債務者が，手形金の支払いを請求されたときに，ある種の事由を主張してその支払いを拒絶できる場合がある。このような事由は手形抗弁とよばれており，誰に対しても主張できる抗弁（**物的抗弁**）と特定の者にだけ主張できる抗弁（**人的抗弁**）の2種類がある。

物的抗弁は，手形上の債務の不発生，変更，消滅に関するものである。たとえば手形債務が時効消滅しているとか，制限行為能力者が振り出したとか，必要的記載事項が手形に記載されていないことなどがその例である。

人的抗弁は，手形上の債務の不発生，変更，消滅に関係しないもので，原因債務の不発生や手形外に瑕疵がある場合に認められる。通常の人的抗弁は，特定の者が特定の者に対してのみ主張しうるものであるが，手形所持人が手形の盗取者であるという事由のように，特定の者に対してであれば誰でもが主張できるものもある（**無権利の抗弁**）。

(9) 人的抗弁の切断

上の例でBが自分で手形金を請求しないで，この手形を第三者のCに譲渡した場合を考える。CがAに手形金請求をしてきた場合に，AはAとBとの間の売買契約が解除されていることを理由に支払いを拒絶できるのであろうか。手形法では，原則として人的抗弁はCの手前で切れて（**人的抗弁の切断**），AはCに対してこの抗弁を主張して手形金の支払いを拒むことはできないとされている（手17条）。Aが支払いを拒絶できるのは，CがAを害することを知ってBから手形を取得した場合（これを**悪意の抗弁**の成立という。同条但書）か，Cの手形取得が手形法特有の権利移転方法によらない場合か期限後裏書（手20条1項但書参照）の場合であるとされている。

ところで，具体的にはどのような場合に悪意の抗弁が成立するのであろうか。Aが売買契約の解除の意思を表明していないが，すでに売買の目的物の引渡しが約束より遅延しており，Bの債務不履行となり，解除権が発生した（民541条）という場合に，Cがそのような事情を知りながら手形を取得した場合であっても，悪意の抗弁は成立すると考えられている（大判昭19・6・23〈手百選29〉）。しかし，Bは約束を守らない人物であることをCが知っていても，約束の目的物の引渡し時が到来していない段階でCが手形を取得したというのであれば，悪意の抗弁は成立しない。一般に，Cが手形を取得するにあたり，満期にAがBに対して抗弁を主張することが確実であると認識している場合には悪意の抗弁が成立すると解されている。

(10) 融通手形の抗弁

AがBに振り出した手形が商業手形ではなく融通手形である場合はどうであろうか。

融通手形は次のような形で振り出される。BがAに借金を申し込んだが，Aにも資金がないことから，Aが自己を振出人，Bを受取人として約束手形を振り出す。Bは第三者であるCにこの手形を裏書して，割引代金を手に入れる。Bは，満期までに手形金額をAに提供するか，手形を回収するかして，Aには迷惑をかけないとAに約束する。Bがこの手形をもって満期にAに支払請求をしてもAは融通手形であること（**融通手形の抗弁**）を理由に支払いを拒めるのは当然である。

もしもCがこれが融通手形であることを知って手形を取得していた場合には，Aは悪意の抗弁を提出してCの請求に対しても拒絶できるのであろうか。仮にここでAが拒絶できるということになると，もはや融通手形を割り引く者などはおらず，融通手形として意味をもたないことになる。そこで，Cが単に融通手形であることを知っていても，Aは支払いを拒絶できないと考えられている（最判昭34・7・14〈手百選26〉）。ただし，Bは満期までに手形金をAに提供しないことが確実であり，そのことをCが知って手形を取得した場合には，Aは支払いを拒絶できる。

---

(11) 権利の濫用　　Aが手形をBに振り出し，BがこれをCに裏書譲渡したとしよう。この裏書は，BがCからある商品を買い入れその代金の支払いのために行われたと考える。この場合に，何らかの事情でこの売買契約が解除されたならば，それは手形行為の原因関係がなくなったわけであるから，売買契約の解除は人的抗弁となる。この抗弁はBがCに対して主張できることは間違いない。しかし，もしもCがAに手形金請求をした場合には，Aはこの抗弁（**後者の抗弁**）を主張できるであろう

か。判例は，Cは手形を保持すべき何ら正当の権限を持たず，手形上の権利行使をすべき実質的理由を失ったとして，**権利の濫用**を理由にCの手形金請求を認めなかった（最大判昭43・12・25〈手百選36〉）。

② 特殊な裏書

（1）白地式裏書 通常の裏書では，裏書人は自己の記名捺印と被裏書人名の記載をして行うが，被裏書人についての記載なしで行われるのが**白地式裏書**である。AがBに白地式裏書をした場合，BがこれをさらにCへ裏書をしようと考えたときには，次の4つの方法が認められる。①白地の被裏書人欄にBと補充したうえで，これに続く通常の裏書をする。②白地はそのままにして，これに続く通常の裏書をする。③白地の被裏書人欄にCと記載してCに交付する。④裏書欄に一切記載をしないで手形をCに交付する。白地式裏書も通常の裏書と同一の効力を原則として有するが，③や④の場合には，Bの名前が裏書欄に現れず，Bは担保責任を負わないことになる。

（2）無担保裏書 手形法15条1項によれば，反対の文言がないかぎり，裏書人は担保責任を負うとされている。裏書人が反対の文言，すなわち担保責任を負わない旨を記載して行うのが**無担保裏書**である。このような文言を記載しておけば裏書人は誰に対しても担保責任を負わない（物的抗弁となる）。ただし，そのような無責任な文句のある手形はすこぶる信用が落ちるため，現実にはこのような裏書が利用されることはなく，担保責任を負うことを避ける者は，(1)白地式裏書の③や④の方法による。

(3) 裏書禁止裏書

裏書にあたり，被裏書人が新たな裏書を行うことを禁じて行う裏書のことである。もともと裏書が禁止されている裏書禁止手形と異なり，**裏書禁止裏書**のなされた手形も指図証券であることに変わりがない。たとえばAがBに裏書禁止裏書を行ったときに，BがこれをCに裏書し，CがDに裏書することもできる。ただし，禁止されている裏書の被裏書人であるC以下の者に対しては担保的効力が生じない（手15条2項）。つまり，AはCやDに対しては担保責任を負わないことになる。もちろん裏書した以上，AがBに担保責任を負うことは当然である。その他の裏書の効力については，通常の裏書と同様である。

(4) 戻裏書

BがCに裏書し，CがDに裏書し，DがEに裏書したところ，つぎにEがBに裏書することも考えられる。この場合Bは最初に裏書をしており，すでに手形上の義務者であるのに，今度は被裏書人，すなわち権利者として登場することになる。このようなBへの裏書を**戻裏書**という。手形法はこれを認めている（手11条3項）。義務者が自己の権利者になるのは妙にも思えるが，手形上の権利者・義務者は個性を無視して形式的に考えるべきものであるから，このような事態も許される。ただし，この場合BはC，D，Eに担保責任を追及できないと考えられている。なぜならばこれらの者がBにさらに担保責任を追及するとなると無意味だからである。しかし，Bが次にFに裏書することは認められ，Fはその前者であるB，C，D，Eいずれに対しても担保責任を追及することが可能である。

振出人AがBに手形抗弁をもっていたが，Cがそのことについ

て善意で手形を取得し，その後でCからBに戻裏書がなされた場合については，いくらCが善意であっても人的抗弁の切断を理由に，Bが振出人からの抗弁の対抗を受けないとは解されない。これは，人的抗弁は特定の者に対する人的な関係によって生じるものだからである。つまり，Bはいくら善意の者を挟んで戻裏書を受けても，振出人との関係では人的抗弁の対抗を受けるのである。

(5) 期限後裏書

手形の所持人はどのような方法で支払いを受けるのであろうか。まず手形の所持人は満期日と次の2取引日の3日間のうちに，振出人に手形を**支払呈示**し（手38条1項），振出人からの支払いを求める。もしも振出人が支払いを拒絶した場合には，自分の前者に対して担保責任を追及することになる。しかし振出人が支払拒絶したことを証明する支払拒絶証書をその期間内に作成しないと原則として担保責任の追及ができない（手44条1項）。そのような場合，もはや手形は通常の流通状態にあるのではなく，支払請求の段階に入ったことになる。そこで，この支払拒絶証書作成期間経過後の裏書（単に満期後の裏書ではない）については，**期限後裏書**とよび，通常の裏書とは異なる扱いをしている。すなわち期限後裏書は一般の債権譲渡（民468条参照）の効力しかもたないことになる。通常の手形の裏書のような善意取得，人的抗弁の切断，担保的効力については否定されることになる。ただし，権利移転的効力や資格授与的効力は認められる。

(6) 取立委任裏書

A振出しの手形を所持するBが自分で手形金請求をAにしないで，C銀行に委任することがある。この場合，手形外で委任状を使って代理権を授与

するよりも，代理権の範囲が明確で簡単であるため，**取立委任裏書**が利用される。これはBがC銀行に裏書をし裏書の目的欄に，「回収のため」「取立てのため」「代理のため」と記載するものである。この裏書によって，C銀行は自らが手形上の権利者となるわけではなく手形上の権利行使の代理権限を与えられるにすぎない。したがってC銀行がさらにDに裏書してもそれは通常の譲渡裏書ではなく，取立権限を授与するだけである（手18条1項但書）。この裏書には担保的効力はないが，資格授与的効力はあり，手形所持人は裏書によって代理権を授与されたものと推定される。

　人的抗弁に関しては，C銀行が請求してもBが請求したのと同一に考えられる。つまり，AがBに対抗できる抗弁を有する場合には，C銀行が請求してもAは支払いを拒絶できる。通常の譲渡裏書であればAがC銀行に対抗しうる抗弁について，AはC銀行に対抗できない。

　善意取得は認められない。たとえばBがどこからか手形を盗取して，これをCに取立委任裏書をしても，Cは代理権を取得しない。この種の裏書では被裏書人に独自の経済的利益がないからである。

　取立委任裏書で授与された代理権は，通常の代理権と異なり（民111条1項・653条参照），委任者Bが死亡したり制限行為能力者になっても消滅しない。

　上に述べたような取立委任裏書のほかに，目的は取立委任裏書でありながら通常の譲渡裏書の形式をとって裏書する場合もある。これを**隠れた取立委任裏書**という。この場合でも，AはBに対抗できる抗弁をC銀行に対抗しうる。しかし，通常の譲渡裏書であればAがC銀行に直接対抗しうる抗弁については，Aが取立権限しか

持たないＣ銀行に対抗できるのかどうかについては争いがある（最判昭 44・3・27〈手百選 59〉）。取立委任という実質と譲渡裏書という形式のどちらを重視すべきかによって結論が異なることになる。

---

(7) 質 入 裏 書

質権を設定するために手形を裏書するのが**質入裏書**である。これは原則として裏書の目的欄に「担保のため」とか「質入れのため」といった質入文言を記載して行われるが，特にそのような記載をせずに，通常の譲渡裏書の形式をとるものもあり，これを**隠れた質入裏書**という。質入裏書の被裏書人は手形上の権利の上に質権を取得し，質権に基づく一切の権利行使ができる。ただし，彼は手形上の権利者となるわけではないから，彼の行う裏書は取立委任裏書としての効力しか有しない（手 19 条 1 項）。質入裏書の被裏書人は独自の経済的利益をもっており，人的抗弁の関係では通常の裏書の場合と同じになる（同条 2 項）。すなわちＡがＢに手形を振り出した後で，ＢがＣに質入裏書を行った場合には，ＡがたとえＢに対抗しうる抗弁をもっていても，Ｃがそれについて悪意で（Ａを害することを知って）裏書を受けたのでなければ，Ｃに対抗できない。隠れた質入裏書の場合にもこれと同様の結果となる。

質入裏書には，資格授与的効力や担保的効力が認められる。

3 手 形 保 証

---

(1) 手形保証の特徴

保証は債務者が債務を支払わない場合に備えて，保証人が代わりに履行することを約束する行為である。手形行為によって負担する債務を，担保するの

が手形保証である。一般の保証については民法（民446条以下）に規定があるが，通常の保証と手形保証とではいくつかの違いがある。まず通常の保証では1人の債権者に対して保証することが多いが，手形上の債権者は多数おり，手形保証する者はこれらの者に対して保証することになる。手形保証では催告の抗弁権（民452条），検索の抗弁権（民453条），分別の利益（民456条）が認められていない。保証は対象となる債務（主たる債務という）があってはじめて保証するのであり，主たる債務が消滅した場合には，保証債務も消滅する（**保証債務の付従性**）。この点は手形保証も同じであるが，手形保証も手形行為の1つであるから，**手形行為独立原則**（本章 **2** (1)㈡参照）の適用がある。しかし，保証債務の付従性と手形行為独立原則とがどう調和するのかというむずかしい問題がある。

　手形法32条1項によれば保証人は主たる債務者と同一の責任を負うことになる。したがって主たる債務が弁済とか時効とかで消滅すれば，手形保証も消滅する。これは付従性そのものを示している。しかし，同条2項は，方式の瑕疵，つまり手形要件などが欠けているため手形債務が無効になる場合を除き，主たる債務がいかなる理由で無効となっても，手形保証は有効であるとしている。AがBから商品を買い入れ，その代金支払いのためにAはBに手形を振り出した。CはAのために手形保証をした。ところがAB間の売買契約が解除された後で，BがCに手形債務の履行を求めた場合に，Cは売買契約が解除されたことを理由に支払いを拒めるのであろうか。手形行為独立原則やそれを表したと思われる32条2項からみれば，Cは支払いを拒めないようにも思える。判例（最判昭45・3・31〈手百選63〉）・学説とも支払いを拒めると解するものが多いが，その理論構成は分かれている。

手形保証は，手形面または補箋に，保証を意味する文句を記載し保証人が署名して行う（手31条1項2項）。保証文句を記載せず単なる署名だけの略式保証も有効である。手形の表面に何も記載しないで署名だけしておくと，それは保証とみなされる（同条3項）。補箋になされた単なる署名も同様に解される（最判昭35・4・12〈手百選62〉）。手形金額の全部ではなくその一部についてだけ保証する**一部保証**も有効である（手30条1項）。

　手形保証をした者は他の手形債務の負担者とともに**合同責任**を負うことになる（手47条1項）。これは，連帯責任のようではあるが，連帯債務のように債務者が横並びではなく，上下の順位が明確であり，たとえば自己が保証した主たる債務者の前者に対しては求償することができるが，後者についてはできない。

　AがBに手形を振り出し，BがこれをCに裏書するときにDがBのために手形保証したとしよう。DがCから保証債務の履行を求められて，Cに支払いをなしたときに，Dの地位はどうなるだろうか。DはAおよびBに支払いを請求することができる。その場合にはちょうどDはCから手形を譲渡されたような地位に立つことになる（手32条3項）。

5　手形の支払い

　約束手形は最終的には，原則として振出人に対して支払いを求めることになる。そのためには手形を支払呈示する必要がある。もしも振出人が支払えばそれで手形関係は消滅するが，拒絶された場合

には，所持人は自己の前者に遡求することになる。

<hr>

（1）支払呈示

支払呈示をするのは手形の正当な所持人かその代理人である。期間は満期日とその後の2取引日である（手38条1項）。ただし，一覧払いの手形では呈示のときが満期となっており，振出しの日から1年間がその呈示期間となる（手34条1項）。場所は振出人の住所（民520条の8）が原則であるが，実際には支払担当銀行や手形交換所（手38条2項）ということになる。ただし注意すべきことは，この支払呈示は，振出人の履行遅滞を決め，遡求義務者に対して遡求権を保全するための要件であることである。つまり振出人は，支払呈示がなくても手形上の債務者として，手形債務が時効消滅するまで債務から逃れることができないのである。

<hr>

（2）支払いの方法

支払いは手形と引換えに行われる（手39条1項）。二重払いの危険を回避するためである。振出人が全額は払えないが一部なら払えるといった場合には，手形の所持人は，一部の支払いを拒絶できない（同条2項）。これは，遡求義務者の利益を考えた規定である。つまり一部でも支払ってもらえれば，遡求義務者の負担はその分減るからである。**一部支払い**の場合には，手形の引換えを求められない（同条3項）。これは手形の所持人は残額について遡求する必要があり，手形を所持しておかなければならないからである。一部支払いの事実は手形に記載することになる。

(3) 支払免責

手形は転々流通するものであり，振出人にとっては，手形の所持人が真の権利者なのかどこからか手形を盗取してきた者なのか，判断することは容易ではない。もちろん権利者の立場からすれば，無権利者に支払われて手形関係がそれで消滅してしまうというのでは，多大な不利益を否定できない。一方，振出人が支払いを引き延ばして，慎重かつ丁寧に調査してからでないと支払いをしないということになると，手形の流通性が損なわれることになる。そこで，法は振出人が形式的資格を有する所持人に対して悪意または重過失なく支払えば，支払いは有効となり，振出人は免責されるとしている（手40条3項）。形式的資格とは，手形要件の記載の有無，裏書の連続，自己（振出人）の署名が本物かといった点であり，これについては積極的に調査する義務がある。これに対して実質的な権利関係，つまり自己以外の署名が本物かどうか，所持人が最後の被裏書人かどうかについては，積極的に調査する義務はない。ただし，無権利であることを知っていたり，少し注意すれば分かるし，そのような証拠も得られる場合には，**支払いによる免責**は得られない（最判昭44・9・12〈手百選70〉）。

(4) 満期前の支払い

満期が決められているので，所持人がそれ以前に支払いを求めることができないのは当然であるが，振出人の方で満期前に手形所持人にその受領を強制することも認められていない（手40条1項）。これは満期まで手形を流通させたいとする所持人の利益に配慮したものである。また，一覧払いや一覧後定期払いの手形には**利息文句**を記載できるが（手5条），利息についての所持人の利益にも考慮する必要があるからである。

振出人が満期前に支払いをして，所持人が任意にそれを受領することは考えられるが，そのときの所持人が無権利者であった場合には，振出人は一切免責が受けられないことになる（手40条2項。これは同条3項の保護がないという意味である）。

——————
(5) 呈示期間経過後
の支払い
——————

約束手形の振出人は最終的な義務者として，たとえ呈示期間経過後であっても，手形債務を負担し，手形債務が時効消滅してはじめて支払義務を免れる。そして呈示期間経過後の支払いであっても，手形法40条3項による支払免責は得られる。支払いを振出人の住所・営業所以外の銀行の支店などで行う旨（**第三者方払い**）の記載を，手形にしている場合には，判例によれば支払場所の記載は呈示期間経過後その効力を失うと解している（最大判昭42・11・8〈手百選67〉）。

呈示期間が経過しても所持人からの支払呈示がない場合に，その手形に利息文句が付してある場合には，利息が膨らんでいくことを振出人をはじめとする手形債務者が心配することになる。そこで振出人等の債務を免れる方法として，**手形金額の供託**という方法が用意されている（手42条）。

6 遡 求

——————
(1) 遡求とは何か
——————

呈示期間内に約束手形を支払呈示したところが，振出人が支払いを拒絶したという場合には，この手形は不渡りになったことになる。この場合に手形の所持人がとりうる手段としては，訴訟を提起してあくまでも振出人

に手形金の支払いを求めたり，原因関係上の債権を行使したり，（約定がある場合にかぎられるが）自己に手形を譲渡した者に手形を買い戻させることが考えられる。また，不渡手形を出した者に対しては制裁措置が定められている。つまり手形交換所の規則によれば，6ヵ月以内に2回不渡手形を出した者は銀行取引停止処分を受けることとなっており，この者は以後ほとんど手形取引ができないこととなるため，振出人は不渡りをなんとか防ごうと努める。このような形で，手形所持人の利益保護がはかられているが，そもそも振出人に支払能力がない場合には，所持人の利益は守られない。そこで法は，所持人の利益を守り手形の流通性を確保するため，**遡求制度**を設けている。

遡求は満期時に支払いが拒絶された場合，または満期前において支払われる可能性が著しく少ない場合（**満期前遡求**）に認められ，遡求の相手は，保証人，裏書人等自己の前者として署名している者である。ただし裏書が無担保裏書，取立委任裏書，期限後裏書の場合を除く。遡求の金額は，手形金額，利息（法定利率による満期以後の利息であり，振出地および支払地がともに国内の手形の場合には民法404条の法定利率，それ以外の手形では手形法48条により年6分となる），遡求の費用である（手48条）。

(2) 遡求の要件　遡求の要件としては，まず所持人は，不可抗力の場合（手54条）を除いて，支払呈示期間内に支払呈示をしなければならない。そしてその際に支払いが拒絶されたことが必要である（手43条）。支払拒絶の証明について法はその方法を**支払拒絶証書**によるものとしている（手44条）。このように支払拒絶の証明方法を法定したのは，遡求義務者が安心して

遡求に応じることができるようにしたためである。支払拒絶証書は，支払呈示期間内に作成しなければならない。

　満期前の遡求が認められているのは，振出人の支払可能性が著しく少なくなった場合であり，破産手続開始の決定を受けた場合，支払停止，強制執行不奏効（目的を達成できない）のときである。破産の場合には**破産手続開始決定の裁判書**（手44条6項）によってその事実を証明することになるが，支払停止や強制執行不奏効については，支払呈示をして支払いを拒絶されたことも要件であり，この場合には拒絶証書の作成が必要である（手44条5項）。

　しかし，現実には**支払拒絶証書の作成が免除**される場合がほとんどである。作成免除は手形債務者が手形に作成免除の記載をして行われるが（手46条1項），全国銀行協会連合会の定める統一手形用紙では，はじめから拒絶証書不要と印刷されている。このような証書の作成には費用を要し，これは遡求義務者が負担することになる。また，所持人が簡単に遡求できるようにしておけば，手形の取得が促進される。そこで債務者には作成を免除する意味があるわけである。作成免除の効果としては，所持人は拒絶証書を作成しないで遡求できるほか，手形は呈示期間内に呈示されたと推定されることになる（手46条2項後段）。振出人が免除する場合にはその効果は全手形署名者に及ぶが，裏書人や保証人が免除した場合にはその者への遡求についてのみ効果が生じる（手46条3項）。

| (3)　遡求の方法 |

　遡求をする場合にはまず遡求義務者に通知をして，彼らに資金の準備等必要な措置をとる機会を与えなければならない。通知は拒絶証書作成の日につづく4取引日内に行わなければならない（手45条1項）。この通知をし

なくても遡求権を失うことはないが，通知をしないことによって生じた遡求義務者の損害を賠償させられることになる（手45条6項）。

遡求義務者が複数いる場合には，それぞれが債務を負担した順番にかかわらず，所持人は請求できる。1人ずつ請求してもよいし共同に請求してもよい（手47条2項）。

複数の遡求義務者は連帯責任を負うのではなく，**合同責任**を負っている。つまり，1人の義務者が遡求に応じると，その後者の義務は消滅することになるが，前者の義務は消滅せず，自己の前者に対する再遡求が可能となる。再遡求にも手形の呈示と拒絶証書は必要である。再遡求金額は，遡求義務者として自己が支払った金額と利息および費用である（手49条）。

7 手形上の権利の消滅

(1) 消滅時効

手形上の債権については，短い時効期間が定められている。すなわち，約束手形の振出人に対する債権は満期の日から3年，前者に対する遡求権については拒絶証書作成の日から（作成が免除されている場合には満期の日から）1年，再遡求権については手形を受け戻した日または訴えを受けた日から6ヵ月が時効期間である（手70条）。期間を計算するにあたっては，初日を算入しない（手73条）。たとえば令和2年4月2日が満期であれば4月3日から計算し，令和5年4月2日の終了によって振出人に対する債権の時効が完成する。

時効の完成猶予・更新（平成29年改正前民法では時効の中断）は，民法の規定（民147条以下）によって決まる。たとえば裁判上の請求に

より時効の完成は猶予され，確定判決（またはそれと同一の効力を有するもの）によって権利が確定すると，訴訟終了時から時効が更新される。それに関連して，裁判外での催告（民150条）に手形の呈示がなくてもよいのか（最大判昭38・1・30〈手百選76〉），手形の所持を失った者による裁判上の請求でもよいのか（最判昭39・11・24〈手百選77〉），白地手形のままでの訴え提起でもよいのか（最大判昭41・11・2〈手百選43〉）が争われているが，判例はこれらを認めるようである。

　時効の完成猶予および更新の効力は相対的であり，たとえば振出人に対して時効の完成猶予が生じていても，手形所持人の裏書人に対する遡求権が時効消滅することがありうる（手71条）。

（2）　利得償還請求権　手形債権は短期の消滅時効の下におかれているし，遡求権はその要件が厳しく定められている。このため有効な手形上の権利者であった者がうっかりして権利を失い，一方で債務者の方が不当に利得を得るという場面が多数予想される。たとえば，Aから商品を買い入れたBがその代金支払にかえて約束手形を振り出した場合（すなわちAB間の売買代金債務が手形の振出しで消滅すると合意されている場合），この手形債権が時効消滅すると，もはやAは代金にあたる金額についての権利を失い，一方でBはこの金額分だけ利得することになる。そこで，手形法ではこのような不公正を是正するために**利得償還請求権**を定めている（手85条）。

　利得償還請求権が認められるためには，①手形上の権利が有効に存在していたこと，②その権利が消滅時効または手続の欠缺によって消滅したこと，③手形債務者に利得があることが要件となる。請求できる者は，手形上の権利が消滅した当時の手形の正当な所持人

である。請求を受ける者は，振出人または裏書人である。この請求権は手形上の権利とは考えられてはおらず，したがって権利行使にあたり手形を所持していることは要求されていない。

（3）手形の喪失　　手形や小切手は有価証券であり，権利が証券に化体しているが，証券が消滅したからといって権利が消滅するものではない。この点で，紙幣や金券がそのものの物理的消滅によりそのものの価値も消滅するのと異なっているわけである。しかし，権利を行使するには証券が必要であるし，証券を紛失している場合には第三者がこれを善意取得している可能性もある。そこで，他の有価証券の場合と同様に，手形を喪失した者は**除権決定**を得て権利行使をすることになる。

　まず手形の最終の所持人（喪失者）（非訟114条）は，手形の支払地を管轄する簡易裁判所に**公示催告**を申し立てる。公示催告は，公示催告期日までにその手形について手形上の権利を取得していると主張する者は届け出て，手形を呈示せよと公示するものである（非訟117条）。もしも届け出る者がいた場合には，その者と公示催告の申出人とどちらが真の権利者か訴訟で争われることになる。そのような者がいない場合には，除権決定が下される。この除権決定は手形を無効と宣言するものである（非訟118条）。

　除権決定には消極的効力と積極的効力が認められている。消極的効力とは，除権決定によりそれまでの手形は効力を失い，単なる紙片になることである。したがって，以後このような紙片を取得しても，手形上の権利を善意取得することができないことになる。積極的効力とは，申立人は，手形という紙片を所持していなくとも，除権決定を得たことで手形を所持しているのと同じ地位に立つことに

なる。ただし除権決定は，真の手形上の権利者は誰かを決めるものではなく，単に形式的資格を回復させるだけのものである。たとえば，Aが手形を所持していたところ何者かによって盗取されて，これを善意のBが取得したとする。その後でAが公示催告を申し立て除権決定を得たとしても，Aは手形上の権利者となるわけではない。除権決定により，それまでの手形は無効となり単なる紙片となり，Aは手形を所持するのと変わらない地位が与えられる。しかし，実質的権利者はBであり彼の権利は除権決定によって奪われない。

なお，除権決定後は，それまでの手形は無効となり，善意の第三者がこの手形を譲り受ける場合でも善意取得は成立しない。公示催告期間中に手形を善意取得できるかどうかについては争いがあるが，判例はこれを肯定する（最判平13・1・25〈手百選80〉）。

8 為 替 手 形

(1) 為替手形と約束手形の違い

今まで約束手形について説明してきたが，おおよそその説明は為替手形にもあてはまる。ただし，いくつかの点で2つの手形は異なっている。主な相違点は，約束手形の振出人は，支払いを約束した確定した支払義務者であり，第一次的に支払いをする者である。これに対して為替手形においては，振出人は支払いを委託する者にすぎない。振出人は遡求義務者であるが（手9条1項），主たる支払義務者ではない。振出人は支払人を別に指定するが，この者は支払権限を与えられ，一応支払いが予定されているという者にすぎない。

したがって，所持人は支払人から当然に支払いを得られるというわけではない。**支払拒絶**があれば，裏書人または振出人に遡求義務を追及することになる。このように所持人にとっては，支払人が支払いをするかどうか不安である。そこで所持人は満期前に支払人に対して手形を呈示して支払義務を負担することを求めることができ（手21条），これに対して支払人がその義務を負担することを引受けという。支払人が引受けをすると主たる義務者となり（手28条1項），約束手形の振出人に類似した地位に立つことになる。支払人が引受けを拒否する場合には，満期になっても彼が支払いをする可能性は乏しいといえるから，所持人には**引受拒絶**による遡求が認められる（手43条）。

(2) 引 受 け

引受けは支払人だけができる単独行為である。これ以外の者がなした**引受け**は無効である（最判昭44・4・15〈手百選95〉）。支払人は引受けをすることで引受人となる。引受人は，すべての手形上の権利者に対して絶対的な支払義務を負担するが，振出人に対しては資金関係上支払を拒みうる場合がある。引受けを求めるには，満期の前日までに支払人の住所で，引受けのための呈示をすることが必要であるが，これを行うのは手形の所持人と手形の単なる占有者である（手21条）。後者には手形を盗取した者や拾得した者が含まれると解されているが，これは，支払人に引受人としての責任をとってもらうことが目的であり，これらの者の権利行使（手形金請求）を認めるものではない。呈示を受けた支払人は，すぐに態度を決めないで保留にして，振出人等に確認し，再度呈示を求めることもできる（手24条）。

　引受呈示をするかしないかは，所持人の自由である。つまり，引

受呈示はしないで，満期に直接支払呈示をする方法もとれる。ただし，手形上に引受呈示を命令する記載がなされていたり，引受呈示を禁止したり制限する記載がある場合には，これに従わなければならない（手22条）。振出人等が支払人の意思を知っておきたい場合にはこのような命令を記載するし，振出人が一定の時までは資金の手当てができないときにはその時まで呈示を禁止することがあるのである。また，一覧後定期払いの手形については，満期を確定させる必要があり，振出日付から1年以内に引受呈示をしなければならない（手23条）。

引受けには条件を付けることが許されておらず，条件付は引受拒絶となる。ただし，一部引受けは可能であり，たとえば，手形金額500万円のうち200万円だけ引き受けるのも有効であり，この場合残りの300万円については遡求の対象になる。

9 小 切 手

(1) 小切手の特徴

小切手も為替手形と同じように支払委託証券である。しかし，為替手形も手形である以上，あくまでも信用証券であるのに対して，小切手は現金代用物である。このため，為替手形にはない次の特徴が小切手に認められている。

小切手には満期がない。すなわち小切手は必ず一覧払いでなければならない（小28条1項）。振出日に実際の日よりも将来の日付を記載した場合（これを**先日付小切手**という）には，その記載上の振出日以前であっても，支払呈示をすることを認めることで（小28条2項），

小切手の一覧払性を維持している。その結果，手形と比べて流通する期間が短いことから，利息を約定することも認められていないし（小7条），時効期間も6ヵ月と短くなっている（小51条）。

　支払人は銀行でなければならないし，振出人とその銀行との間に小切手契約の存在が要求されている（小3条）。したがって，振出人と支払銀行との間には支払委託があることになる。支払委託が有効であれば，支払銀行の払った金額はそのまま振出人の当座預金から差し引くことができるわけである。この委託は呈示期間が経過するまでは取り消すことができない（小32条1項）。為替手形の場合に支払委託の撤回はいつでも自由になしえるのと大きく異なるわけである。取消しがない場合には，呈示期間が過ぎても銀行は支払うことができる（同条2項）。この呈示期間は10日間と定められている（小29条）。小切手用紙は銀行所定（全国銀行協会連合会作成）のものが利用される。

　受取人については，手形では認められていない持参人払式が認められている（小5条1項3号）。この場合，単なる引渡しによる譲渡が可能である。この小切手に裏書を行うと，裏書人は遡求義務を負わされることになる（小20条）。

　なお，小切手が信用証券となることを避けるために，支払人による引受けは禁止されている（小4条）。

---

(2) 自己宛小切手

　AがBから商品を買い入れ，Aはその代金支払いのためにA振出しの小切手を使おうとする場合に，Bがこれを受け取らないことも考えられる。なぜならば，小切手を銀行に持っていった場合に支払いが得られるかどうかは，結局振出人が銀行に支払いにあてる預金を有するかどう

かで決まるからである。したがってBとしては，Aがどの程度信用のある人物かによって対応が異なることになる。あるいは，小切手を振り出そうにも，Aはどこの銀行とも当座勘定取引をしていないかもしれない。これらの場合には，AはC銀行に現金を渡し，C銀行が自ら振出人兼支払人として小切手を振り出して（小6条3項），これをAがBに引き渡すという方法を使えば，小切手による支払いが可能になる。このようにして振り出される小切手を自己宛小切手という。C銀行神戸支店が同支店を支払人とするものを預金小切手（預手），他店舗（C銀行横浜支店）を支払人にするものを**送金小切手**とよぶ。

この場合AとC銀行との間にあるのは，支払委託関係なのか，小切手の売買契約なのか争いがある。後者であると考えると，Bの支払請求に対してC銀行が拒絶したとしても，C銀行はAに対する義務に直接違反したことにはならない。つまり，C銀行はAとの関係で所持人に支払いをする義務を負わないことになってしまう。一方前者では，Aが振出人でC銀行が支払人というのと同じことになるが，その場合でもAが呈示期間経過後に支払委託を取り消すことを認める（小32条1項）のは適切でない。つまり，呈示期間経過後にAが支払いの委託を撤回しようとしても，銀行は支払いができると考えるべきである。ただし，撤回は銀行に対する事故届と解する余地があるから，小切手法32条の問題にはならなくても，小切手法35条の問題（支払人の調査義務違反）にはなりうる（最判昭39・12・4〈手百選98〉）。

（3）**小切手の支払い**

小切手も支払呈示が必要であり，その期間は10日間である（小29条1項）。呈示期間

内に呈示しないと，支払銀行が支払拒絶しても，振出人等に遡求ができない（小39条）。呈示期間後は振出人が支払委託を取消しできるが，取り消されるとたとえ銀行が小切手について支払いをしても，振出人の計算にできない。ただし，銀行は小切手の所持人との関係では，支払いをする義務は直接には負っていないのであるから，振出人が呈示期間内に取消しをしたときでも，銀行が支払拒絶することはありうる。

(4) 線引小切手

小切手は一覧払いであるうえ，持参人払式が広く利用されることから，手形に比べて無権利者が支払いを受けるという危険性が高い。そこで**線引小切手**という制度がある。これは小切手の表面に2本の平行線を引いたもので，線の中に特定の銀行名を記載する**特定線引**と，そのような記載をしない**一般線引**とがある（小37条）。一般線引では，支払人としては，銀行または支払人の取引先に対してのみ支払いができる（小38条1項）。特定線引は，記載された銀行に対してのみ支払いができるだけである（同条2項）。取引先とは，住所，氏名等氏素性がわかっている者のことである。もっともこれらの者に支払いを制限しても，小切手の所持人が他の銀行に取立委任をすれば，誰でも支払いを受けられるのでは意味がないから，銀行は取引先または他の銀行からでなければ線引小切手を取得できないと定めている（同条3項）。線引きの規定に違反した支払いをなした支払人や銀行は，それによって生じた損害を賠償しなければならない（同条5項）。

　線引きを振出人がしなかった場合でも，あとから所持人がこれを行うことができる（小37条1項）。一般線引を特定線引にすることはできるが，逆に線引きの効力を弱めることになる特定線引から一般

線引への変更はできない（同条4項）。同じ意味から，線引きを抹消したり，特定線引の銀行名を抹消することもできない（同条5項）。しかし実務では線引小切手の裏面に振出人が届出印を押した場合に，銀行はこのような小切手を線引小切手として扱わないこととしている（当座勘定規定18条1項）。裁判所はこのような特約の効力を認めている（最判昭29・10・29〈手百選96〉）。

10 電子記録債権（手形に代わりうるもの）

　近時，決済手段として手形が利用される場面が大きく減少してきている。これは，紛失の心配や搬送の手間等といった手形のもつ使い勝手の悪い点が原因となっているようである。そこで手形に代わるものとして電子記録を使うことが検討され，同時に中小企業の資金調達の円滑化を図ることも意図されて，2007年に電子記録債権法が成立した。もっとも電子記録債権は，手形がそのまま電子化されたものというよりも，手形や一般債権の抱える問題点を克服したうえであらたな債権として創出され，かつ手形と同じような使い方ができるようにされたものである。

　同法2条によれば，この法律において「電子記録債権」とは，その発生または譲渡についてこの法律の規定による電子記録を要件とする金銭債権をいうと定義される。そして，電子記録債権において，電子記録は，電子債権記録機関が記録原簿に記録事項を記録することによって行う（電子債権3条）とされる。ここでいう電子債権記録機関とは，主務大臣の指定を受けた株式会社であり（電子債権2条2項），記録債権の管理や債権内容の開示を行う。現在，このような

機関として，株式会社「全銀電子債権ネットワーク」が存在する。
これは全国銀行協会が株式の100％を保有する会社である。

　この制度を利用するにあたって，まず当事者（債権者甲・債務者乙）
はそれぞれの取引銀行にあらかじめ必要な情報を提供して利用を申
し込む必要がある。そのうえで，たとえば乙が甲への債務について
電子記録債権の発生手続をとる場合には，利用者番号や金額等を入
力して，乙の取引銀行経由で電子債権記録機関に記録をしてもらう。
ここで債権が登記され，発生する。次に機関から甲の取引銀行を通
じて甲に情報が伝達されることなる。この場合，乙は手形における
作成，交付，搬送のコストを省くことができるし，甲は手形におけ
る保管のコスト，紛失や盗難のリスクを除去することができる。ま
た乙は手形において必要な印紙税の節約が可能となる。さらに，手
形の場合のような取立て手続は不要である。支払期日に乙の取引銀
行から甲の取引銀行へ自動的に口座に入金されるからである。

　手形割引と同様，電子記録債権も譲渡ができる。したがって甲は，
あらかじめ利用の手続は必要であるが，丙に対する債務の支払いに
乙への電子記録債権を使うことができる。この場合，甲は取引銀行
に譲渡記録請求をする。次に丙の取引銀行を通じて丙に通知がいく
ことになる。ただし電子記録債権の譲渡は，譲渡記録をしなければ，
その効力を生じないとされており（電子債権17条），電子データの送
受信等により譲渡・割引が行われ，記録機関の記録原簿で管理され
る。この場合，手形の利点ともいえる，人的抗弁の切断（電子債権
20条）や善意取得（電子債権19条）が採用されているし，取引停止処
分と類似の制度も採用されている。裏書の担保的効力に対応して，
譲渡時には譲渡人の保証が原則として付される。甲が譲渡記録の請
求をする場合には，原則として譲渡保証記録の請求をしなければな

らないことになっている（株式会社全銀電子債権ネットワーク業務規程31条2項）。さらに手形と異なり，この場合に債権を分割して譲渡することもできるようになっている。

索　引

あ　行

悪意の抗弁 ……………………………352
預　合………………………………58
一時取締役……………………………93
一人会社………………………………39
一部支払い……………………………361
一部引受け……………………………371
一部保険 ……………………………269
一部保証………………………………360
一覧後定期払い………………………341
一般社団法人・一般財団法人…………13
一般線引 ……………………………374
委任状制度……………………………86
違法配当………………………………103
ヴィスビー・ルール …………………296
受取人 ………………………………341
受取船荷証券…………………………303
受戻証券性……………………………329
裏　書………………………324, 344
　　──の抹消 ………………………348
　　──の連続 ………………347, 348
　　法人の── ………………………349
裏書禁止裏書…………………………355
運　送………………………………298
運送営業………………………………235
運送賃 ………………………………301
運送取扱営業…………………………247
運送取扱人…………………28, 247, 292
　　──の介入権 ……………………249
　　──の損害賠償義務 ……………248
運送人 ………………………………235

　　──の運送賃の請求 ……………244
　　──の責任限度 …………………299
運送人の損害賠償義務
　　（原則）…………………………239
　　（高価品の特則）………………241
　　──の消滅事由 …………………242
営　業
　　客観的意義の── …………………14
　　主観的意義の── …………………14
営業所………………………………16
営業譲渡………………………………15
営業的商行為 ……………………9, 187
営業能力………………………………11
営業避止義務…………………………31
営利社団法人…………………………39
営利法人 …………………………13, 39
営利保険 …………………………189, 259
営利目的………………………………9, 13
送り状 ………………………………237
押し買い………………………………223
オプトイン方式 ……………………214
親会社…………………………………47

か　行

海　員 ………………………………293
外観主義 ………………………………4
開業準備行為 ……………………11, 60
会計監査 ……………………………116
会計監査人 …………………………119, 145
会計監査人設置会社……………………49
会計参与 ……………………………114

379

会計参与設置会社……………………49

会計帳簿………………………27, 141

外国通貨 ……………………………340

解　散……………………………179

解散請求権………………………69

会　社……………………………38

　　——に関する商業登記………51

　　——の意義……………………38

　　——の権利能力………………44

　　——の商号……………………49

　　——の使用人…………………50

　　——の設立……………………51

　　——の代理商…………………50

会社分割　→分割制度

会社法……………………………46

海　商……………………………286

海上運送 ……………………………236

海上運送契約の終了事由 …………302

海上運送状………………………307

海上運送人 …………………………289

　　——の義務……………………297

　　——の権利……………………301

海上運送人の責任………………298

　　——と不法行為責任との関係 ……299

海上企業の危険 ……………………310

海上物品運送契約 …………………295

海上保険 ……………………………317

海上旅客運送契約 …………………308

海難救助 ……………………………312

確定期売買 …………………………202

確定日払い………………………341

額面株式……………………………63

過剰与信防止義務 …………………226

割賦販売 ……………………210, 225

割賦販売法………………………210, 225

合　併……………………………157

合併契約 ……………………………158

合併自由の原則 ……………………157

株　券 ……………………………66

株券喪失登録制度…………………67

株券発行会社………………………66

株　式 ……………………………41, 62

　　——と社債の相違点 …………140

　　——の売却制度………………76

　　——の割当て…………………57

株式移転………………………173

株式会社……………………………41

株式買取請求権……………………158

株式交換………………………170

株式交付………………………175

株式譲渡自由の原則………………70

株式等売渡請求……………………74

株式振替制度………………………71

株　主 ……………………………41, 68

株主資本等変動計算書……………141

株主総会……………………………77

　　——の議長……………………83

　　——の権限……………………77

　　——の招集手続………………79

株主代表訴訟………………………108

株主提案権………………………82

株主平等原則………………………68

株主名簿……………………………68

株主有限責任の原則………………68

株主割当て ……………………………130

過量販売解除権……………………219

仮　渡……………………………306

為替手形 ……………………………326, 369

簡易合併……………………………160

簡易迅速主義 …………………………4

監査委員会………………………123

監査等委員 …………………………121

監査等委員会設置会社…………49, 120

監査役 …………………115, 145

監査役会 ……………………118

監査役会設置会社………………49

監査役設置会社………………49

間接責任…………………………41

間接取引 ………………………100

完全有価証券 …………………328

監督監視義務 …………………111

議案提出権………………………83

議案要領通知請求権……………83

機関方式 ………………………334

企　業

　　――内容の公示…………………17

　　――の営利性 …………………4

　　――の社会的責任……………45

企業会計原則……………………26

企業間取引（B to B）……………209

期限後裏書 …………………352, 356

危険な約束………………………54

危険の増加 ……………………270

危険の変更 ……………………320

擬似発起人 ……………………61

擬制商人 ………………………9

偽　造 …………………………336

偽造者行為説 …………………337

議題提案権 …………………69, 82

寄託を受けた商人の責任 ………253

希望利益保険 …………………318

基本手形 ………………………340

基本的商行為 …………………9, 185

基本的手形行為 …………329, 340

記名捺印 ………………………331

吸収合併 ………………………157

吸収分割 …………………164, 167

吸収分割契約 …………………168

共益権 …………………………68

競業取引の禁止…………………99

競業避止義務……………15, 31, 36

共同海損 ………………………315

共同企業…………………………38

協同組合 ………………………13

強　迫 …………………………333

業務監査 ………………………116

業務執行者 ……………………151

業務提供誘引販売取引 …………222

虚偽表示 ………………………333

拒否権付種類株式………………65

銀行取引 ………………………189

銀行取引停止処分 ……………364

金融サービス仲介業 ……………217

金融サービスの提供に関する法律

　（金融サービス提供法）………211, 216

金融商品販売法 ………………211

組　合 …………………………39

倉荷証券 ………………………251

クーリングオフ ………………219

クレジットカード番号

　　――等取扱業者 ……………230

　　――等取扱契約締結事業者 ……231

経営判断の原則…………………98

計算書類 ………………………141

形式的資格者 …………………347, 348

形式的審査主義 ………………19

継続的供給契約 ………………207

継続的取引契約 ………………206

決議取消しの訴え………………88

決議不存在確認の訴え…………88

決議無効確認の訴え……………88

欠　損 …………………………106

欠損填補責任 …………………103, 152

原因債務 ………………………331, 339

減　資　→資本金額の減少

現物出資 ……………………………………54

権利移転的効力 …………………………346

──権利の濫用 …………………………354

公益法人 ……………………………………13

公開会社 ……………………………………48

航海上の過失 ……………………………301

航海船 ……………………………………286

航海傭船契約 ……………………………291

航空運送 …………………………………236

交互計算 …………………………………256

──不可分の原則 ………………………256

段階的── ………………………………256

合資会社 ………………………………41, 42

公示催告 …………………………………368

公示主義 ……………………………………4

後者の抗弁 ………………………………353

公証人の認証 …………………………53, 62

公正妥当と認められる会計慣行 ………26

合同会社 ………………………………41, 43

合同責任 ………………………………360, 366

交付契約説 ………………………………332

抗弁の接続 ………………………………227

公法人 ………………………………………13

公保険 ……………………………………259

合名会社 ………………………………41, 42

公用船 ……………………………………287

小売取引（B to C）………………………209

子会社 ………………………………………47

小切手 ……………………………………322

──の一覧払性 …………………………372

小切手契約 ………………………………322

国際海上物品運送法 ……………236, 296

告知義務 …………………………265, 280

小商人 ………………………………………11

個人企業 ……………………………………38

個品運送契約 ……………………………295

個別株主通知 ………………………………71

個別信用購入あっせん …………………225

──関係受領契約 ………………………229

個別注記表 ………………………………141

混合寄託 …………………………………250

コンテナー輸送 …………………………299

さ　行

債権譲渡 …………………………345, 356

財産引受け …………………………………55

最終完全親会社 …………………………110

再遡求 ……………………………………366

最低責任限度額 …………………………106

裁量棄却 ……………………………………88

詐　欺 ……………………………………333

先取特権 …………………………………302

先日付小切手 ……………………………371

先物売り …………………………………186

錯　誤 ……………………………………333

指図禁止文句 ……………………………345

指　値 ……………………………………234

残存債権者 ……………………………15, 50

残存物代位 ………………………………274

自益権 ………………………………………68

資格授与的効力 …………………………346

事　業 ………………………………………49

事業譲渡 ………………………15, 50, 163

事業報告 …………………………………142

自己宛小切手 ……………………323, 372

自己株式

──の取得 …………………………………72

──の消却 …………………………………73

──の処分 …………………………………73

持参人払式 ………………………………372

自助売却権 ……………………202
下請運送 ……………………237
質入裏書 ……………………358
　隠れた―― ……………………358
執行役 ……………………124
　――の責任 ……………………125
支配権……………………30
支配人……………………29, 30, 336
支払委託証券 ……………………323, 326
支払委託の撤回 ……………………372
支払可能見込額を超える与信行為の
　禁止 ……………………227
支払可能見込額を算定するための
　調査義務 ……………………227
支払拒絶 ……………………370
支払拒絶証書 ……………………364
　――の作成免除 ……………………365
支払地 ……………………341
支払呈示 ……………………323, 356, 361
支払免責 ……………………362
支払約束文句 ……………………340
私　法……………………1
私保険 ……………………259
資本金……………………44
資本金額の減少 ……………………154
資本金額の増加 ……………………156
資本充実・維持の原則……………………44
資本準備金 ……………………144
資本の集中 ……………………5
資本不変の原則……………………44
指名委員会 ……………………123
指名委員会等設置会社……………………49, 122
社　員 ……………………39, 41
社外監査役 ……………………118, 123
社　債 ……………………135
社債管理者 ……………………136

社債管理補助者 ……………………136
社債権者集会 ……………………137
社　団 ……………………39
取得条項付株式 ……………………64
取得請求権付株式……………………64
ジュネーヴ条約 ……………………322
種類株式……………………64
種類株主総会 ……………………78
準則主義……………………61
準備金 ……………………145
　――の額の減少 ……………………155
　――の額の増加 ……………………156
場屋営業者 ……………………254
　――の責任 ……………………254
場屋の取引 ……………………188
傷害疾病保険契約 ……………………259
傷害保険契約 ……………………283
商慣習法 ……………………5, 342
償還請求権 ……………………326
商業使用人……………………28
商業帳簿……………………25
商業手形 ……………………326
商業登記制度 ……………………17
商業登記の一般的効力 ……………………20
商業登記簿 ……………………17
商業登記法 ……………………19
承継会社 ……………………165
商　号 ……………………22
　――の選定 ……………………22
　――の登記 ……………………23
商行為 ……………………8, 183
　――の代理 ……………………193
商行為債務
商号権 ……………………24
商号自由主義……………………23
商号使用権……………………24

商号専用権‥‥‥‥‥‥‥‥‥‥‥24
商事買主
　──の目的物の検査・通知義務‥203
　──の目的物の保管・供託義務‥205
商事制定法‥‥‥‥‥‥‥‥‥‥‥5
商事仲立人‥‥‥‥‥‥‥‥‥‥232
商事売買‥‥‥‥‥‥‥‥‥‥‥201
小商人　→コショウニン
少数株主の権利‥‥‥‥‥‥‥69, 82
商　船‥‥‥‥‥‥‥‥‥‥‥‥286
譲渡制限株式‥‥‥‥‥‥‥‥48, 63
使用人
　ある種類または特定の事項の委任
　　を受けた──‥‥‥‥‥‥‥32
　物品の販売等を目的とする
　　店舗の──‥‥‥‥‥‥‥‥33
商　人‥‥‥‥‥‥‥‥‥‥‥‥‥8
　──の報酬請求権‥‥‥‥‥‥192
　固有の──‥‥‥‥‥‥‥‥‥9
商人間の利息請求権‥‥‥‥‥‥193
商人資格
　自然人の──‥‥‥‥‥‥‥‥11
　法人の──‥‥‥‥‥‥‥‥‥13
承認特則規定‥‥‥‥‥‥‥‥‥147
消費者契約法‥‥‥‥‥200, 211, 214
消費者裁判手続特例法‥‥‥‥‥216
消費者団体訴訟制度‥‥‥‥‥‥216
消費者取引‥‥‥‥‥‥‥‥‥‥209
商　法
　形式的意義における──‥‥‥‥2
　実質的意義における──‥‥‥‥2
商法企業法説‥‥‥‥‥‥‥‥‥‥2
商法典‥‥‥‥‥‥‥‥‥‥‥2, 5
剰余金の配当‥‥‥‥‥‥‥‥‥148
　分配可能額を超えた──‥‥‥151
剰余金の分配可能額‥‥‥‥‥‥149

除権決定‥‥‥‥‥‥‥‥‥‥‥368
署　名‥‥‥‥‥‥‥‥‥‥‥‥331
　法人の──‥‥‥‥‥‥‥‥331
書面交付請求‥‥‥‥‥‥‥‥‥81
書面投票制度‥‥‥‥‥‥‥‥‥86
書面の交付義務‥‥‥‥‥‥‥‥263
所有と経営の分離‥‥‥‥‥‥‥42
白地慣習法‥‥‥‥‥‥‥‥‥‥6
白地式裏書‥‥‥‥‥‥‥‥346, 354
白地手形‥‥‥‥‥‥‥‥‥‥‥342
新株予約権‥‥‥‥‥‥‥‥‥‥131
新株予約権付社債‥‥‥‥‥‥‥138
新設合併‥‥‥‥‥‥‥‥‥‥‥157
新設分割‥‥‥‥‥‥‥‥164, 165
新設分割計画‥‥‥‥‥‥‥‥‥165
人的会社‥‥‥‥‥‥‥‥‥‥‥44
人的抗弁‥‥‥‥‥‥‥‥‥‥‥351
　──の切断‥‥‥‥‥‥‥‥352
人的分割類似型‥‥‥‥‥‥‥‥164
信用購入あっせん‥‥‥‥‥‥‥210
信用状‥‥‥‥‥‥‥‥‥‥‥‥327
心裡留保‥‥‥‥‥‥‥‥‥‥‥333
ストック・オプション‥‥‥‥‥135
請求権代位‥‥‥‥‥‥‥‥‥‥275
制限行為能力者‥‥‥‥‥‥11, 333
清　算‥‥‥‥‥‥‥‥‥‥‥‥180
清算株式会社‥‥‥‥‥‥‥‥‥179
清算結了‥‥‥‥‥‥‥‥‥‥‥182
清算人‥‥‥‥‥‥‥‥‥‥‥‥180
成年後見人‥‥‥‥‥‥11, 91, 333
生命保険契約‥‥‥‥‥‥259, 277
設権証券‥‥‥‥‥‥‥‥‥‥‥328
絶対的記載事項‥‥‥‥‥‥53, 340
絶対的商行為‥‥‥‥‥‥‥‥9, 185
絶対的登記事項‥‥‥‥‥‥‥‥18
設定的登記事項‥‥‥‥‥‥‥‥18

設　立
　　──の登記……………………………61
　　──の無効……………………………61
設立会社……………………………………164
設立中の会社………………………………59
設立費用……………………………………55
設立無効訴訟………………………………62
善意取得……………………………………350
善管注意義務…………………………97, 234
1924 年船荷証券条約……………………296
1957 年船主責任制限条約………………294
1976 年海事債権責任制限条約…………294
前　者………………………………………339
船主責任制限………………………………293
船主責任制限法……………………………294
船　長………………………………………292
船　舶………………………………………286
　　──における火災……………………301
　　──の登記……………………………287
　　──の登録……………………………288
船舶共有者…………………………………290
船舶債権者…………………………………288
船舶先取特権………………………………288
船舶衝突……………………………………310
　　双方過失による──…………………311
船舶所有者…………………………………289
船舶代理人…………………………………292
船舶賃借人…………………………………290
船舶抵当権…………………………………288
船舶仲立人…………………………………292
船舶保険……………………………………318
線引小切手…………………………………374
全部取得条項付種類株式…………………65
総会検査役…………………………………89
総会屋………………………………………90
総株主通知…………………………………71

送金小切手…………………………………373
倉庫営業……………………………………249
倉庫営業者…………………………………249
　　──の損害賠償責任…………………252
　　──の保管料請求権…………………252
相互会社……………………………………13
倉庫寄託契約………………………………249
相互保険………………………………189, 259
相次運送……………………………………237
創造説………………………………………332
相対的記載事項……………………………54
相対的登記事項……………………………18
創立総会……………………………………58
遡求権………………………………………326
遡求制度……………………………………364
組織再編行為無効の訴え…………………179
訴訟上の和解………………………………109
その他資本剰余金…………………………144
その他利益剰余金…………………………144
損益計算書……………………………141, 145
損害防止義務………………………………273
損害保険契約…………………………259, 263
損害保険代理店……………………………34

た　　行

大会社………………………………………48
対価の柔軟化………………………………162
代金減額請求権……………………………204
第三者方払い………………………………363
貸借対照表……………………………27, 141
代表執行役……………………………124, 336
代表取締役……………………………95, 336
代理商…………………………………28, 34, 232
　　──の留置権…………………………37
代理商契約…………………………………35

代理方式 ……………………………334
多重代表訴訟 ………………………110
多段階代表訴訟 ……………………110
他人の生命の保険契約 ……………278
他人のためにする生命保険契約 ……278
他人のためにする保険契約 ………264
単元株 ………………………………75, 85
単元未満株式売渡請求権……………76
堪航能力担保義務 …………………297
担保的効力 …………………………346
中間運送取扱人 ……………………248
忠実義務 ………………………………98
超過保険 ……………………………269
調査者……………………………………89
重複保険 ……………………………269
帳簿閲覧権……………………………69
直接責任………………………………41
直接取引 ……………………………100
追　認 ………………………………335
通信販売 …………………………209, 219
通知義務……………………………36, 272
積付け ………………………………297
定　款……………………………………52
　──の作成……………………………52
定款変更 ……………………………153
定期傭船契約 ………………………291
定型主義 ………………………………4
定型約款 …………………………6, 200
　──の変更 ………………………200
呈示証券性 …………………………329
定時総会………………………………78
碇泊料 ………………………………301
締約代理商……………………………34
手　形 ………………………………322
　──の支払い ……………………360
手形外観解釈の原則 ………………330

手形客観解釈の原則 ………………330
手形金額の供託 ……………………363
手形行為 ……………………………329
手形行為独立原則 ………………331, 359
手形交換所 …………………………326
手形抗弁 ……………………………351
手形保証 ……………………………358
手形割引 ……………………………325
適格消費者団体による差止請求権 …214
電子記録債権 ………………………375
電子商取引 ………………………210, 211
電子消費者契約法 …………………212
電子署名法 …………………………212
電子提供措置……………………………80
電子提供措置事項………………………80
電子認証 ……………………………212
電子メールによる広告規制 ………213
電話勧誘販売 ………………………220
問　屋 ……………………………28, 190
　──の介入権 ……………………235
問屋営業 ……………………………234
同一運送 ……………………………238
同一性説………………………………59
投機購買 ……………………………186
登記事項………………………………18
当期純利益金額 ……………………145
投機売却 ……………………………186
当座預金 ……………………………322
到達主義 ……………………………213
到達地運送取扱人 …………………248
登録少額包括信用購入あっせん業者
　…………………………………228
特殊決議………………………………85
特定寄託 ……………………………249
特定継続的役務提供 ………………221
特定商取引法 ……………………210, 218

特定責任追及の訴え …………………110

特定線引 …………………………374

特定電子メール法 ………………214

特別決議 ……………………………84

特別支配株主…………………………74

特別清算 ……………………………182

匿名組合……………………………39, 257

取締役………………………………91

　——等の説明義務…………………84

　——と第三者 ……………………111

　——の解任…………………………92

　——の権限…………………………93

　——の責任 ………………103, 125

　——の責任の一部免除 …………106

　——の責任の全額免除 …………106

　——の選任…………………………91

　——の任期…………………………92

　——の報酬…………………………101

　——の無過失責任 ………………103

取締役会……………………………94

　——の決議…………………………94

取締役会議事録……………………95

取締役会設置会社 ……………48, 93

取締役会非設置会社………………96

取締役監査役の選解任権付種類株式…66

取立委任裏書………………………356

　隠れた——………………………357

取次ぎ ……………………………189

取次商…………………………………34

取引約款 ……………………………6

内部統制システム…………………94

仲立ち ……………………………189

仲立営業 …………………………232

仲立人………………………………28, 232

荷受人………………………………236

荷送人………………………………236

荷為替手形…………………………327

任意的記載事項……………………55

任務懈怠責任 ……………………103

ネガティブ・オプション …………223

暖　簾 ……………………………14

な　行

内職商法…………………………222

内水船 ……………………………286

名板貸し…………………………25

は　行

媒介代理商…………………………34

賠償額の定型化 …………………299

賠償責任保険契約 ………………114

配当優先株式………………………64

配当劣後株式………………………64

売買目的物の契約不適合 …………204

裸傭船契約 ………………………291

発　航 ……………………………298

発行説 ……………………………332

発信主義 …………………………213

払込金の保管証明書………………57

払込みの仮装………………………58, 60

ハンブルグ・ルール ………………296

引受け………………………………370

引受拒絶……………………………370

引受呈示……………………………370

引渡し………………………………298

非設権証券…………………………329

日付後定期払い……………………341

一株一議決権の原則………………85

被保険利益 ………………………267

被保佐人 …………………………11, 91, 333

被補助人·············11

ヒマラヤ条項 ·········240

表見支配人 ··········31

表見代表取締役········96

表見代理 ···········335

複合運送 ···········238

複合運送証券·········303

複数議決権付株式·······64

不実登記の効力········21

不招請勧誘の禁止·······223

不成功無報酬（no cure no pay）
　の原則············313

付属的商行為·······10, 190

付属的手形行為 ·····329, 340

普通決議···········84

普通保険約款·········260

物の会社···········44

物的抗弁········333, 351

物的分割···········164

物品運送···········235

物品運送契約·········236

船積み ···········297

船積船荷証券·········303

船荷証券·······302, 327

　——の効力·········304

　——の発行・交付 ·····298

フランチャイズ契約 ·····207

振出し ···········339

振出地 ···········342

振出日 ···········342

不渡手形 ··········364

分割運送 ··········238

分割制度 ··········164

分配特則規定······126, 148

弁済の充当 ·········227

変　造···········337

変態設立事項 ·······54, 58

包括支払可能見込額の調査等の特例
　···············228

包括承継 ·······160, 167, 169

包括信用購入あっせん ····225

法　源··············5

報酬委員会··········123

法人格············40

　——の消滅·········182

法人格否認の法理········40

法定返品権 ·········219

法定免責事由·········300

放漫経営 ··········111

訪問購入 ··········223

訪問販売 ·······209, 218

訪問販売法 ·········210

法令定数等遵守義務·······97

保　険········189, 258

保険委付 ··········321

保険外務員 ·········262

保険価額 ··········268

保険金受取人の指定・変更 ···279

保険金額 ··········268

保険契約者 ·········262

保険事故 ··········281

保険者 ···········261

保険代位 ··········274

保険代理商 ·········262

保険仲立人 ·········262

募集株式発行 ········126

　——の差止め・無効・不存在 ···130

補充権 ···········343

募集新株予約権 ·······131

募集設立···········55

補充の期間 ·········344

補償契約 ··········113

388

保証債務の付従性 ……………………359
補償状 ………………………………303
保証文句 ……………………………360
保証渡 ………………………………306
補　箋 …………………………345, 360
発起設立 ……………………………55
発起人 ………………………………52
発起人組合 …………………………52

ま　行

前払式特定取引 ……………………225
満期前遡求 …………………………364
満期前の支払い ……………………362
水先人 ………………………………293
未成年者…………………………11, 333
みなし種類株式 ……………………69
民事仲立人 …………………………233
無因証券 ……………………………329
無因性 ………………………………331
無益的記載事項 ……………………340
無額面株式…………………………63
無過失責任 …………………………104
無記名回数券 ………………………245
無記名の乗車券 ……………………245
無限責任…………………………41
無限責任社員…………………………42
無権利の抗弁 ………………………351
無故障船荷証券 ……………………303
無償受寄者の責任 …………………253
無担保裏書 …………………………354
無担保社債 …………………………136
迷惑メール規制 ……………………221
免責事由 …………………………272, 281
免責の登記事項…………………………18
免責約款 ……………………………199

――の禁止 …………………………300
目的物の譲渡 ………………………271
持分会社…………………………41
持分均一主義…………………………63
持分複数主義 ………………………63
戻裏書 ………………………………355
モニター商法 ………………………222
モラル・リスク ……………………285
文言証券性 …………………………305
文言性 ………………………………330

や　行

約束手形 ……………………………324
約束手形文句 ………………………340
約　款 ………………………………199
有因証券 ……………………………329
有益的記載事項 ……………………340
有害的記載事項 ……………………340
有価証券 ……………………………328
有限責任…………………………41
有限責任社員 ………………………42
融通手形 ……………………………326
――の抗弁 …………………………353
要因証券性 …………………………305
要式性 ………………………………330
傭船契約（チャーター・パーティー）
　……………………………291, 295
傭船者 ………………………………291
ヨーク・アントワープ規則 …………315
預　手 …………………………323, 373

ら　行

利益供与…………………………90, 104
利益準備金 …………………………144

利益相反取引 ……………………………100

陸揚げ ……………………………………298

陸上運送 …………………………………236

履行の追完 ………………………………203

利息文句 …………………………………362

利得償還請求権 …………………………367

リボルビング方式 ………………………226

略式合併 …………………………………161

留置権 ……………………………………302

　商人間の―― ………………………197

旅客運送 …………………………………235

旅客運送契約 ……………………………245

臨時計算書類 ……………………………147

臨時総会…………………………………78

レセプトゥム責任 ………………………254

連鎖販売取引 ……………………………220

労務の請負 ………………………………188

ロッテルダム・ルール …………………296

ローン提携販売 …………………………210

わ　行

割引料 ……………………………………324

ワルソー条約 ……………………………236

ARMA

現代商法入門〔第11版〕　　　　　　有斐閣アルマ
Current study of Japanese Commercial Law, 11th ed.

1996 年 12 月 20 日	初　　版第 1 刷発行	
1998 年 3 月 20 日	第 2 版第 1 刷発行	
2000 年 3 月 30 日	第 3 版第 1 刷発行	
2001 年 5 月 10 日	第 4 版第 1 刷発行	
2002 年 4 月 10 日	第 5 版第 1 刷発行	
2003 年 3 月 20 日	第 6 版第 1 刷発行	
2006 年 10 月 20 日	第 7 版第 1 刷発行	
2009 年 5 月 15 日	第 8 版第 1 刷発行	
2014 年 11 月 20 日	第 9 版第 1 刷発行	
2019 年 1 月 15 日	第 10 版第 1 刷発行	
2021 年 3 月 30 日	第 11 版第 1 刷発行	
2023 年 8 月 20 日	第 11 版第 5 刷発行	

編　　者　　近　藤　光　男

発　行　者　　江　草　貞　治

発　行　所　　株式会社　有　斐　閣
郵便番号 101-0051
東京都千代田区神田神保町 2-17
https://www.yuhikaku.co.jp/

印刷・大日本法令印刷株式会社／製本・大口製本印刷株式会社
© 2021, Mitsuo Kondo. Printed in Japan
落丁・乱丁本はお取替えいたします。

★定価はカバーに表示してあります。

ISBN978-4-641-22177-2